U0154465

| 修訂三版 |

東亞區域發展的政治經濟學

五南圖書出版公司 印行

蔡東杰 ———— 著

在本書第一版於2007年問世時,正當1997年區域金融風暴屆滿十周年前夕;表面上看來,儘管隨著危機逐漸褪去,主要國家政經發展也逐漸恢復相對穩定狀況,甚至連身陷泡沫陰霾已久的日本都一度出現「再起」跡象,但東亞是否就這樣再度回到1990年代初與北美、西歐「三分天下」的昂揚氣勢,前途依舊未可知。不過,轉眼間,由於2008年底美國次級房貸風暴引發國債危機,甚至部分西歐國家也接踵其後,紛紛被債務拖垮,從而讓「歐豬」(PIIGS)成為《里斯本條約》在勾勒歐洲整合遠景時,揮之不去的夢魘,相對穩健的東亞地區既似乎由此變成全球復甦希望所繫,也再度吸引各界的關注目光。

更甚者,自2009年以來,美國一方面高調宣布將「重返亞洲」,在2011年撤出伊拉克後,將全球戰略重心轉往東亞也成為眾所矚目的焦點。於此同時,在經濟表現相對搶眼之餘,東亞安全環境卻不啻「險象環生」;首先在東北亞部分,「六方會談」自2008年延宕迄今已逾十年,不但復談之路遙遙無期,金正恩政權在2015至2017年間頻繁「搞彈」在攻占媒體版面之餘,亦為周邊地區埋下戰爭陰霾;在東南亞,不僅同樣涉及主權爭端的南海問題或許性質更為複雜,中國大陸積極填海造島尤其引發側目;當然,共同體建設一方面腳步遲緩無比,更甚者,CPTPP 與RCEP 選項之間的競爭激烈,更讓各成員有無所適從之感。

總的來說,無論東亞將如何與整個世界體系共同面對這場金融海嘯,第三波民主政治改革運動能否持續下去,以及其未來區域整合路徑究竟該如何抉擇等等問題,在目前愈趨緊密的世界政經舞臺中,都可說扮演

著「牽一髮而動全身」的關鍵角色。不僅如此,特別是對於同樣作為東亞成員(儘管長期受到忽視)的臺灣來說,未來應如何審視自身在區域中的定位,與時俱進且因時制宜地擬出妥善的長期對應方案,亦為當急要務。更有甚者,在 Trump 於2017年高舉「美國優先」口號,並以對中國「貿易戰」為開端,掀起全球政經結構再次重組之步伐後,如何評估其發展與影響既至關重要,個人也希望有機會能發揮拋磚引玉的效果,希望刺激各界對於東亞研究領域做更深入觀察與研究,或許這才是本書更積極的意義。

　　最後,本書在撰寫與再度修改過程中,首先要感謝中興大學國際政治研究所與同仁們所提供溫馨的研究環境,儘管教學課程繁忙,但仍給予個人相當大的鼓勵與協助;其次則要感謝在過去十餘年來,所有曾在中興大學國際政治研究所修習過個人所開設「東亞政經專題研究」課程的同學們,正因大家在過程中強烈的教學相長刺激,給了個人無限動力去進行更深入的自我鞭策與充實。再者,也要感謝五南圖書公司劉靜芬副總編的協助,費心處理本書出版編排工作。最後更要感謝內人璐萍與愛女佾宸,如果沒有他們的協助與體諒,讓我可以無後顧之憂地進行研究,本書亦沒有以全新面貌再度付梓的可能。總而言之,由於才學有限,本書內容疏漏難免,尚祈各界先進與同好不吝提出批評指教,同時希望有更多人來共同灌溉此一研究園地。

蔡東杰 謹識
2019年於臺中抱樸齋

目　錄

圖目錄

表目錄

第一節　範圍界定：何謂東亞？

特別是在1980年代中期後，一方面作為傳統上世界經濟體系核心的歐美地區，由於相繼遭逢兩度石油危機衝擊，特別是美國還受到冷戰時期不理性軍備競爭的拖累，至於一度被認為是第三世界希望所在的拉丁美洲，亦因在1982年爆發債務危機而瀕臨崩潰邊緣；[1] 不過，在此同時，東亞地區部分國家卻相對地經歷了一個長期高速增長階段，結果既為自己締造出有如奇蹟般的成就，[2] 也開始在輿論與學術界引發一連串研究熱潮。更甚者，在起自2008年底的金融海嘯再度席捲核心地帶後，不僅迄今依舊餘波盪漾且前途未卜，亞洲（尤其是東亞）更因其占據刺激經濟動能的關鍵地位，未來發展更成為各方關注焦點。

正如 A.G. Frank 所說的：在1800年以前，歐洲肯定不是世界經濟中心，如果說在此之前有任何地區曾在世界經濟中占據支配地位的話，那麼這些地區肯定都在亞洲，特別是以中國為中心的東亞體系。[3] 儘管如此，在西歐於十八世紀發生工業革命以後，東亞便迅速面臨相對落後或甚至被侵略者征服的命運，最後在十九世紀末直到二十世紀初間，幾乎絕大多數

---

[1] See Jacqueline Roddick, *The Dance of the Millions: Latin America and the Debt Crisis* (London: Latin America Bureau, 1990); Robert Devlin, *Debt and Crisis in Latin America: The Supply Side of the Story* (Princeton: Princeton University Press, 2014).

[2] World Bank, *The East Asian Miracle: Economic Growth and Public Policy* (New York: Oxford University Press, 1993).

[3] Andre G. Frank, *ReORIENT: Global Economy in the Asian Age* (Berkeley: University of California Press, 1998).

國家（除了中國、日本、泰國之外）都淪為西方新興列強的殖民地。到了1950年代，雖然多半國家都重新取回獨立地位，但貧困落後已逾百年的東亞仍普遍被認為是全世界最沒有希望，且各種政治與軍事對抗最激烈的危險地區，包括朝鮮半島的韓戰、中南半島的越戰、臺灣海峽兩岸的軍事對峙，以及東南亞各國的族群紛爭與分離主義內戰等，都存在著長期的不確定性；可以這麼說，這些紛擾叢生的問題或許只有等待「奇蹟」出現才能夠解決。

　　無論如何，自1970年代起，包括日本奇蹟、臺灣奇蹟、漢江奇蹟，甚至新四小龍奇蹟乃至於東亞奇蹟卻開始逐一浮現。其結果除創造出許多「新興工業化經濟體」（Newly Industrializing Economies, NIEs）外，事實上，包括中國大陸在內的各個主要東亞經濟體的增長速度，都遠遠超出十九世紀西方早期的工業化階段，這使東亞不僅成為全球發展最快且最具活力的地區，諸如「太平洋世紀」、「東亞世紀」、「亞洲價值」或「東亞發展模式」等等議題，也引起了學術界極大的研究興趣。

　　值得注意的是，西方世界對於東亞發展的觀點曾呈現出截然不同的面貌；例如在1950-1960年代間，遵循 Max Weber 學說的「韋伯學派」認為，相較於西歐地區秉持的新教倫理，在東亞具主導地位的儒教由於崇尚歷史與反商特徵，[4] 因而既會發揮阻礙現代化進程的影響，同時也應被全盤加以否定。但到了1980年代後，隨著東亞地區經濟崛起與「新儒學」浮現，[5] 某些傳統文化也被認為應重新估價，例如他們便主張儒教中的組織精神特徵實質推動了東亞的商業繁榮。至於在1990年代民主化運動與東亞金融危機相繼爆發後，一些學者則又回頭批評東亞傳統，特別是指責「家長制作風」對於創新活動的危害等。由此可見，學界對於東亞發展的

---

[4]　孫中興，〈從新教倫理到儒家倫理〉，收於杜念中、楊君實編，《儒家倫理與經濟發展》（臺北：允晨出版社，1987年），頁181-225。

[5]　當代「新儒學」廣義而言可分為三代，第一代是1921-1949年間，1950-1979年則為第二代，第三代則一般認為自1980年至今，主要論述儒家思想如何因應新時代挑戰。

內涵仍沒有定見。當然，前述討論不但僅是東亞研究的一部分而已；更重要的是，我們或許得在進一步討論前先確定研究範圍才是。換言之，「究竟東亞是什麼」（What's exactly East Asia）乃必須先思考的問題。

對此，「亞洲」（Asia）這個名詞雖在歐洲地區通行了數百年，但對其卻始終缺乏一個確切定義。就在媒體經常將「亞洲」與「東亞」相互通用的同時，根據比較嚴謹的界定，從地理學角度看來，其實所謂亞洲指的是西起土耳其，東到日本，北至西伯利亞，南迄東印度群島的一個極其廣大之地緣板塊；至於東亞，相較於西亞或南亞等，理論上指的應該是這片地域的東部地帶。儘管如此，一方面區域劃分本來便是一種充滿人為主觀性質的概念，隱含極高模糊性，再加上議題取向的聚焦效果，從而也讓近年來無論在國際政治或經濟舞臺上表現都愈來愈搶眼的東亞，自然成為亞洲的代名詞。

進一步來說，如果從學術研究角度來看，「亞洲」概念的前身其實是所謂「東方」（the Orient），泛指著對歐洲來說相當遙遠的地方；正如 Edward W. Said 所說的：「東方其實是歐洲的一項發明，而且自古以來便用來指稱一個充滿浪漫、異國情調、記憶和場景縈繞、令人驚豔的地方」；[6] 但隨著歐洲擴張與所謂東方印象逐漸複雜，為求說明清晰起見，於是近東（Near East）、中東（Middle East）與遠東（Far East）等名詞也慢慢跟著出現。其中，遠東指的雖然很接近所謂的東亞，但一方面由於歐洲人最初對這個地區並不太了解，再加上起自十七世紀「中國熱」所奠下的漢學研究基礎，於是「遠東─亞洲─東亞─中國」便以四位一體的方式，構成最初相關研究的出發點。

到了二十世紀初，由於日本崛起的關係，因此歐美學界的亞洲研究亦從中國研究核心，逐漸擴及日本研究範疇，並在二次大戰結束後的1950年代，逐漸形成「東亞研究」這個獨立學門範疇。值得注意的是，美國學

---

6 Edward W. Said, *Orientalism* (London: Vintage, 1979), p.1.

者 John K. Fairbank 曾在1973年出版過一本有關《東亞傳統與變遷》主題的巨著,[7]從其內容80%都是中國歷史研究來看,此際中國研究似乎仍等同於東亞研究。儘管如此,由於中共政權在1949年建政後隨即進入半閉關狀態,同時也因與蘇聯結盟或堅持社會主義路線的緣故,一定程度地切斷與西方之間的互動交往,一方面既使得歐美的中國研究被迫侷限於歷史性研究,而日本在1960-1970年代成功復甦的結果,也逐漸讓日本研究成為探索當代東亞發展的核心焦點。

　　無論如何,不管是1960年代前的中國研究或是1970年代後的日本研究,這種「一國研究」(one-country study)途徑所支撐的都只是個「假東亞」(false East Asia)概念,亦即它們被認為可以代表東亞,但事實絕對不然。不過,由於若干新興工業經濟體的相繼崛起,由此在1980-1990年代間出現的「小東亞」(tiny East Asia,亦即日本加上四小龍國家便等於東亞)或「中東亞」(middle East Asia,亦即日本+四小龍+新四小龍),雖然還不免殘留著一些以偏概全的傳統,畢竟在研究個案相對增加的同時,人們對於充滿多樣性的東亞地區的真實面貌,也慢慢有著「一旦雲開見青天」的感受。

　　理論上,所謂「真東亞」(nichy East Asia)指的應該是包含東北亞5個政治單位(中國、日本、南韓、北韓、臺灣)、中南半島上面的5個國家(越南、寮國、柬埔寨、泰國、緬甸)和東印度群島6個國家(菲律賓、馬來西亞、印度尼西亞、新加坡、汶萊、東帝汶)等總共16個實體所涵蓋的區域。但由於在實際運作過程中,包括俄羅斯(橫跨歐亞大陸)、蒙古(經常被歸類至中亞)、澳洲與紐西蘭(大洋洲)與印度(南亞)這5個邊緣性東亞國家,以及美國(全球性霸權)這個潛在性東亞國家也經常介入東亞事務運作,由此則涵蓋22國的「大東亞」(great East Asia)概念也常常被人所提及並接受。

---

[7]　John K. Fairbank, *East Asia: Tradition & Transformation* (New York: Houghton Mifflin, 1973).

表 1.1　東亞各國基本資料比較

國家	獨立時間	人口 mil.	面積 km²	PPP $	平均壽命	識字率%
中國		1,389.3	9,596,960	16,624	76.1	96.4
日本		126.5	377,835	42,659	83.7	99.0
南韓	1945.08.15	50.9	98,480	39,387	82.3	98.0
北韓	1945.08.15	25.5	120,540	1,800	70.6	100.0
臺灣		23.5	35,980	49,827	80.0	97.1
菲律賓	1898.06.12	105.2	300,000	8,229	68.5	96.3
馬來西亞	1957.08.31	32.3	329,750	28,871	75.0	94.6
新加坡	1965.08.09	5.9	692	90,531	83.1	96.8
汶萊	1984.01.01	0.4	5,770	76,743	77.7	96.4
印尼	1949.12.27	266.9	1,919,440	12,378	69.1	93.9
越南	1945.09.02	96.4	329,560	6,876	76.0	94.5
寮國	1949.07.19	7.1	236,800	7,367	65.7	79.9
柬埔寨	1953.11.09	16.2	181,040	4,010	68.7	77.2
泰國		68.6	514,000	17,786	74.9	96.7
緬甸	1948.01.04	55.1	678,500	6,285	66.6	93.1
東帝汶	2002.05.20	1.2	15,007	5,008	68.3	67.5
蒙古	1921.07.11	3.2	1,564,116	12,551	68.8	98.4
澳大利亞	1901.01.01	24.9	7,686,850	49,882	82.8	99.0
紐西蘭	1907.09.26	4.8	268,680	38,502	81.6	99.0
印度	1947.08.15	1,344.6	3,287,263	7,174	68.3	72.1

註：人口根據 Population Clock 截至2018年4月估算，PPP 根據2017年 IMF 估算，平均壽命根據2015年 WHO 估算，識字率根據2015年 UNESCO 估算。

　　對於多數主要東亞國家的基本資料，請參考表1.1所列。不過，在此必須強調一點：雖然大東亞範疇中的22個政治實體應足以涵蓋幾乎絕大多數東亞研究的相關概念，但其中北韓、寮國、柬埔寨、緬甸、汶萊、東帝汶與蒙古等7個單位，或因國家政策，或因發展規模與程度等種種限

制，在東亞研究中所占的篇幅比例也相對較低（當然，由於核武危機與近期政治開放發展，北韓與緬甸也根據特定議題吸引不少注意）；至於臺灣，雖自1980年代起，便因其經濟成就與民主化歷程而成爲許多西方研究者關注的對象所在，但由於受到兩岸關係的制約，因此除亞太經濟合作（APEC）這個多邊機制與若干檯面下的雙邊互動外，幾乎被排拒在所有以東亞爲區域界定的活動之外。

第二節　東亞研究的時代意義與價值

正如前述，由於東亞的奇蹟式發展（當然也包括此區域的危機潛在性，例如近期北韓核武問題，以及中國崛起引發的軍備與同盟競賽議題），既使其成爲衆人注目焦點，也讓東亞研究在近十餘年間蔚爲風潮。不過，若單就過去經驗進行整理分析的話，未免過於消極了些；事實上，當前的東亞研究可說具有以下幾個特殊意義。

首先是所謂「東亞模式」對第三世界可能產生的影響。正如衆所周知，自從1950-1960年代的獨立風潮以來，全球大多數第三世界國家非但並沒有因爲獲得政治自主性而改善其窘迫的經濟處境，發展程度反而與歐美地區等體系核心國家差距愈拉愈大。儘管自1960年代起，包括聯合國與國際貨幣基金等國際組織便不斷針對第三世界的發展問題，提出各種可能的補救方案，但不僅成效有限，例如 Samir Amin 更認爲，除少數新興（emerging）國家（尤其是東亞國家）之外，其餘多數第三世界國家若非逐漸被邊緣化（marginalized，例如像拉丁美洲或中東國家），便甚至已經被排除在外（excluded，例如非洲與大洋洲國家）；特別在資訊革命正引爆全球產業結構大調整的此刻，如何引導第三世界國家利用其比較優勢參與國際分工與競爭，以免遭核心國家拋棄（dumped），已經成爲學術

界極關注的課題之一。[8]

　　以目前發展來看，過去第三世界國家所被認為擁有的自然資源和廉價勞力等傳統的靜態優勢，未來或將因為科技進步而逐漸被抵銷，至於在歐洲與北美地區進展迅速的整合運動進程，亦會導致落後國家愈來愈無法分享核心區的剩餘價值，因此，在全球化與區域化兩種浪潮的同時交相衝擊壓迫之下，第三世界國家的未來似乎前途未卜。對此，無論如何，相對正面之東亞新興工業化經濟體的經驗，或許可作為這些國家的成功範例。

　　不管是亞洲「四小龍」或正迎頭趕上的中國大陸，它們雖與其他第三世界國家擁有類似的出發點（殖民遺產、政治動盪與低度開發問題），但仍透過循序漸進過程而取得經濟繁榮與發展的成果；在此過程中，東亞國家不僅在經濟發展的每個階段裡，都能根據本國和區域要素稟賦的比較優勢變化，不斷地適時調整其經濟結構與發展戰略，從而既成功地創造經濟持續增長，形成了以基督教文明為背景的歐美地區以外的第二個新興工業地帶，並直接挑戰了過去西方既有的現代化發展理論基礎。換言之，從東亞的經驗可以發現，一方面第三世界國家或許必須學習東亞因地制宜的調整戰略，利用新世紀經濟全球化所帶來的機遇培養提升其產業競爭力，更甚者，即便無法放諸四海而皆準，但東亞地區的成功經驗是否能夠累積出一套具操作性的「發展模式」，以供其他發展中國家參考，應該也是研究者應付諸努力的方向。

　　至於東亞研究的第二個時代意義，則是應如何去因應「東亞世紀」可能來臨的問題。從歷史上看來，儘管東亞過去一度也曾具備世界體系準核心地位，但在兩次鴉片戰爭宣告中國不再作為東亞國際體系領導國家，逐漸失去在此地區維持秩序和與外部世界抗衡的能力，甚至還淪為全球結構中的被動弱者後，包括中國與大多數東亞世界也都被迫臣服於外來的殖民

8　See Samir Amin, *Beyond US Hegemony? Assessing the Prospects for a Multipolar World* (London: Zed Book, 2006).

主義力量。換句話說，到了十九世紀中期，一個擁有全球性資本力量的遙遠世界不僅突然闖入東亞，甚至透過工業革命所賦予它們的強制手段，把這個地區納入了歐洲式世界經濟體系當中。雖然正如 Immanuel Wallerstein 所言，東亞國家對於被納入世界體系中充當附屬角色的結果並不滿意，但事實上也無能爲力。

　　從某個角度來說，在接下來的一個世紀裡頭，對位居世界體系核心的國家而言，東亞地區只不過是全球經濟分工結構中，負責生產某些邊緣性商品的一個區域而已。但事實是，東亞一方面成功地利用時間（美蘇冷戰對峙）與空間（高人口稠密度）優勢而開始其發展歷程，同時在締造出較穩固的基礎後，既形成一股足以跟舊體系核心抗衡的勢力，若「東亞世紀」成眞的話，它也可能順勢取代歐美國家的結構地位。不過，更重要的是，由於東亞地區過去曾長時間作爲一個獨立的「歷史性世界體系」而存在，其結果使其相對其他文明區域，有著顯而易見的文化獨特性。根據此種相對殊異的文明構成基點，東亞地區在處理國際互動關係方面也有其傳統的行爲規範習慣。因此，一旦東亞果眞成爲新核心區域，如何發揮其自身文明傳統對當前世界體系進行更新再造，並從而形成一套不同於當前的結構內涵，此過程不僅可能不是「正統國際關係理論」所能涵蓋，也是我們在觀察東亞未來發展時應當留心的。

　　最後，至少對臺灣來說，東亞研究的更迫切意義或許是，如何在當前整合浪潮中避免面對「被邊緣化」的命運。

　　截至目前爲止，光是中國與東協10國的人口總數便將近20億人，若再加上日韓兩國將近1.8億人，則「10＋3」地區的人口數便逼近22億，約略是全球總數的三分之一；至於在國民生產總值（GDP）方面，以2017年爲例，中國與東協10國合計接近14兆美金，加上日韓兩國則數值更高達20兆，占全球 GDP 總值四分之一強。由此可見，無論「10＋1」或「10＋3」經濟規模都非常可觀，足以與當前世界任何自由貿易區相抗衡。正因如此，在中國於2003年分別與香港及澳門簽署了所謂《更緊密

經濟夥伴關係協定》後，許多人便認為在2010年中國與東協自貿區協議
生效前，若臺灣尚未加入任何形式的東亞自由貿易區或雙邊自貿協定系
統，屆時不僅將成為在東亞地區中，唯一被排擠在區域自由貿易區外的國
家，未來經濟發展遭到邊緣化的危機亦可能難以避免；[9]於此同時，中國
也可能藉這波推動自由貿易區進程，在東亞透過整合發展以完成其和平崛
起戰略意圖，並利用臺灣的被邊緣化，達成其長期逼統促降之最終統戰目
標。當然，兩岸在2011年簽署《經濟合作框架協議》（ECFA）之未來仍
待觀察。

　　儘管前述推論未必為真，因為中國大陸的經濟發展畢竟尚未趨於穩
定，而東亞各國之間的明顯差異性也不可能僅僅透過經濟整合便可化解，
更何況除了經濟問題外，東亞還面臨著嚴重的政治與安全挑戰，而這些問
題的獲致解決絕非短時間一蹴可幾的。不過，由於臺灣的發展基礎存在著
嚴重依賴國際貿易的特色，再加上東亞區域內貿易占臺灣對外貿易額的不
斷攀升，一旦此區域整合成功而臺灣又被排除在外的話，確實會因為貿易
成本提升而讓臺灣的成長受到打擊；從這個角度來看，如何適切且深入地
了解東亞發展內涵，甚至具備一定的預測能力，還是臺灣未來生存發展關
鍵所繫。

第三節　東亞研究的方法論問題

　　在本書當中，基於當前多數東亞問題的源起，幾乎都來自於歐洲對
外擴張歷史下逐漸形成的現實，我們亦將以此為起點，一方面由全球化過
程（第二章）切入來進行理解，同時透過較宏觀角度，將視野拉回到十五

9　宋興洲，〈區域主義與東亞經濟合作〉，《政治科學論叢》，第24期（2005），頁1-48；郭
　迺鋒、周濟、方文秀、陳美琇，〈東亞經濟整合對臺灣經濟的影響：2005年至2010年遞迴動
　態 GTAP 模型分析〉，《經濟情勢暨評論》，第10卷第4期（2005），頁1-41。

至十六世紀之際，以便能更清楚地發現這波浪潮以及由此形成的相對結構位置，對東亞地區所造成的長期影響。其次，基於國際關係中權力不對稱的基本事實，再加上東亞地區百餘年來長期處於世界體系被支配的邊陲地位，因此，在接下來的討論當中，我們便試圖從權力結構（第三章）的角度，一方面釐清此區域中權力分配的特色內涵與變遷過程，特別在後冷戰時期來臨後，亦希望能透過多方面的資料彙整與探討（尤其針對當前大國間互動關係），以便分析其未來的可能走向與影響。

　　無論如何，正如在前面所描述過的一般，東亞在歷經冷戰時期發展後，雖暫時仍無法擺脫受支配的體系階層位置，但在這段過程中，此地區還是發生了許多澈底改變體質的進展。因此，我們不僅得了解其發展經驗（第四章）的過去（奇蹟源起與區域體系的成形）與現在（危機爆發與體系解構的原委），藉此剖析其未來的發展前景，同時也必須了解此地區政治演進（第五章）過程與經濟面之間的互動狀況；主要原因是，政治演進常常與經濟發展之間，有著互為因果的微妙關係。以東亞地區為例，威權性國家機器特徵與官僚主導的計畫性工業化，既是多數國家所以獲致正面經濟成就的重要緣故，但因此所帶來的社會轉型壓力，往往也反饋式地提供政治改革的契機，從而埋下民主化運動的深層基礎，在過去是如此，未來也應該差不多。

　　不過，正如我們在文中以「不確定的未來」來描述東亞的政治演進般，此地區的政經互動過程或許的確存在著高度的變動性。至於影響其未來發展的最關鍵變數，首先可說是當前如火如荼的整合運動浪潮（第六章）；儘管相較於世界上的其他區域，特別是歐洲與美洲，在整合過程方面都已紛紛獲致明顯進展，而東亞卻依舊停留在「只聞樓梯響，不見人下來」的倡議階段當中，進度明顯落後很多，但從東亞雖缺乏有效整合機制，經濟成長卻仍然暢旺看起來，一旦此區域整合成功，其所將發揮的效果必然不容小覷。值得注意的是，在影響東亞區域整合進程的因素中，或許區域安全（第七章）問題將扮演著轉捩點的角色；正如眾所周知，從東

北亞到東南亞，整個西太平洋地帶可說是國際衝突「熱點」最密集的一個地方，非但多數議題均牽一髮則動全身，而且幾乎所有主要國家（甚至包括區域外的強權國家）都涉及在內；從某個角度來看，或許為解決這些潛在問題的急切性，將在迫使多數國家坐下來談判後，進而浮現整合契機也說不定，例如南海問題的發展便是個可參考的範例。

最後，為涉及儘管被廣泛討論，卻始終沒有定論的一個議題，亦即究竟「文化因素」在東亞發展過程中所扮演的角色，本書也將一篇聚焦於儒家文化的拙文列入附錄中以供參考。可以這麼說，儒家文化的作用既眾說紛紜，事實上，面對東亞充滿高度異質性的文化內涵，它也很難擁有無遠弗屆的解釋力，這是我們何以僅將其列入參考的緣故。

就像前段所言，未來假若「東亞世紀」果然成真的話，其所可能帶來的全球結構與規範變遷或許並非當前正統國際關係理論所能夠預測的；其實，即便東亞崛起依舊是個大問號，自冷戰後期以來國際環境所發生的劇烈變化，早也就開始挑戰或甚至逐漸形塑出一套新的理論框架。在本書當中，由於我們企圖拉大觀察廣度的緣故，即使所處理問題的內涵相當複雜，其結果也不可能用一套理論架構來貫穿整本書，更何況不同的問題本即應有不同的思考途徑；因此，我們將根據每一章所處理議題的特性，首先設法各自引進目前被運用或正浮現中的一些想法或架構，接著則透過它們來組織相關發展概況。

在全球化問題方面，由於它早已引發一股討論熱潮，因此，本書一方面除將簡單介紹當前相關理論發展的內涵外，為有效詮釋東亞的發展歷程，相對於當前對全球化浪潮的討論多集中於工業革命後或甚至工業深化後，我們在此則採取廣義角度，將觀察點拉回整個擴張運動的起始處，希望以此鋪陳出一個更有意義的環境背景。至於在關於權力結構的討論方面，我們除不可免俗地由權力政治或霸權穩定論角度切入外，首先，本書企圖將所謂霸權根據其歷史內涵變遷重新分類定位，以便了解不同的霸權形式對東亞所帶來的不同影響，接著，根據當前東亞權力結構的不確定

性，為釐清大國間的關係，我們一方面將透過戰略三角途徑來分析其間互動，但也將根據東亞的特性（大國密集性），設法從「複合框架」方向來觀察這個問題的未來發展。

再者，在東亞政經發展分析方面，儘管不會迴避新自由主義途徑，但根據此地區發展的現實經驗，或許我們將更重視政府主導下的國家資本主義（或發展型國家理論）對其發展歷程的影響，以及比起其他第三世界地區更具整體結構性的特徵（亦即所謂雁行模式的過去、現在與可能的未來）。至於政治演進問題，在第三波民主化浪潮的全球擴散效應之下，此地區國家的民主進展當然是本書關注的焦點；不過，正如眾所周知，就在民主幾乎成為全球典範的同時，對此理論的反省與檢討聲浪也跟著此起彼落，所以我們在此不僅採取正反並呈的角度，更希望將問題拉回到原始起點，亦即國家進行制度選擇的過程，來深入理解此議題的實際內涵。

最後，在區域整合問題方面，我們首先將根據新區域主義途徑，來介紹起自二十世紀末之全球整合浪潮的前因後果，但在當前關於整合理論依舊無法存在共識的情況下（主因是理論建構無法追上事實變遷的速度），本書也將提出「多層次整合」的觀察架構，至少針對當前東亞整合過程中所凸顯的特色，加以廣泛的整理說明。至於區域安全議題，我們則一方面希望引進若干新安全觀（例如合作性安全與非傳統安全概念）以提供必要的思考基礎，在實際運作過程方面，本書也將透過當前「多軌外交」（相較於過去傳統的國家間外交）的現實，既藉此了解東亞地區如何建立相互溝通的管道，同時亦將針對此地區此起彼落的建制發展加以歸納整理。

總之，東亞發展問題的各個層面雖然既複雜且重要，而且也已經引發學術界的相對關注，但畢竟到目前為止，還未形成一整套具有共識的研究框架，甚至連區域地理範疇都無法確定，例如有更多人將焦點放在諸如東北亞或東南亞等次區域發展過程上，甚至連2005年首屆「東亞高峰會」也無法對此達成結論（由於加入了紐澳與印度等「非東亞」國家）。在此情況下，本書希望能發揮拋磚引玉的效果，設法儘量引入更多概念框架並

針對不同議題進行觀察，從而客觀地整理部分研究成果，讓愈來愈多研究者更深入地觀察此區域的發展，期盼在可見的未來能出現更多更有價值的論述。

第 ㊁ 章 全球化

　　近百餘年來，東亞地區歷經了一場可稱爲「大轉變」（Great Trans-formation）的發展過程，無論是政治、經濟、社會，甚至是國家間互動規範等，都出現了一幅與前此截然不同的新面貌。當然，從某個角度來看，這並非東亞的專利，因爲類似的變遷過程幾乎在世界各地都見得到；推究其原委，或許我們可以用「全球化」這個名詞來概括整個現象。在本章當中，我們便企圖透過此一視點，利用理論與實際的結合，從宏觀的長遠歷史裡，去逐步勾勒出東亞地區所以發生這波大規模結構轉型的環境背景。

第一節　全球化的源起及其發展

　　自從1960與1970年代起，所謂「國際化」（internationalization）或「全球化」（globalization）的字眼便開始成爲一種普遍性的流行措詞，並經常被人與成功以及財富等景象聯繫在一起。[1] 此種觀點暗示著：只要接受全球化概念，則自然會顯現出通往繁榮富裕的康莊大道；雖然實證經驗未必全然支持此一觀點，但愈來愈多東亞國家在經濟發展上取得驚人成就的結果，仍使其成爲某種具有強大解釋力與預測性的理論指引，從而在相關研究學者之間，凝聚成一種共通的觀察視野。

---

[1]　See George Modelski, *Principles of World Politics* (New York: Free Press, 1972); Malcolm Waters 也認爲相關名詞起自1960年代後，見 *Globalization* (London: Routledge, 1995), p. 2.

　　儘管如此，學界對所謂「全球化」的意涵還是存在著極多爭議的；若干學者認為，對於該名詞的論點最少來自三種觀點：[2]首先是如大前研一等「超全球主義論者」（hyperglobalizers），[3]他們認為，作為傳統國際行為者的民族國家，其所擁有的權力與權威正逐漸轉移給全球性的制度與公司，[4]更甚者，由於經濟全球化所形成的「鐵籠」（iron cage）效應，更使國內政府在社會福利與經濟調控方面的獨立運作功能大打折扣。[5]其次是由 Paul Hirst 與 Grahame Thompson 等人所代表的「懷疑論者」（sceptics），他們認為這波全球化其實起自於1860年代，由於現代工業技術的普及，於是帶來一股經濟國際化的風潮，其結果雖拉近了民族國家間的距離，但是從某個角度來說，政府效能並不因此而遭到削弱，甚至目前國際經濟的開放度還不及1870至1914年間。[6]最後，則是由 Anthony Giddens 等人主張的「轉型理論」（transformationalism），他們認為就現階段而言，全球化乃是重塑世界秩序的主要動力，換句話說，處於目前體系下的國際政治經濟制度正被賦予一股遽變的力量；[7]面對此種情況，政府應「超越左右」（beyond left and right）以走出所謂「第三條路」（the Third Way）。[8]此外，全球化也可能帶來三種效應，亦即增加投資並帶動創新行為的「擴張效應」，由新的世界經濟組織針對相同資源所進行的「配置效應」，以及藉由全球化得利所導致的「分配效應」；其中擴

[2] David Held, Anthony McGrew, David Goldblatt, and Jonathan Perraton, *Global Transformations: Politics, Economics and Culture* (London: Polity Press, 1999), p. 3.
[3] 代表作如大前研一（Kenichi Ohmae）的 *The Borderless World* (London: Collins, 1990)與 *The End of the Nation State* (New York: Free Press, 1995).
[4] Francis Adams, Satya Dev Gupta and Kidane Mengistead, "Globalization and the Developing World: An Introduction," in Francis Adams, Satya Dev Gupta and Kidane Mengistead, eds., *Globalization and the Dilemmas of the State in the South* (New York: St. Martin's Press, 1999), p. 1.
[5] Robert Cox, "Economic Globalization and the Limits to Liberal Democracy," in Anthony Mcgrew, ed., *The Transformation of Democracy: Globalization and Territorial Democracy* (Cambridge: Polity Press, 1997), pp. 49-72.
[6] Paul Hirst and Grahame Thompson, *Globalization in Question: the International Economy and the Possibilities of Governance* (Cambridge: Polity Press, 1999), p. 2.
[7] Anthony Giddens, "Globalization: a Keynote Address," *UNRISD News*, 15 (1996), pp. 11-22.
[8] Andrew Leigh, "The Rise and Fall of the Third Way," *Australian Quarterly*, 75:2 (2003), pp. 10-15.

張效應可說是最重要的。[9]

　　儘管所謂全球化的後續影響眾說紛紜且正反俱呈，[10] 在此，我們除企圖將對於全球化影響的討論集中在東亞這個區域外，同時也希望賦予所謂「全球化」一個更具操作性的定義，以便進行更廣泛的討論；個人認為，所謂全球化應包括下面三個要素，亦即：

　　1. 表面上的「擴張」（expansion）形式；

　　2. 鎖定於「設法改變」（try to change）的政策目標；

　　3. 最終達成「轉型」（transformation）現象。

　　再者，儘管許多學者都認為全球化乃是二十世紀中葉後才出現的趨勢，但仍有相當多人支持法國學者 Fernand Braudel 的觀點，亦即漫長的全球化歷程早已持續了數世紀之久。[11] 在此，我們不僅接受這種說法，同時希望進一步從大歷史的角度，將東亞地區與此種浪潮的互動關係，分為以下幾個時期來進行討論，亦即：十六到十七世紀間的第一波浪潮（主要是新互動關係的建立）、十八到十九世紀間的第二波浪潮（東亞的逐漸邁向殖民化地位）、二十世紀前半期的第三波浪潮（解殖民運動的出現與最終邁向政治獨立），以及起自二十世紀末的第四波浪潮。希望藉此釐清全球化對於東亞地區的影響所在。

[9]　John-Ren Chen and Richard Hule, "Globalization of Economic Activities and Its Effects," in John-Ren Chen, ed., *Economic Effects of Globalization* (Aldershot: Ashgate Publishing Ltd, 1998), p. 9.

[10]　See Kavalijit Singh, *Questioning Globalization* (New Dehli: Madhyam Books, 2005); David Held and Anthony McGrew, *Globalization and Anti-Globalization* (London: Polity Press, 2005).

[11]　E. Helleiner, "Braudelian Reflections on Economic Globalization: the Historian as Pioneer," in Stephen Gill and James Mittleman, eds., *Innovation and Transformation in International Studies* (Cambridge: Cambridge University Press, 1997).

第二節　第一波：新航路與西力東漸

壹 歐洲結構轉型與全球化發端

　　根據在前一個段落中所提出的操作性定義，所謂「全球化」過程可說是由歐洲人所啓動的，因此若稱其爲「歐洲化」（Europeanization）其實也無不可，至於第一階段的全球歐化過程，則大致出現於十五到十八世紀之間。[12]

　　在此階段前的十一至十三世紀間，逐漸邁向中古黑暗時期終點的歐洲（特別是西歐部分國家）正處於一個普遍的內部開拓過程，除了出現諸如新城鎮興起與人口迅速成長等現象外，君主權力的上升，也使其得以從社會內部動員更大的集體能量。[13] 由於經濟活動復甦所帶來的海上與陸上貿易顯著拓展，既使得近海（地中海、波羅的海與北海）互動顯得相當活躍暢旺，銀行與金融業也隨之出現長足的發展。總的來說，這些正面因素毋寧都有利於歐洲未來的對外全球性擴張。至於其最初的行爲動機，則或許如王曾才所述一般：「……十五世紀後期以來歐洲不斷對外擴張，有其經濟上和宗教上的動機，同時也有地理知識與航海技術等方面的憑藉。」[14]

　　值得注意的是，在經濟動機方面，歐洲人最初的擴張目標其實並非爲了走遍全球，以尋找拓展自己商貨的市場，而是希望找到（特別是上層階級）所需的進口物品。[15] 其中，一直到中古末期爲止仍在東西方貿易裡占據著重要地位的絲綢交易，已經由於歐洲本身近代紡織業的興起而逐漸

---

[12] Randall D. Germain, "Globalization in Historical Perspective," in Germain, ed., *Globalization and its Critics: Perspectives from Political Economy* (London: McMillan Press, 2000), p. 72; Roland Robertson, *Globalization: Social Theory and Global Culture* (London: Sage Publisher, 1992), pp. 58-60.

[13] William McNeill, *The Rise of the West* (New York: Free Press, 1963), Chapter 10.

[14] 王曾才，《世界通史》（臺北：三民書局，1993年），頁411。

[15] David Arnold, *The Age of Discovery, 1400-1600* (London: Methuen & Co. Ltd., 1983), p. 35.

趨於式微，取而代之的關鍵商品則是來自於南洋群島（東印度群島）的香料。儘管時至今日，包括胡椒、丁香與肉桂等香料已成爲價格低廉的消費性調味材料，但在十四到十五世紀時期的歐洲卻是用途普遍但售價極其昂貴的奢侈物品；特別是因爲自十四世紀中期起，歐洲廣泛流行包括黑死病在內的各種瘟疫，[16] 而若干香料更被廣泛宣傳（儘管不過是種誤解）具有治療此類疾病的特效功能，於是地位與價格更因此不斷地水漲船高。[17] 在豐厚利潤的誘使下，首先由位居伊比利半島的歐洲人展開向東擴張的遠征旅程，至於鄂圖曼帝國的阻斷傳統陸路通道，則迫使他們退而求其次地冒險經由海路擴張。

貳　舊體制下的東亞國際社會

　　相對於歐洲正蓄勢待發地擺出擴張姿態，十五世紀初期的東亞在政治上則正處於鞏固以中國爲中心的「朝貢體系」（Tributary System）過程中，[18] 至於強化體系的動力則來自於1405-1433年間鄭和的7次遠航。不管其遠航的眞正原因爲何，是爲了澈底解決國內政治鬥爭問題，還是希望連絡中東伊斯蘭勢力以抑制蒙古的再度復興，以南中國海與東印度洋爲主的這一波海外行動，無疑擴大並鞏固了中國在此區域內的威望與國際地位，並使區域內多數國家接受了經過形式化的階層性國際體系。[19] 至於在經濟上，則東亞此時正以中國和印度這兩個軸心，經過東南亞地區作爲媒介來

---

[16] 俗稱爲「黑死病」（the Black Death）的淋巴腺鼠疫併發肺炎症候群，在1348-1351年間肇端於黑海的克里米亞半島地區，先蔓延至西歐，然後隨著貿易路線襲擊了整個北歐。古典論點是此波瘟疫大約奪走三分之一的歐洲人口，但更大的影響是導致歐洲經濟結構的重組與發展。

[17] Giles Milton 著，王國璋譯，《荳蔻的故事》（臺北：究竟出版社，2001年），頁26-27。

[18] John K. Fairbank, "A Preliminary Framework," in Fairbank, ed., *The Chinese World Order* (New York: Harvard University Press, 1968), pp. 1-4.

[19] 關於以中國爲中心之朝貢體系的規範與內容，請參考蔡東杰，《中國外交史》（臺北：風雲論壇出版社，2000年），頁37-45。

進行頻繁地貿易互動。[20]

　　特別對中國來說，此際也是一般所謂「閉關」政策的開端。只不過與後來西方國家看法有所出入的是，中國並非封閉外人前來溝通的管道（此由朝貢行為可以看出），而是基於國家安全考量，禁止本國人的向海外發展。[21]更甚者，從中國在東亞地區所擁有的近乎最高領導地位看來，作為區域霸權國家卻採取閉關鎖國政策，本來便是無法思議的。至於東亞地區多數國家所以願意接受由中國所設定之體系規範的原因，其實是覬覦因遵守規範而可獲得的經濟利益，正如日本學者濱下武志所言：「朝貢的根本特徵在於它是以商業貿易行為所進行的活動，換言之，因朝貢關係而使得以朝貢貿易關係為基礎的貿易網絡得以形成。」[22]王曾才同樣認為：「東亞其他國家，則欲藉通商來分享中國的繁榮。……朝貢與通商為一體之二面：中國所重視者為朝貢的精神價值，朝貢國所追求者為通商的實際利益。……因此商業關係與通商關係是不可分的。」[23]

　　可以這麼說，正當東亞地區以中國作為核心，而構成一個在政治與經濟上均互動頻繁的區域性國際體系時，歐洲的向東方擴張動力卻因受限於中古時期的造船技術與地理知識而顯得進步遲緩；[24]例如葡萄牙人 Vasco da Gama 便一直到鄭和結束航行65年後的1498年，才得以越過非洲南端的好望角，並在阿拉伯水手的協助下，從而「找到」前往東方（印度）的通道。至於維繫後來歐洲源源不斷遠洋探險動力的精神來源，則是一般所謂的「三G」：福音（Gospel）、黃金（Gold）與榮耀（Glory）。

---

[20] 濱下武志，《近代中國的國際契機：朝貢貿易體系與近代亞洲經濟圈》（北京：中國社會科學出版社，1999年），頁10。

[21] Charles Hucker, "Hu Tsung-hsien's Campaign against Hsu Hai," in John K. Fairbank, ed., *Chinese Way in Warfare* (New York: Harvard University Press, 1974), p. 275.

[22] 濱下武志，前引書，頁38。

[23] 王曾才，《中國外交史要義》（臺北：經世文化事業公司，1993年），頁30。

[24] 例如希臘學者 Ptolemy 在西元二世紀所寫的《地理學》（*Geography*）一書，與義大利人 Marco Polo 在十三世紀所寫具想像成分頗高的《遊記》（*Travels*），都在十五世紀初才為歐洲人所逐漸熟知。

　　總之，藉由在1511年併吞麻六甲這個當時最繁榮的東南亞港口國家，首先具備擴張決心與可能性的葡萄牙不僅取得在東亞的立足點，[25] 也在1516年到達中國廣州，並於1553年取得澳門作為對華貿易基地，從而開啓了歐洲各國在此區的貿易與殖民競賽；而西班牙人也隨即自1525年起進入東南亞，最終於1571年征服菲律賓作為其前進亞洲的基點。[26] 不過，西、葡兩國雖在東亞擴張行動中取得先機，但荷蘭與英國卻很快地便展現出並取得後來居上的姿態；[27] 後者不僅經常以武力壓迫此區域傳統君主以保障利益，更於1602年配合創新性的公開募股制度，以結合性資金的集體壟斷形態（東印度公司），有組織地擴張貿易版圖並奠下國家資本主義的基礎。[28]

　　值得一提的是，相較於歐洲人明顯的向東「擴張」行動，並透過通商貿易甚至若干不平等條約試圖建立一個有利於歐洲的互動關係，中國雖因進入明朝末年的混亂期而無法有效執行其體系平衡者的職責，但因此際到達東亞的主要西方國家也缺乏實際上壟斷貿易的能力；[29] 因此，雖然它們次第在印度洋、東印度群島與南中國海等攫取了許多箝制航路的戰略性港口，以致對此地區行為規範造成某種程度的質變效果，儘管如此，這些擴張行動根本上仍舊未能動搖傳統的東亞國際體系內容。

---

[25] Immanuel Wallerstein, *The Modern World-System* (New York: Academic Press, 1974), Vol. 1, p. 51.

[26] D. R. SarDesai 著，蔡百銓譯，《東南亞史》（臺北：麥田出版公司，2001年），頁103-104。

[27] 荷蘭於1596年首度抵達爪哇島，1609年擊敗葡萄牙與英國而壟斷香料貿易，1641年更從葡國手中取得麻六甲的控制權；參考楊軍與張乃和主編，《東亞史》（長春：長春出版社，2006年），頁326-27。

[28] 在伊莉莎白一世女王授予不列顛東印度公司（約翰公司）皇家特許證，並予其印度貿易特權後，東印度公司逐漸變成印度的實際主宰者。到1858年它被解散為止，它還獲得了助理政府和軍事等經濟以外的作用。

[29] See Kristaf Glamann, *Dutch-Asiatic Trade, 1620-1740* (Hague: Nijhoff, 1958).

第三節 第二波：工業革命與帝國主義

壹 新革命浪潮與歐洲擴張政策的質變

十五世紀瀰漫整個義大利半島的文藝復興運動，與十六世紀初起自日耳曼地區的宗教改革風潮，乃是促使歐洲從中世紀長期睡眠狀態甦醒的重大歷史發展因素。值得注意的是，正如 David Arnold 所言：「十五及十六世紀之際，歐洲人對世界其他地區的認識曾經歷過一場根本性的改變。在1400年時，他們對於其域外世界的想像，就如那些地圖所展現出來的，不但迷糊而且經常全盤錯誤；但在往後的兩百年中，歐洲繪圖者筆下的陸塊將形成今日我們所熟悉且可辨識的輪廓。」[30] 無論如何，由於基督教會權威受挫，使十七世紀的歐洲在政治與經濟面都有著關鍵性的變化產生：前者意涵著民族國家的出現，而後者是指因為科學革命爆發而對經濟社會「舊制度」（Ancien Régime）所做的挑戰，[31] 至於其結果則引導出了重視私有財產與利潤積累的資本主義，以及由於國家間經濟競爭太過激烈，因此出現要求政府保護私人部門利益的重商主義。相關發展從當時荷蘭駐巴達維亞（雅加達）貿易代表 J. P. Coen 的一段話中，頗能夠看出些端倪：「各位從經驗上應已得知，想要在亞洲從事貿易，必須在各位的武器保護下進行，……所以，我們不能在不戰爭的狀況下進行貿易，也不能在沒有貿易的情況下進行戰爭。」[32]

由於遠洋貿易同時為商人階級與執政君王帶來經濟利潤與政治威望，兩者便以利益互補的形態進一步的結合起來。更甚者，從十六世紀到

---

[30] David Arnold 著，王國璋譯，《地理大發現》（臺北：麥田出版公司，1999年），頁13。

[31] 法國歷史學家 de Tocqueville 在1856年寫作《舊制度與大革命》（*L'Ancien Régime et la Révolution*）一書，以此概念分析了產生法國大革命的起因與社會力量。

[32] David S. Landes, *The Wealth and Poverty of Nations: Why Some Are So Rich and Some So Poor* (New York: W.W. Norton & Company, 1999), pp. 144-145.

十七世紀連綿不斷的霸權爭奪戰（先是西班牙與荷蘭爭霸，接著是英國挑戰荷蘭霸權，最後是法國與英國所展開的全球殖民競爭），更有助於維繫國家活力，並推導出一波波的對外擴張浪潮。值得注意的是，在這波全球化浪潮中，包括非洲西岸與美洲東岸的大西洋區乃是各強國最初角力的主要場所，而蔗糖與奴隸貿易是其利益重點，至於東亞此際則暫時居於邊陲地帶。

儘管如此，亞歐間的貿易內涵仍在十七世紀末期出現緩慢的轉變，亦即由香料競賽轉而為設法取得包括印度紡織品、中國與波斯的絲綢、中國藝術品（漆器與瓷器）以及茶葉等奢侈品；[33] 其原因或許是用以滿足得利於大西洋貿易之歐洲貴族與新興商人階級的虛榮奢侈要求。不過，一方面受限於尚未成熟的遠洋打擊能力，加之以十七世紀中葉左右中國滿清政權與日本德川幕府的地位鞏固，歐洲國家乃暫時缺乏繼續擴張利益的能力，僅能以占領貿易據點的方式，例如英國在加爾各答與馬德拉斯、西班牙在馬尼拉與臺灣北部（1642年後遭荷蘭逐出）、荷蘭在麻六甲、巴達維亞與臺灣西部（1662年後被鄭成功所驅逐）、葡萄牙在澳門等，來維持與亞洲的聯繫，並透過要求與某些國家進行有限而「屈辱」的貿易來往（例如在中國的廣州與日本的長崎），以維繫基本所得。

在此必須一提的是，相較於商業層次的弱勢，歐洲的傳教士卻在十六世紀與十七世紀之交，為東西學術交流貢獻良多；但一方面由於與東方信仰（特別是祖靈崇拜傳統）發生激烈衝突，再加之以經常涉入政治紛爭（例如康熙末年的奪嫡鬥爭與德川政權初期的內部問題），終於在壓錯寶效應的發酵下，遭到新政權的廣泛查禁，從而也終結了東西方間大規模的文化交流活動。[34] 可以這麼說，東西文化交流中斷顯然是自 da Gama 為

---

[33] Immanuel Wallerstein, *The Modern World-System* (New York: Academic Press, 1980), Vol. 2, p. 273.

[34] Hosea B. Morse and Harley F. MacNair, *Far Eastern International Relations* (New York: Houghton Mifflin Co., 1931), pp. 27-28 & 37-43.

歐洲開闢往印度航道以來，亞歐關係史上第二個最重要的轉捩點；其重點並非是東亞停止對於外來文明的吸收，而是由於「禁教」與選擇性交往（一般所稱的閉關）的對外政策，[35] 致使東亞主要平衡者中國無法繼續獲得維持秩序所必要的充分資訊，這使它既缺乏「知彼」的情報蒐集工夫，也難以做出理性的外交回應。至於出現在十八世紀末期的工業革命，則更澈底扭轉了其間的關係。

　　作為亞歐關係史上第三個歷史轉捩點，關於工業革命對兩洲互動內涵的影響，我們可從在此之前的雙邊貿易特色談起。當歐洲人自十六世紀起開始其對亞洲的貿易進程後，便遭遇到一個難以突破的困境，亦即歐洲商人想盡辦法要在亞洲找到銷售貨品的市場，來交換亞洲產品運回歐洲，以減少當時稀有之通貨用貴金屬（金銀）的外流，但相關努力一直到十八世紀末期前始終沒有成功；[36] 其原因可能是由於亞歐間物價結構或生產力差異所導致，[37] 結果迫使歐洲人只能以港口商站為據點，向過往的亞洲商船徵稅，或進行東亞區域內貿易來彌補其收入逆差。但就在中國（清朝）的統治者決定繼續走自己傳統道路時，發生在西歐的巨變卻已暗示著風暴的即將來臨。[38]

貳　殖民主義下的東西方關係

　　對於眾說紛紜的工業革命起因，在此不擬贅述。我們必須知道的是，相較於東亞國家對於第一波全球化浪潮的抗拒及維持體系穩定的能

---

[35] 一方面由於其後來到中國的多明哥教派與聖方濟教派一直反對祭祖祀天的習俗，至於導火線則是教皇 Clement XI 下令不許中國教徒祭祖與祭孔，在教廷特使 Carolus de Tournon 企圖嚴格執行教令後，乃迫使康熙在1720年發布禁教諭令。

[36] 張彬村，〈十六到十八世紀華人在東亞水域的貿易優勢〉，收於《中國海洋發展史論文集：第三輯》（臺北：中央研究院，1988年），頁348；關於白銀問題，可參考全漢昇，〈明清間美洲白銀的流入中國〉，收於《中國經濟史論叢》（香港：新亞研究院，1972年）。

[37] Kirti N. Chaudhuri, *The Trading World of Asia and the English East India Company* (London: Mcmillan, 1978), pp. 156-157; Philip Curtin, *Cross-Cultural Trade in World History*, p. 149.

[38] William McNeill, *op. cit.,* p. 905.

力，它們在這一波行動中非但弱勢盡露，而且很快地便土崩瓦解。在過程中，正如 Wallerstein 所形容的：「合併到資本主義世界經濟中，從來不是那些被合併者的主動所致。此進程源自世界經濟體系擴張其疆界的需要，……像合併這樣大規模的社會過程也不是個突如其來的現象，它們產生於持續進行的活動潮流中。」[39]

　　這段話首先闡釋了全球化進程的長遠歷史背景，同時也說明了由歐洲所發起挑戰性行動的特徵。在這個階段中，歐洲的擴張無論在「內涵」或「形式」上都有了明顯的變化。在內涵方面，十八世紀末期以前，歐洲社會內部的多數消費需求都是由自己滿足的，國際貿易只在提供少數富有階層所需的奢侈品；但工業革命無疑使新一波資本主義經濟的「……市場不斷擴大，因為對利潤的追求帶來競爭，刺激著每個公司進行積累並擴大規模，到處搜求廉價原料和出售更多商品的機會。」[40] 再加之以革命為生產過程帶來標準化與加速的效果，由此產生的供過於求現象更驅使歐洲商人瘋狂地對外擴張，以避免為解決需求不足問題所帶來的經濟緊縮與景氣蕭條。

　　至於在形式方面，由於工業革命所導致歐洲與東亞在軍事實力上的顯著落差，也鼓勵前者在十九世紀中期後加速其擴張進程；比起歐洲國家在十九世紀之前以「點」（戰略港口）與「線」（關鍵航道），加上透過「不平等條約」來保障貿易特權的形態，此後它們則多半轉而憑藉優勢武力，進行「變相占領」或「實際征服」等類似的行動。如同 Eric Hobsbawm 所言：「……一個由已開發或發展中資本主義核心地帶來決定步調的世界經濟，非常容易變成一個由先進地區支配落後地區的世界，簡言之，也就是變成一個帝國的世界。……這種由一小撮國家瓜分世界

---

[39] Immanuel Wallerstein, *The Modern World-System* (New York: Academic Press, 1989), Vol. 3, p. 129.

[40] Samir Amin, *Unequal Development: An Essay on the Social Formation of Periphery Capitalism* (New York: Monthly Review Press, 1976), Chapter 3.

的情形，堪稱是地球上日益分爲強與弱，進步與落後等趨勢的最壯觀表現。……在1876-1915年間，地球上有四分之一的土地是在六、七個國家間被分配或再分配。」[41]

就在這種情況下，到了十九世紀與二十世紀之交，除了日本，以及中國和暹羅（泰國）這兩個名義上獨立的國家外，英國以印度爲基地，1885年起開始將勢力往東伸入緬甸與馬來半島，並以香港作爲控制中國與東亞市場的轉運站；法國以越南爲基地，向西邊侵入老撾（寮國）與柬埔寨，在1887年組成了所謂「印度支那聯邦」，同時逐步滲透中國西南內地（兩廣與雲貴地區）；荷蘭繼續控有東印度群島的大多數地區；西班牙在1898年將菲律賓群島移交給美國；俄羅斯從北太平洋沿岸南下進入中國的東北地區，甚至從中亞開始朝中國的新疆地區進行蠶食的動作；至於後起的日本，則透過明治維新提供的動能，在1895年之後據有臺澎列嶼，並於1905年後控制了朝鮮半島。

總而言之，原先以中國朝貢貿易爲中心的東亞傳統國際體系，在這波全球化浪潮的衝擊下已趨於全然崩潰，取而代之地，歐洲式的國際行爲習慣則成爲主導新時代的新規範，而整個東亞經濟結構，也成爲以歐洲爲主之全球資本主義體系下的被剝削者。自此，一直到二十世紀初期，此地區多數國家不僅紛紛失去獨立的主權地位，也始終未能理性地基於本土利益來從事經濟建設，至於其結果則是在積累怒氣的同時，埋下整個世紀多數期間的動亂因子。

[41] Eric Hobsbawm 著，賈士蘅譯，《帝國的年代》（臺北：麥田出版公司，1997年），頁82-85。

第四節　第三波：解殖民化與獨立風潮

壹　帝國主義運動及其反彈

所謂「帝國主義」（imperialism）的擴張形態雖存在已久，但是成為專有名詞卻是到了1870年代之後；至於其後續影響更具全面性，正如 Eric Hobsbawm 所繼續說明的：「帝國年代不僅是個經濟和政治的現象，也是個文化現象。地球上少數已開發地區的征服全球，已藉著武力和制度，以及藉著示範和政治轉型過程，改變了人們的意象、理想和希望。」[42]

從某個角度看來，由於工業技術不斷進步翻新，再加上歐洲國家間的激烈競爭，於是國際貿易乃逐漸被視為是個「零和競賽」（zero-sum game），[43] 亦即某些國家的得利必代表另一些國家的損失；為保障自身經濟的持續穩定發展，不斷地擴張海外市場便與國家的生存利益被劃上等號。更甚者，由於從下而上之民主力量的逐步強化，新興的商業貴族也將國家作為「保護者」而驅使其進行幾乎沒有止盡的全球遠征活動；在這種情況下，以歐洲為主的十九世紀全球體系核心，在1800-1878年間乃將控有全球陸上土地面積的比例由35%提高到67%，此比例在1875-1914年間又進一步升高到85%。[44] 這種權力高度集中的形態誠然突顯出已臻帝國主義浪潮霸權顛峰之歐洲的國際地位，卻也反映出其他地區的受到控制與難以翻身。

相對於帝國主義浪潮，多數東亞國家由於缺乏抵禦能力，大都陸續

---

[42] Eric Hobsbawm 著，《帝國的年代》，頁108。

[43] Ankie Hoogvelt, *Globalization and the Postcolonial World: the New Political Economy of Development* (London: Macmillan Press, 1997), p. 4.

[44] H. Magdoff, *Imperialism: From the Colonial Age to the Present* (New York: Monthly Review Press, 1978), pp. 29-35.

淪為歐洲國家控制下的半獨立保護國，甚至是直轄殖民地。不過仍有少數國家在民族主義的驅使下，功利性地接受了西方價值觀，並認為只有採取主動歐化的途徑，透過工業化來翻轉傳統經濟結構，才能夠挽救國家於危亡邊緣；類似行動例如像中國的「自強運動」（1960-1994）與「維新運動」（1898），日本起自1868年的「明治維新」，朝鮮在1870年代的「開化黨改革」，以及泰王拉瑪四世（1851-1868）與拉瑪五世（1868-1910）進行的西化運動等。[45] 不過，除了日本之外，這些舉動大多終歸於失敗或至少進展有限；主要原因一方面來自國內政局的長期動盪不安，其次則是外國勢力持續滲透介入的影響。總而言之，東亞傳統體系結構在這波全球化浪潮中已全然遭到摧毀，取而代之的是種缺乏獨立自主權的低階層性地位；在這種狀態下，「……殖民統治逐漸損害當地的經濟基礎，透過引進有利於統治團體的經濟體制，被征服的殖民地人民被迫陷入奴役狀況、奴隸地位或依賴困境中。」[46]

　　上述不平等的經濟發展不僅埋下日後南北問題的遠因，同時也引發了殖民地人民希望尋求獨立地位的民族主義風潮，[47] 只不過由於統治者與支配者的實力懸殊，因此短期之間並無法解決問題。值得注意的是，就在資本主義全球體系於十九世紀末邁向其發展巔峰時，卻也導致帝國主義國家之間最激烈的鬥爭，最後並在二十世紀上半葉引出兩次的世界大戰；[48] 至於其緣故則來自於帝國主義目標的矛盾，亦即耗費龐大成本進行擴張之目的本在尋求更大的市場，但實際上它們所控制者卻都是些最多僅具未來性的低度開發國家，至少就現階段而言並無法有助於舒緩歐洲國家的工業供給壓力，反而導致其內部進一步的惡化競爭。

---

[45] 美國作家 Margaret Landon 曾以拉瑪四世為原型，創作小說《安娜與暹羅王》（*Anna and the King of Siam*），後改編成舞臺劇《國王與我》（*The King and I*）並曾數度搬上銀幕。

[46] Ted Robert Gurr and Barbara Harff, *Ethnic Conflict in World Politics* (Boulder: Westview Press, 1994), pp. 15-16.

[47] G. Barraclough, *An Introduction to Contemporary History* (London: Macmillan, 1966), p. 167.

[48] Thetonio Dos Santos 著，毛金里等譯，《帝國主義與依附》（北京：社會科學文獻出版社，1999年），頁13。

貳 世界大戰與殖民結構瓦解

　　無論如何，特別是1940年代的第二次世界大戰，可說是亞歐關係史上的第四個轉捩點。

　　由於舊殖民母國在歷經數十年的長期軍備競賽與戰爭消耗後，被迫將有限的經濟資源用於國家重建，無暇顧及其原有的殖民地；相對地，這對東亞的民族獨立運動者而言，則不啻是個難得的對抗機會。其結果首先是朝鮮與臺灣在日本戰敗後的解殖民化，其次是印度在1947年的脫離英國，終結了有史以來最大規模的次大陸殖民統治，再者是荷蘭在1949年的放棄東印度群島主權，而法國則在1954年後陸續退出對中南半島的控制，至於菲律賓也在美國的扶助下建立民主政體；這些都象徵著歐美勢力在亞洲的暫時退卻。事實上，正如我們在前面所曾提及的，經濟剝削、社會地位低落，再加上政治參與途徑的緊縮，早就在東亞各殖民地引發民族主義式的排外抗爭；[49] 一連串領導者不僅自殖民時代末期起就發起抗爭運動，在獨立後重組國家的過程中也都扮演著關鍵地位。

　　值得一提的是，相較於在前兩波全球化過程中，以歐美國家為首的經濟性擴張活動，這波浪潮雖起因於核心領導區的崩潰，東亞各殖民地國家仍扮演相當積極主動的角色，至於其內涵與立即影響則是「意識形態性」的，亦即主張「民族自決」（national determination）與「民主化」（democratization）。換言之，由此所建立的新興國家至少在建國初期或其後的一定時期內，多傾向獨立自主的外交政策，並在表面上普遍採取了民主共和政體，從而構成 Samuel P. Huntington 歸納所謂「第二波」民主化浪潮的一部分，但正如 Huntington 所言：「……有相當數量的新獨立

---

[49] 參考張錫鎮，《東南亞政府與政治》（臺北：揚智出版社，1999年），第一章。其中較為著名的領導者包括了：緬甸的 Aung San（翁山）將軍、越南的胡志明、老撾的 Phetsarat、泰國的 Pridi Banomyong，印尼的 Sukarno（蘇卡諾）與菲律賓的 Ferdinand Marcos（馬可仕）等人，或許還包括了朝鮮半島的金日成。

國家雖是以民主國家身分起步的,但在相當長的一段時間內,只有較少數的國家維持了民主制度。」[50]

大體言之,相較於在第一波全球化中的維持傳統,以及在第二波中的全面崩潰,東亞國家在這波浪潮中的態度則是兩者兼備:一方面在國家主權要求方面順應民族獨立風潮,[51] 甚至利用國際途徑(例如聯合國或不結盟運動)與舊殖民國家形成對抗衝突態勢,但是在經濟發展上卻仍舊接受西方的主流思想,亦即唯有進行現代化(modernization)或工業化(industrialization),才能提高國家的發展程度,以達到追趕先進國家與鞏固國家生存之目的。從某個角度看來,這等於是將自己更積極地投入到全球化的洪流當中;透過發展經驗的學習,東亞地區的新興國家也首度主動接受了西方式的價值觀。

第五節　第四波:科技革命與民主化

壹　解殖民浪潮後的政經結構轉型

從歷史上看來,在東亞地區中長期居於支配性地位的乃是中國;對此,一般來說讓史家們深感興趣的乃是其以文化導向所形成的強大內聚力,亦即所謂「儒家傳統」,因為從某個角度看來,它不啻使「中國」由單純的地理與政治名詞昇華到了文化層次。Talcott Parsons 認為:「……在文化發展的相關階段裡,中國的物質環境比較起來其實優於(西方的)中古及近世時期,然而他們文化裡的經濟倫理皆直接與此一發展相衝

---

[50] Samuel P. Huntington, *The Third Wave: Democratization in the Last Twentieth Century* (New Heaven: Yale University Press, 1991), p. 49.

[51] Joseph Frankel, *International Relations in a Changing World* (Oxford: Oxford University Press, 1988), p. 221.

突。」[52] 此看法事實上呼應了 Max Weber 的意見，後者認爲與西方相較之下，關鍵在於「儒教的理性主義是去理性地適應於世界，而清教徒的理性主義是去理性地支配世界。」[53] Weber 認爲儒家的「君子不器」概念與長期「重農抑商」政策乃是阻礙並抑制資本主義產生的主因，從而也使中國在全球競爭過程中逐步落於歐洲世界之後。（對於此一議題，請參閱本書附錄中的進一步探究說明）總而言之，中國的相對停滯發展不僅改寫了整個東亞地區的歷史，[54] 並使鄰近的日本得以在此地區大幅擴張其政經影響。[55] 正如前述，直到二十世紀中期爲止，東亞眞正獨立的國家除了中國與日本之外，便只有同時也具備典型「東方專制」（oriental despotism）政治模式的暹羅。[56]

在經濟方面，本地區多數地域長期處於各帝國主義國家的殖民統治之下，從而亦使其經濟結構充滿依賴與邊陲性的特色；值得注意的是，正如 Bruce Cumings 所言：「……如果東亞有個奇蹟的話，它並不是從1960年代才開始的；認爲東亞奇蹟起自1960年代的看法明顯地缺乏對歷史的關照。」[57] 在此所謂的歷史關照是指，由於日本自1930年代起便逐步將其夕陽產業轉移到臺灣與朝鮮半島這兩個殖民地，從而塑造了後來所謂「雁型」（flying geese）模式的雛型。[58] 至於在政治方面，東南亞的殖民母國

---

[52] Talcott Parsons, *The Structure of Social Action* (New York: Free Press, 1961), p. 512-513.

[53] Max Weber, *op. cit.,* p. 315.

[54] Denis Twitchett and John K. Fairbank, eds., *The Cambridge History of China: Late Ching* (London: Cambridge University Press, 1978), p. 3.

[55] See Karalvan Wolferen, *The Enigma of Japanese Power: People and Politics in a Stateless Nation* (New York: Basic Books, 1989); and Clyde Prestowitz, *Trading Places: How We Allowed Japan to Take the Lead* (New York: Basic Books, 1988).

[56] Karl A. Wittfogel, *Oriental Despotism: A Comparative Study of Total Power* (New York: Yale University Press, 1967).

[57] Bruce Cumings, "The Origins and Development of the Northeast Asian Political Economy: Industrial Sectors, Product Cycles and Political Consequences," *International Organization*, 38 (1984), p. 3.

[58] 所謂雁型模式起於1930年代日本學者赤松要（Kaname Akamatsu）的說法，參考 Hans C. Blomquist, *Economic Interdependence and Development in East Asia* (Westport: Praeger, 1997), pp. 13-29. 相關發展詳見本書第四章敘述。

為穩定控制廣大地域，通常採取結合當地菁英並在複雜種族間進行「分而治之」（divide and rule）的統治策略，[59]至於在東北亞的日本則帶有較強的高壓統治氣息。

　　無論如何，上述各種特徵在第二次世界大戰結束之後都有了重大的轉變。其中，一直到1950年代中期間，東亞地區陸續出現了諸如菲律賓（1946）、馬來西亞（1947）、印度尼西亞（1949）、緬甸（1950）、南北韓（1948）、南北越（1954）、寮國（1954）與柬埔寨（1954）等10個新興或分裂國家。這些國家在獨立初期雖普遍建立起模仿自西方的民主體制，但美蘇冷戰在1950年代的爆發，卻使東北亞地區首當其衝，除朝鮮半島成為兩大集團對峙前線外，日本也被注入美援以作為對抗共黨擴張的基地，至於在東南亞則掀起一股排外民族主義風潮。總的來說，東北亞政治發展充滿了國際干預的影子，而東南亞的發展則在較大層面上反映出社會族群的複雜及其衝突性；可見的是，脆弱而不穩定的經濟與社會狀況並未能替新民主奠下良好基礎，反而帶來了一連串的威權統治者。[60]

　　相對地，比較突出的表現是在經濟方面：這些新國家在戰後普遍透過國營企業控制國家生產；[61]其後藉由將經濟策略轉為以「出口導向」為主，進一步造就了所謂的東亞「經濟奇蹟」。自1960年代以來，以「四小龍」（Four Tigers，包括臺灣、香港、新加坡、南韓）和「新小龍」（指後起的泰國、印尼、馬來西亞與菲律賓）為主的亞洲新興經濟體（ANIES），其經濟成長率不僅比其他的東亞國家高出一倍，比拉丁美洲國家高出兩倍，甚至也比撒哈拉以南的非洲國家高出五倍有餘，可說是世界上經濟增長最快速的一群國家。[62]非但如此，這群國家在達成經濟高

---

[59] D. G. E. Hall, *A History of South-East Asia* (London: Macmillan, 1970), p. 352.
[60] 此部分的政治發展歷程，請見第五章的相關討論。
[61] 宋鎮照，〈國營企業之政治經濟分析：東亞與拉丁美洲新興工業化國家之比較研究〉，《成功大學學報》（人文社會篇），第27卷，頁103-116。
[62] 這7個國家在1960-1990年間，GDP 平均增長率為5.5%，參考王彩波，《經濟起飛與政治發展》（長春：吉林教育出版社，1998年），頁62-63。

度增長之餘，至少在一定期間，同時在國民所得分配上也因貧富差距控制得宜而維持著一定的均衡性，可說相當難得。Bela Balassa 認為此種現象乃根源於東亞國家激勵性制度的穩定，政府的有限干預，有效的勞力與資本市場，以及對私有資本的依賴。[63]

　　進一步言之，前述源自於「新古典自由主義」（Neo-classic Liberalism）的理論還認為，東亞的發展可追溯至西方國家的殖民擴張，因為歐洲人除獲取殖民利益外，事實上也將其成功的經驗傳給其他的民族。[64] 當然，對於東亞經濟增長的解釋並不只新古典主義一途；另一批「文化主義者」則認為，亞洲經濟的躍升主要是東亞價值與歷史制度使然，其經濟發展可說是大幅修正而非僅是重現西方模式而已。[65] 換言之，東亞地區自有一套因應世界變局的獨特文化系統，例如強調團體合作、和諧與重視人際關係等，這些被認為來自傳統儒家教條的特色都被視為觀察東亞發展的另一些重點。此外，來自「國家中心」學說的論點也以此區域為例，而直接挑戰了傳統的西方新古典價值觀；例如透過個案研究便可發現，不僅在東亞，同時在多數發展中國家裡，政府都扮演者推動發展甚至塑造市場的關鍵性角色。[66]

貳　二十世紀末至新世紀初之挑戰

　　不過，東亞地區在爆發其經濟潛力的同時，民主政治的進展卻無足

---

[63] Bela Balassa, "The Lessons of East Asian Development: An Overview," in *Economic Development and Cultural Change*, 36 (1988), pp. 286-288.

[64] "The Triumph of the East? The East Asian Miracle and Post-Cold War Capitalism," in Mark T. Berger and Douglas A. Borer, eds., *The Rise of East Asia: Critical Visions of the Pacific Century* (New York: Routledge, 1994), pp. 260-262.

[65] Ibid, pp. 267-268; Gilbert Rozman," The Confucian Faces of Capitalism," in Mark Borthwick, ed.. *Pacific Century* (Boulder: Westview Press, 1992), pp. 310-318.

[66] Akio Hosono, "The Roles of State and Market in the Development Process, with Special Reference to the East Asian Miracle," in Hosono and Neantro Saavedra-Rivano, eds., *Development Strategies in East Asia and Latin America* (New York: St. Martin's Press, 1998), pp. 17-35.

可觀；正如 Huntington 所認為的，從1960年代到1980年代初，此地區國家（以南韓與臺灣為例）儘管在經濟與社會結構方面出現了深刻的轉變歷程，但在要求政治民主化的壓力方面，相較起來卻比拉丁美洲多數國家小得多；其原因首先可能在於儒家傳統中強調層級結構、領導權威與社群忠誠感的結果，其次則是所得分配的較為平均也有助於減緩民主要求。儘管如此，自1980年代中期之後，由於經濟發展程度已達要求擴大政治參與度的臨界點（主要是指中產階級的擴大），終於還是迫使兩國開始了民主化的進程；[67]事實證明，東亞地區傲人的經濟成就的確為其漸進式的民主發展鋪出一條坦途。

　　無論如何，不管東亞在第二次大戰後的發展如何具有其獨立特色，由於國際經濟局勢因蘇聯解體與冷戰結束而有了極重大的明顯變化，軍事對抗的降溫直接導致全球資源的重新配置；對於同時而來的「經濟全球化」效應，英國前首相 Margaret Thatcher 便曾大膽進行過「三分天下」的預言。[68]正如 Robert B. Reich 所言：「在未來，純屬於一個國家的產品、技術、公司或工業將不復存在。」[69]換句話說，所有國家的生產系統隨後都將無可避免地被逐步吸納進世界性的經濟製造體系當中；非但孤立於國際之外是不可能的，從另一個角度看來，更主動地加入這股潮流似乎才是各國政府的最佳對策。

　　就事實層次而言，東亞各國雖向來便對資本流動、國內金融機構國際化，以及外資進入途徑等長期維持著控制政策；但上述情況不啻使這些管制遇到了嚴重挑戰。在這股新的全球化浪潮下，一方面由於（特別是電子通訊等）科技的進步已導致地球村雛型的出現，再者，東亞國家若想完

---

[67] Samuel P. Huntington, *op. cit.,* p. 75；在1987年，韓國大規模民主示威運動導致通過「第六共和憲法」與臺灣宣布解嚴，使兩者同時邁向一個新的政治里程碑。

[68] 所謂「三分天下」指的是美元、日圓和馬克三個經濟集團；參考 Terry L. Deibel, "Strategies before Containment," *International Security*, 16 (1992), p. 101.

[69] Robert B. Reich, *The Work of Nations: Preparing Ourselves for 21st Century Capitalism*. (New York: Vintage Books, 1992), p. 3.

成產業升級，也有賴於國外資本的進一步挹注，因此各國紛紛主動或被動地採取「自由化」政策來因應。其結果雖因國際資本的大量流入市場，致使其維持了經濟繁榮，甚至出現所謂「泡沫經濟」現象，但由於這些資本多著眼於短線金融市場操作，最後終因美元升值而在1997年引爆金融危機。[70]

　　值得注意的是，一股席捲全球的「第三波」民主化潮流也在此時橫掃許多東亞國家，除了前面提及的東北亞的南韓與臺灣外，位居東南亞地區的菲律賓、印尼、泰國與緬甸等也紛紛出現顯著的威權崩解過程。從某個角度來說，此波民主化運動固然突顯出這些國家的群眾要求，或其社會發展方面的成熟程度，但就其後續影響面看來，更需一提的或許是因此而與體系核心的歐美國家，在意識形態層次的進一步接軌，以及由於國家政策獨立性下降導致自我保護能力削弱，使得它們對經濟全球化壓力愈發缺乏抵抗能力等結果，這些都是我們必須進行深入後續觀察的，尤其在全球民主化自2013年以來呈現明顯「退潮」的情況下，此地區政治發展之未來更值得關注。

第六節　回顧與展望：新體系中的東亞

　　綜觀數世紀以來所謂「全球化」浪潮對東亞地區所造成的衝擊，我們當可清楚地發現其所造成的深層影響，亦即「轉變」乃是其間的發展主軸。在此，本章最後將試圖經由對這數波浪潮之過去、現在，與未來的進一步觀察，抽絲剝繭地釐清更多的觀念。

　　首先在「過去」方面，我們所注意到的乃是全球化的「動力來源」，亦即所謂的西方（特別是西歐與北美）世界。由於自十六世紀以

---

[70] Callum Henderson, *Asia Falling? Making Sense of the Asian Currency Crisis and its Aftermath* (New York: The McGraw-Hill Companies, 1998), Chapter 3.

降,相對於世界上其他地區,西方逐漸鞏固並拉大其文明發展程度的領先差距,因而也使其成為這股全球化浪潮的先驅力量。值得一提的是,一方面擴張本身原來就具有一定的文化霸權意味,事實上類似行動在過去也並非未曾發生過,例如西方的羅馬帝國與東方的中華帝國等皆是,但影響如此深刻者幾乎可說是前所未見。相關發展在十九世紀末期達到第一次的高潮階段,正如 Hobson 的說法般:「即使為求方便而把1870年視為帝國主義的開端……但這項運動顯然直到1880年代中葉……差不多1884年左右,才達到巔峰狀態。」[71] 就在這種情況下,西方以外的世界上絕大多數區域不僅皆被動地承認了其文化霸權地位,同時也由於降服在其政治與經濟霸權的威望之下,從而亦失去了獨立自主的國際地位;其影響可說迄今未絕,繼續仍在發酵中。

其次在「現在」方面,我們關切的是全球化的「後續影響」,亦即所謂挑戰與回應的過程。就像 Arnold Toynbee 所說的:「……以科學的語言而論,我們可以說:自外侵入的因素,是在提供一種計算精確的刺激,以喚起被侵入系統中最大的創造潛力。」[72]

在此所指的是在人類文明發展史上的一種重要過程,也就是基於擺脫受壓抑的企圖,從而導出新的發展動力;對此,在十九世紀以來的東亞地區發展歷程中可謂一覽無遺。正如前述,部分東亞國家自第三波全球化歷程以來,便開始了大規模學習西方典範制度的運動,儘管成功者並不多,但隨著歐洲政治勢力在二十世紀中期的逐漸撤出,重獲生機的東亞國家乃萌發了另一股改革浪潮,至於結果則是經濟的普遍蓬勃發展。值得注意的是,關於東亞締造此種成就的討論,雖然文化主義論者頗強調所謂「東亞價值觀」的重要性,但實則其中沿襲者有限,而創新者則所在多有。更甚者,對於東方式(或日本式)管理技巧或有關「東亞奇蹟」的研究,則顯

---

[71] J. A. Hobson, *Imperialism* (London, 1983), p. 19.
[72] Arnold Toynbee 著,陳曉林譯,《歷史研究》(臺北:遠流出版公司,1991年),頁204。

然已使東亞逐步擺脫落後與全盤學習者的角色，從而爲新一代全球文明的締造做出正面貢獻。

至於在「未來」方面，我們或許也可以不自量力地，爲東亞在新世紀中的可能發展做些預測。儘管 Gunnar Myrdal 曾在1960年代初期對亞洲未來做過相當令人喪氣的預言，[73] 但世界銀行在1990年代後所作研究報告中，對此區域發展成就所冠上的「東亞奇蹟」一詞，[74] 則顯然扭轉了人們對東亞的評估觀點。儘管如此，東亞並非沒有付出相對代價，而其中最重要的則是環境問題：在過去數十年當中，東亞地區失去了一半以上的森林與魚群，將近三分之一的土壤品質面臨嚴重惡化窘境，空氣中二氧化硫的含量比拉丁美洲與非洲多出50%，[75] 中國也自2007年起取代美國，成爲全球最大的二氧化碳排放源。除了這些令人擔憂的環境問題外，在國際因素方面，正如結構主義者所指出的，由於舊殖民勢力（歐美國家）依然占據了全球經濟體系核心的支配地位，因此東亞國家仍無法獲致完全的經濟獨立性；再者，在國內部分，由於長期經濟穩定發展所帶來的人口增長問題，以及更大的社會轉型及結構調整壓力，也形成1990年代普遍民主化運動的重要背景；最後，在1997年所爆發的廣泛金融財務危機，不僅一度引發對於過去東亞發展經驗的澈底反省，至於起自2008年的全球金融海嘯，也持續衝擊著東亞在全球結構中的地位與角色。

當然，東亞國家出現金融危機的根源，或許並非由於它們選擇了參與經濟全球化的緣故，因爲這些國家以往成功的經驗已證明了，全球化可能爲發展中國家帶來利益，因此放棄參與經濟全球化的戰略，重新回到封閉的經濟模式中去，並不是東亞國家的明智選擇。不過，重新思索全球經濟

---

[73] See Gunnar Myrdal, *Asian Drama: An Inquiry into the Poverty of Nations* (Allen Lane: Penguin Press, 1963).

[74] World Bank, *The East Asian Miracle: Economic Growth and Public Policy* (New York: Oxford University Press, 1993).

[75] Colm Foy and David O'Connor, eds., *The Future of Asia in the World Economy* (Paris: OECD, 1998), p. 201.

布局戰略與東亞未來的體系地位，仍是我們必須努力的。總的來說，東亞
國家儘管在過去半個世紀中，有過輝煌而引人注目的成長紀錄，至於在第
四波浪潮所帶來的外部競爭壓力（科技革命）與內部調整壓力（民主化）
下，一方面其未來充滿了變數，我們也必須從更全面的角度來加以檢視。

第 ③ 章　權力結構

　　儘管在歐洲推動全球化運動，並逐漸形塑出以主權觀念作為基礎的新國際體系架構後，「平等」似乎也成為此一新結構中的國際互動準則，其中聯合國大會裡「一國一票，每票等值」的原則，更為其最彰顯的代表性現象。不過，經濟誘因既是各國紛紛加入全球化最主要的背後動力，而經濟競賽又多半以取得壟斷性作為最終目標，可想見的是，不僅所謂平等或許僅是種口號而已，對多數受支配的國家或地區（例如東亞）來說，了解平等虛象後的權力支配真實性，應可提供觀察區域發展的正確基礎。

第一節　權力、霸權結構與國際秩序

壹 國際權力互動關係與霸權模式

　　在國際政治史上，所謂「強權」（great power）或「霸權」（hege-mony）國家的存在儘管是相當普遍且自然的，值得注意的是，在人類漫長的歷史當中，暫且不論其興衰原因為何，[1] 根據所謂「霸權」國家出現的先後，其實存在著相當不同的形式，我們姑且將其分別稱為「古典型霸權」（Classic-style）與「歐洲型霸權」（European-style），其時間分

---

[1] See Robert Gilpin, *War and Change in World Politics* (New York: Cambridge University Press, 1981), and Kenneth A. Oye, "Constrained Confidence and the Evolution of the Reagon Foreign Policy," in Oye and Donald Rothchlid, eds., *The Reagon Era in American Foreign Policy* (Boston: Little Brown, 1987), pp. 3-40.

野約略是在十五至十六世紀之交，亦即一般所稱的「地理大發現」時代前後。主要差異在於，古典型霸權的出現固然也可能與某種莫名的擴張慾望有關，但擴張原因其實更大部分地涉及國家安全問題，亦即希望透過不斷對外征伐來澈底解決可能的邊境威脅；[2] 其後，憑藉著軍事優勢（或者再加上文化優勢），它們自然也成為區域體系規範的締造與捍衛者（例如由中國所建立的朝貢體系或中東的宗教帝國等），從而鞏固其霸權地位。

　　相對地，所謂歐洲型霸權則顯然與近代宗教革命及資本主義體系發展密切相關：前著為歐洲擴張的部分層面（例如全球性傳教運動）披上人道外衣，同時也成為後來理想主義（idealism）外交政策的根源，至於後者則直接訴諸人類的物質慾望，從而也成為現實主義（realism）政策或全球化潮流的源頭之一。[3] 與古典型比較起來，歐洲型霸權非但有許多民間企業家也積極投入擴張過程，甚至國家機器經常所扮演者，有時也僅是捍衛既得商業利益的消極公共財角色而已（參考表3.1所列）；[4] 更重要的是，在其擴張過程中，歐洲型霸權國家不僅相當重視體系規範（特別指國際法）的落實，同時在規範制定過程中也更加地主觀且缺乏包容性。[5]

　　正如表3.1所列，前述所謂古典型與歐洲型霸權的區分，絕非僅僅在形式與手段的差異而已，更重要的還是其「權力要素」。換言之，「軍事」力量在古典型階段仍是此時期霸權國家所必備的最關鍵要件，但相較起來，後起的歐洲型霸權非但影響力更為廣泛，與其他國家間權力差距更為懸殊，在持續性上也愈發悠久；究其緣故，基本上乃歐洲型霸權因加上

2　例如來自色雷斯、伊利里亞與希沙利人的威脅構成馬其頓擴張的原因，為迎戰高盧人與迦太基人，於是開啟了羅馬的擴張時期，而自匈奴、突厥乃至於蒙古的北方游牧民族入侵，也一再引發中國往西北邊疆征伐。

3　若干學者認為宗教因素在早期帝國建立過程中不僅是擴張因素，也是正當化來源；See Majid Tehranian, *Global Communication and World Politics: Domination, Development and Discourse* (New York: Lynne Rienner Publishers, 1999), pp. 17-18.

4　蔡東杰，〈美國霸權變遷與兩岸關係發展〉，《政治學報》，第36期（2004），頁87。

5　See Victor Kiernan, *The Lords of Human Kind: European Attitudes to other Culture in the Imperial Age* (New York: Cambridge University Press, 1995).

表 3.1　霸權模式分類及其比較

霸權模式	古典型霸權 （before 1498）	歐洲型霸權 （1498-1945）＊	現代型霸權 （after 1945）＊＊
代表國家	馬其頓、羅馬、中國、蒙古	西班牙、荷蘭、英國	美國
權力基礎	軍力	軍力、經濟	軍力、經濟、文化
擴張原因	狹義安全觀、權力慾	廣義安全觀、獲利、優越感	獲利、普世主義
經濟形態	游牧、農業	工業（製造業）	知識產業
正當來源	武力鎮壓、文明差距	國際法	意識形態認同
政策重點	征服、階層性威望	殖民、建立國際規範、制衡	同質化、爭端解決＊＊＊
體系特色	帝國架構	國際法（國家）體系	全球化網路社會
穩定挑戰	政治腐化、軍備廢弛	軍備競賽、經濟停滯	軍備擴散、文明衝突

＊1498年：Columbus 在第三次航行中首度登陸美洲大陸，da Gama 也於同年越過好望角。

＊＊1945年：美蘇兩國在第二次世界大戰結束後，隨即展開全球性冷戰對峙。

＊＊＊此處所列乃各種特殊霸權模式所使用的政策重點，並不表示其他模式不使用類似政策。

「經濟」要素而成為新的「雙重霸權」（dual hegemony）形態。[6]儘管如此，歷史清楚顯示，沒有任何霸權國家能恆久存在下去；[7]由於霸權與其他國家間的權力差距經常會因種種因素而被拉近，從而也帶來「建立—危機—解體—重構」之循環性結構重組效果（請參考表3.2所列）。[8]

---

[6]　See Philip D. Curtin, *The Rise and Fall of the Plantation Complex* (Cambridge: Cambridge University Press, 1990); Eric Hobsbawm, *The Age of Empire, 1875-1914* (New York: Pantheon Books, 1987).

[7]　See Paul Kennedy, *The Rise and Fall of Great Powers* (New York: Random House, 1987).

[8]　有些人特別關注於其中的「循環」（cycle）現象；見王逸舟，《國際政治學：歷史與理論》（臺北：五南圖書公司，1999年），第十章的介紹，並參考 Richard Rosecrance, "Long Cycle Theory and International Relations," International Organization, 41 (1987), pp. 288-296.

表 3.2　霸權轉移與國際政治變化

霸權建立階段	霸權危機階段	霸權解體階段	霸權重構階段
• 建立正當性 • 體系範圍擴張 • 強制落實體系規範	• 全球競爭激化 • 不滿現狀者崛起 • 相對優勢衰退 • 權力要素出現質變或追趕者取得關鍵技術	• 霸權國家政策退縮 • 同盟競賽增溫 • 國際衝突事件頻傳 • 關鍵武裝技術擴散或爆發大規模戰爭	• 研擬新國際規範 • 體系再造 • 國際秩序趨穩

　　無論如何，所謂「霸權」絕非只是種用以說明權力差距的「描述性」名詞而已，更重要的是，它還具有一定的「操作性」意義。一般來說，「穩定勢力範圍內的國際秩序」可說是用來檢驗霸權政策的最主要方向，[9]至於細部內涵則包括：壓抑潛在霸權對手（戰略性圍堵或發動侵略戰爭）；透過制定規範（國際慣例、國際法或國際建制）維持體系內總體均勢；避免或控制體系內危機（介入調停）並阻止戰爭與衝突爆發（軍事干預）；推動威望措施來鞏固主導地位（整合倡議、軍事演習或共同政策目標）等。[10]換言之，除了權力差距彰顯的「相對客觀性」外，所謂霸權國家還須以實際行動，在「絕對主觀性」方面補足其嚴謹定義所需；事實上，也唯有在這雙重條件均符合的情況下，進一步討論霸權結構變遷才是有意義的。

貳　霸權轉移與國際秩序穩定

　　當然，我們不僅希望透過對於行為內容的清楚定義，以便能深入觀察

---

[9] 部分霸權穩定論（theory of hegemonic stability）者似乎較重視霸權對「經濟」而非「政治」秩序的維持：See Charles P. Kindleberger, *World Economic Primacy* (Oxford: Oxford University Press, 1996), pp. 37-41, and Robert O. Keohane, "The Theory of Hegemonic Stability and Changes in International Economic Regime, 1967-1977," in Ole Holsti, Randolph Siverson and Alexander George, eds., *Change in the International System* (Boulder: Westview Press, 1980), pp. 131-162.

[10] See also Hedley Bull, *The Anarchical Society: A Study of Order in World Politics* (New York: Cambridge University Press, 1977), pp. 200-201.

霸權的發展，更重要的是，本章也企圖以東亞地區為例，期盼發掘並說明霸權變遷的過程與原因。大致來說，所謂「霸權結構」指的通常是某種呈現金字塔型的權力分配模型，此種概念大致可說放諸四海而皆準，只不過差別出現在權力內涵（政治性或經濟性）與結構形態（緊密或鬆散）等方面。無論如何，我們更關切的問題是：究竟為什麼或在什麼狀況下會產生霸權更迭的情況？

對於體系（無論是全球或區域性）內的多數成員國家來說，是否應繼續維持此種體系的穩定或必須進行變革，基本上還是來自對於其自身政治與經濟利得的考量；[11] 換言之，一旦某些國家在軍事技術方面取得突破性進展，便可能帶來希冀解除舊有體系規範束縛的動力，只不過，此種挑戰的最終成功與否往往仍取決於變革者的經濟基礎。當然，有時國際體系結構的轉變，或許並非來自某些挑戰者的自利考量，而是一種為解決生存問題所引發的自衛舉動。[12] 總而言之，其結果都將帶來結構變遷的可能發展。

若從「權力轉移理論」（power-transition theory）的角度來看，則霸權更迭同樣很難不是國際衝突的因變數，至於國際間爆發衝突的原因，如同前述，亦不外乎是國家間的權力對比出現均衡（parity）或甚至超越（overtaking）等現象所引發。[13] 其中，所謂「均衡」指的是後進者或潛在挑戰者的權力估計值，逐漸拉近與霸權國家距離的意思；從另一個角度看來，亦即挑戰者完成了「追趕」政策（這通常暗示其經由成功的經濟成長而提升其軍備競賽與政治影響力）。[14] 至於「超越」則是指，潛在挑戰

[11] 朱寧等，《變亂中的文明：霸權終結與秩序重建（公元1000年-2000年）》（北京：中國人民大學出版社，2000年），頁49。

[12] Kalevi J. Holsti, *Peace and War: Armed Conflicts and International Order, 1648-1989* (Cambridge: Cambridge University Press, 1991), p. 14.

[13] See A.F. Organski and Jacek Kugler, *The War Ledger* (Chicago: University of Chicago Press, 1980), Manus Midlarsky, *The Onset of World War* (Boston: Unwin Hyman, 1988) and Jacek Kugler, et al., *Power Transition: Strategies for the 21 Century* (New York: Chatham House Publisher, 2000).

[14] Moses Abramovitz, *Thinking about Growth and other Essays on Economic Growth and Welfare*

者不僅有效地拉近與霸權國家間的權力差距，甚至透過某種躍進式的發展，導致其能力還凌駕於原先霸權國家之上。[15]

權力轉移理論進一步指出，國際衝突的爆發點往往便發生在，由於出現「客觀」的均衡或超越現象，以致影響相關國家對於國際權力分配現狀之「主觀」看法的時候。換言之，當原先持現狀政策者不再滿意於既存的權力規則時，無論霸權國家或挑戰者都可能透過發動「先制攻擊」，以便取得對於未來秩序的優先發言權。在這種情況下，正如表3.2所示，一旦原先的霸權國家無法有效處理類似權力鬆動問題，那麼霸權解體（decomposition）與後續的權力結構調整（structural adjustment）也就成為無可避免的結果。

參 三角關係理論及其應用

值得注意的是，儘管從前述霸權理論觀念的提出與討論，或許可一定程度地反映出東亞權力結構的現實與變化，但有時其解釋性也是有限的，特別是當權力環境呈現霸權眞空或霸權過渡狀態的時候。相對地，正如結構現實主義者所關注的，在一般情況中，於無政府狀態的假定前提下進行權力競爭，仍可說是當前國家處理彼此間關係的行為準則，至於所謂權力平衡（balance of power）則是多數國家所希望維繫的狀態。根據Morton Kaplan 的看法，所謂權力平衡體系若欲眞正保持平衡，則其主要行為者必須遵守以下幾個規範才行：首先是主要成員雖可增強本身力量，仍應儘量爭取以談判而非軍事手段來解決衝突（但是也不排除發動戰爭的可能性），其次是即使爆發戰爭，其結果也不該致使某個主要成員國遭到消滅，同時必須抑制超國家組織的倡導或出現，並堅決反對任何集團或單

(Cambridge: Cambridge University Press, 1989), pp. 220-242.

[15] Elise S. Brezis, Paul R. Krugman, and Daniel Tsiddon, "Leapfrogging in International Competition: A Theory of Cycles in National Technological Leadership," *American Economic Review*, 83:5 (1993), pp. 1211-1219.

一國家取得支配地位。[16] 當然，這種體系一方面既暗示著高度的複雜操控性，至於所謂「三角結構」（triangle structure）則是其最基本的運作模式之一。

　　自從冷戰時期以來，三角關係一直是多數學者用來觀察國際局勢發展的重要架構之一，而 Lowell Dittmer 則是首先將此種架構理論化的研究者。[17] Dittmer 基本上將三角互動分成「三邊家族型」（Menage a trios，三方相互間均維持著友好關係）、「羅曼蒂克型」（Romantic，三邊中僅有一方與另兩方維持友好關係）、「結婚型」（Marriage，三邊中只有兩方間維持友好關係），以及「單位否決型」（Unit-veto，三方彼此間均維持著敵對狀態）等幾種觀察模型。

　　雖然三角結構有時看似過於微觀，但透過此一途徑的觀察，仍有助於研究者進行歸納、整理，甚至預測國家間關係的發展。不過，值得注意的是，相較於過去單純從現實主義與權力政治角度來切入的做法，自冷戰時期便逐漸醞釀起來的核子嚇阻與全球化浪潮這兩個變數，顯然是我們當前在觀察三角結構發展時所必須同時注意的。從某個角度看來，首先是核子嚇阻傾向於提升國家在進行外交決策時的理性程度，而全球化浪潮則在形塑互賴關係之餘，也推動了更多國際合作的可能性，因此這兩個變數可說既大大增強了三角結構的穩定性，也讓前述的新安全觀有機會與當前的國際結構接軌。在本章當中，我們也會試圖以此來觀察東亞地區的發展。

---

[16] Morton A. Kaplan, *System and Process in International Politics* (New York: Wiley Press, 1957).

[17] Lowell Dittmer, "The Strategic Triangle: A Critical Review," in Ilpyong J. Kim, ed., *The Strategic Triangle: China, the United States and the Soviet Union* (New York: Paragon House Publisher, 1987).

第二節　近代東亞霸權結構變遷歷程

壹 第一階段：中國傳統霸權時期

　　為進一步釐清前述概念，在以下的篇幅中，我們將先把焦點放在最近一個半世紀以來的東亞區域霸權結構變化上。至於其結構內涵的變遷概況，則大致可粗分為表3.3所示的四個階段。

　　儘管在漫長的歷史過程裡，中國受制於周邊遊牧民族的時間，並不見得少於作為東亞體系核心的階段，一方面在中國強盛時，基於文明優越感而來的天朝觀念固然其來有自，但即使在中國屈於弱勢時，由於蠻族多未能真正滅亡中國，生於憂患的民族主義精神也經常成為「中國中心說」的根基。[18] 為捍衛霸權，在十四世紀末至十六世紀初的明朝前葉，中國開始將傳統僅具威望性的天朝體系轉變成具有明確行為規範的新結構，亦即朝貢體系；[19] 並使用了一套相當複雜的外交政策來處理其對外關係，除確

表 3.3　近代東亞霸權變遷過程比較

	第一階段	第二階段	第三階段	第四階段
霸權國家	中國	英國	日本	美國
稱霸時段	1842以前	1860-1905	1918-1941	1945-
衰退前兆	1826逆差出現	1894-1895甲午戰爭	無	1989亞太整合
崩解關鍵	1839-1842 鴉片戰爭	1904-1905 日俄戰爭	1941太平洋戰爭	-
調整階段	1842-1860	1905-1918	1941-1945	-
霸權終點	1860英法聯軍	1918一戰結束	1945二戰結束	-

---

[18] 蔡東杰，《中國外交史》（臺北：風雲論壇出版社，2000年），頁39。

[19] 陳戍國，〈論明代外交與相關禮儀〉，《湖南大學學報》，第5期（2002）；楊軍與張乃和編，《東亞史》（長春：長春出版社，2006年），頁290-291。此外，根據《明會典》與《明史》等史料記載統計，有明一代，前來中國進行朝貢國家超過100個以上。

定朝貢制度（例如貢道與入貢頻率及規模）並設立管理機構（禮部、會同館與四夷館等）外，中國也經常派兵前往邊陲地區為體系內行為者排解糾紛，利用官僚行政系統在邊疆少數民族地區推動漢化政策，將皇帝予以神格化後提供臣民行為表率，利用宗教力量（例如在西藏地區）作為懷柔力量，對於在武力與行政系統影響範圍外的地區運用利誘政策，最後還包括巧妙地運用「以夷制夷」的分化政策等。[20] 後來這套體制亦被清朝沿用。

進言之，在中國霸權時期最值得注意的乃是其階層性的區域體系特徵，正如日本學者濱下武志所言：「……朝貢的根本特徵在於，它是以商業貿易行為進行的活動，換句話說，因朝貢關係而使得以朝貢貿易關係為基礎的貿易網絡得以形成。」[21] 可以這麼說，以鄭和下西洋活動為基礎，明朝一方面將其與周邊朝貢國家間的貿易互動關係推向巔峰，同時也藉此反饋鞏固了體系框架。總之，在歐洲國家挾工業革命實力於十九世紀再度東來之前，時值清代中葉的中國無疑仍舊居於東亞地區的霸主地位。由於有豐厚「回賜」慣例作為誘因，不但是中國周邊的東亞國家，甚至連遠在千里的歐洲國家（包括俄國與英國在內）也願意接受此種體系規範而加入這套網絡當中。

貳 第二階段：英國新興霸權時期

無論如何，中國的霸權角色由於在1839-1842年鴉片戰爭中落敗而遭到英國的直接挑戰。關於這場戰爭的起因，儘管有些學者認為是由於歐洲國家（特別是英國）對中國所持階層性國際觀的反動所引起的，亦即目的在於爭取平等權；[22] 但正如 John K. Fairbank 所言：「由於工業化的西方

---

[20] John K. Faribank, ed., *The Chinese World Order: Traditional China's Foreign Relations* (Cambridge, Mass.: Harvard University Press, 1968).

[21] 濱下武志，《近代中國的國際契機：朝貢貿易體系與近代亞洲經濟圈》（北京：中國社會科學出版社，1999年），頁38。

[22] Hosea B. Morse and Harley F. McNair, *Far Eastern International Relations* (New York: Houghton Mifflin Co., 1931), Chapter 5.

在技術、組織能力與軍事力量等方面均迅速走在世界前列，致使亞洲已不能望其項背；而此種力量對比的變化與差距的不斷拉大，勢必導致中國對外關係的變革。」[23] 不過，此種說法雖較具國際觀，但仍未抓到重點；事實上，由於工業革命導致生產量暴增，使得以英國為首的西歐工業國家有著必須開拓新市場以解決其發展問題（供過於求）的必要與急迫性，從戰後和約內容看來（尤其是五口通商條款），這或許才是戰爭爆發的主要原因所在。值得一提的是，儘管英國似乎順利透過戰爭而達到開放中國門戶的核心目標，但因當時它仍缺乏有效的長程權力投射能量，以彌補身為「境外霸權」（offshore hegemony）的地理特色，因此直到1860年第二次英法聯軍結束後才有機會真正終結中國霸權，取得在東亞地區的優先發言權。

　　英國霸權時期的來臨，既終結了長期以來由東亞國家自己來擔任區域霸權角色的時代，同時也暗示全球化浪潮對此地區所可能帶來的重大影響。在1760到1830年間，英國不僅占有歐洲工業產量的三分之二，同時期英國在全球製造業生產量中所占的比重也從1.9%躍升到9.5%，其後到英國權力鼎盛期（同時也取代中國在東亞霸權）的1860年前後，此數字更攀向19.5%的高峰。此種情況一方面說明了英國何以有能力從歐洲一隅控制遙遠的東亞，也點出東亞被鑲嵌進全球貿易體系格局中的現實。很明顯地，英國既由於起自歐洲的原因（殖民主義與工業革命）而來到東亞，後來也由於歐洲本身的問題（資本主義體系核心區域內部政經鬥爭）而被迫削弱了它在東亞的影響力。進一步來說，由於歐洲國家彼此競爭愈來愈激烈（尤其是1871年德國統一後對英國所產生的挑戰），終於迫使英國在1902年選擇與日本締結同盟，從而終結了該國將近百年的「光榮孤立」外交政策。

---

[23] John K. Fairbank, Edwin O. Reischauer, and Albert M. Craig, *East Asia: Transition and Transformation* (Cambridge, Mass.: Harvard University Press, 1978), p. 454.

　　值得注意的是，英國所以選擇與日本締結同盟，除暗示後者即將成
爲東亞新興勢力之外，其實也因爲日本的確有條件讓英國作出此種思考。
早自室町幕府時代以來，日本歷代將軍雖總是要求與中國建立冊封關係，
卻又力圖建立與朝貢體系相抗衡的「大君外交體系」；[24] 至江戶末期起，
部分日本學者更開始突破長期的鎖國思想，提出諸如富國強兵論、日本主
義精神與所謂「海外雄飛論」等積極想法，並鎖定東亞大陸作爲其未來的
主要擴張目標。[25] 與歐洲國家不同的是，日本的擴張思想不僅融合民族主
義與全球資本主義競爭的基本概念，同時還自我覆蓋了一層濃厚的道德色
彩，亦即他們在亞洲大陸的擴張，非但旨在協助日本與其周邊國家掙脫西
方政經制度的桎梏，並且宣稱將在更深的層次上，恢復天人之間的和諧關
係。[26] 儘管如此，擴張行動本身無可避免地必然是軍事性的，至於其關鍵
發展則是爆發於1894-1895年間的甲午戰爭。

參 第三階段：日本過渡霸權時期

　　在此，我們所以把甲午戰爭視爲英國在東亞霸權衰退前兆的原因
是：阻止潛在競爭者崛起並維持體系內權力平衡現狀，本即是霸權政策的
基礎；但英國在朝鮮問題上卻顯然扮演著太過消極的角色，亦即只要能確
保在中國市場的既得利益不變，並阻止俄國勢力南下，英國決定放任日本
在半島的侵略行爲。[27] 從某個角度來看，英國在甲午戰爭過程中的置身事
外，固然已使其霸權角色大打折扣，其後當1904-1905年間日俄戰爭的最

---

[24] 信夫清三郎，《日本外交史》（上海：商務印書館，1984年），頁18。所謂「大君外交」乃
　　是日本德川幕府時期建立的一種有限國際秩序，因當時把幕府將軍稱作「大君」而得名，主
　　要針對朝鮮和琉球這兩個外交通信對象，結成一種封閉性外交體制，承認國家地位本即不平
　　等。
[25] 陳豐祥，《近代日本的大陸政策》（臺北：金禾出版社，1992年），頁23-24。
[26] Kenneth G. Henshall, *A History of Japan: From Stone Age to Superpower* (New York: St. Martin's
　　Press, 1999), p. 113.
[27] 英國在1890年決定放棄在日本特權並與其簽訂平等新約的舉動，便顯出某種讓步跡象；參考
　　吳木生主編，《東亞國際關係格局》（天津：天津社會科學出版社，2001年），頁7-8。

後斡旋者居然由美國擔任時，更明白突顯出其霸權地位的動搖。至於最後一擊則來自第一次世界大戰的影響。在歐洲各國無暇東顧的情況下，企圖趁機攫取霸權地位的日本便極力說服各國接受其在中國的特殊地位，其結果是：俄國在1916年的密約中承認日本可擴張在滿洲的特權，英國在1917年支持日本繼承德國在山東與部分太平洋島嶼特權的要求，而法國與義大利隨後也作出與英國類似的承諾。[28] 儘管美國對日本在1915年提出「二十一條要求」等行為表示異議，[29] 從在巴黎和會中無法嚴守立場看來，它也沒辦法阻止日本在戰後取得在東亞的發言優勢。

　　儘管如此，某種現實還是我們必須承認的，亦即日本在1918年後雖似乎取得東亞霸權地位，但這絕非暗示它沒有其他對手。主要原因是，由於第一次世界大戰並未徹底解決歐洲主要強權國家間的矛盾，以致各國在戰爭表面上結束後仍需繼續埋首備戰，從而使東亞地區出現讓日本有機可趁的權力真空狀態。從日本在1934年「天羽聲明」中所謂「亞洲門羅主義」的宣示可以看出，[30] 正如1823年美國發表「門羅主義」一樣，他們所以提出此種宣告的緣故，正在於無法實際捍衛其目標，因此類似舉措僅具政治象徵意義；至於1921-1922年間由美國召開的華盛頓九國會議，則更直接指出歐美各國希望透過國際集體力量，來壓制日本野心的企圖。為求突破前述困境以確實鞏固其霸權地位，日本當然得全面利用此種真空狀態來進行擴張，[31] 例如自1937年起所全面爆發的中日戰爭，[32] 儘管最初不無意外性質，[33] 但日本軍方仍決定利用此一契機全面擴大對中國的攻勢，並

[28] William G. Beasley, *The Rise of Modern Japan* (London: George Weidenfeld & Nicolson, 1990).
[29] Richard Storry, *A History of Modern Japan* (Harmondsworth: Penguin, 1963), p. 153.
[30] 此聲明由日本當時的外交部發言人天羽英二提出，故有此稱呼；參考蔡東杰，前引書，頁212；John K. Fairbank, et al., *op. cit.,* p. 307.
[31] 日本國內對擴張途徑其實也有爭議，例如外交與財政部門希望以與西方合作為前提，但軍方則企圖直接挑戰西方以建立帝國；Warren I. Cohen, *East Asia at the Center* (New York: Columbia University Press, 2000), pp. 307-308.
[32] 由於日本政府始終未對中國宣戰，因此日方文獻常以「支那事變」稱之。
[33] S. Kitaoka, "Diplomacy and Military in Showa Japan," in Coral Glunk and Stephen Graubard, eds., *Showa: The Japan of Hirohito* (New York: W. W. Norton, 1992), p. 165.

隨即與德義兩國談判簽署三國同盟以便保持戰果。

肆 第四階段：美國全球霸權時期

正如表3.3指出的，和中國、英國與美國不同處在於，日本的霸權時期似乎找不到衰退前兆。其主要原因或許是由於日本霸權發展旋起旋落過於迅速的緣故，由此亦非但反映出其地位的不穩定性，實際上也突顯出在某種全球政治現實之下，日本所擁有霸權地位的過渡性與虛幻性。

如同 Schulzinger 的描述，美國早在1898-1908年間便開始邁向世界性強權之路，[34] 只不過因「保守性國際主義」作祟而使其角色受到限制，結果是德國與日本得以利用此種權力眞空狀態分別在歐洲與東亞崛起。不過，隨著美國決定全面參與第二次世界大戰，前述局面同時扭轉，至於東亞也再度被區域外力量拉進全球化浪潮當中。值得一提的是，首先，相較於英國，美國所擁有的投射能力既使其成爲一個眞正的全球性霸權國家，同時也進一步促使東亞被鑲嵌進全球體系當中；儘管如此，雖然我們將1945年後的東亞區域情勢稱爲「美國霸權時期」，但此種霸權絕非是無可辯駁的，其主要原因是，由於冷戰爆發的關係，美國對東亞的影響力在1972年開啓中美關係正常化進程之前，其實多數僅限於西太平洋島鏈以東的地區，在東亞大陸上，大概只對朝鮮半島與中南半島有部分發言權而已，甚至因爲冷戰初期「重歐輕亞」戰略指導的關係，美國對東亞因自我節制以致影響力確實有限，至於在1989年隱身幕後，促使日本與澳洲出面推動 APEC 機制，則是值得注意的一個權力轉捩點。

---

[34] See Robert D. Schulzinger, *U.S. Diplomacy since 1900* (New York: Oxford University Press, 2002), Chapter 2.

表 3.4　東亞地區霸權政策比較

	中國	英國	日本	美國
壓制性政策	• 發動擴張戰爭 • 邊疆漢化政策	• 發動壓制戰爭 • 簽署不平等條約	• 發動擴張戰爭 • 爭奪殖民地	• 發動壓制戰爭 • 建立圍堵網
規範性政策	• 建立朝貢制度	• 推動國際法	• 國際分工原則	• 意識形態正當性
均勢性政策	• 介入調停 • 出兵協助抗敵	• 介入調停	• 無	• 介入調停 • 出兵協助抗敵
威望性政策	• 皇帝神格化 • 宣揚天朝觀念 • 華夷體制結構	• 宣揚自由貿易觀 • 歐洲利益代表	• 亞洲門羅主義 • 大東亞共榮圈 • 天人合一思想	• 聯合演習與駐軍 • 民主普世價值 • 世界一家思想

　　在表3.4當中，我們企圖針對東亞地區在過去一個半世紀以來，四個不同的霸權階段作一個簡單的比較。首先，回應本章第一個段落中關於霸權客觀與主觀性定義上的要求，我們發現無論中國、英國、日本或美國，在它們擔任霸權角色時無疑均具備相對的權力要素，同時從主觀面看來，也確實擬定並實踐了一系列的霸權政策，包括壓制敵對或挑戰勢力、制定並推廣體系內規範、維持體系內部權力均勢，以及透過威望政策以鞏固其霸權地位等。其中，日本由於擔任霸權期間相對較短，同時霸權地位也不無疑慮，因此並不能發現它有明顯的均勢政策存在。此外，除了英國的霸權純然以現實主義思想作為其基礎外，其他三個階段的霸權多少都披上一點理想道德主義的外衣。最後，從表3.3與表3.4可看出，無論霸權的興衰起伏或霸權政策的運作，都很難與軍事手段（亦即發動戰爭）脫離關係，這或許也是我們可進一步深思之處。

第三節　後冷戰時期東亞的大國結構變化

壹　進入調整期的美國東亞霸權地位

儘管在1990年代初期，東西方冷戰的結束與波斯灣戰爭的勝利，似乎讓美國得以逐步鞏固其作爲全球唯一軍事霸權與政治領導者的地位；但於此同時，美國用以支撐此一單極地位的物質基礎，亦即其經濟發展，卻也在進入後冷戰階段之際因財務與國際收支赤字的雙重惡化、景氣長期低迷與龐大的債務壓力，看來似乎難以繼續負擔巨額的霸權義務。例如就在冷戰結構瓦解之際，美國便自1990年7月起開始面臨半個世紀以來的第九次經濟衰退，而且由此持續到1992年大選前夕爲止，從而埋下 Bush 敗選的原因之一。[35] 此種背景同時也是我們所以在表3.3中，將1989年視爲美國霸權衰退前兆的原因。

事實上，美國霸權衰退前兆或許早在1969年便露出端倪，此即以「關島主義」或「尼克森主義」（Nixon Doctrine）爲名的外交政策指導方針，至於其內涵則是以「亞洲和平」爲目標，以「亞洲自決」爲手段，然後逐步地讓美國從領導地位退居到被動合作的立場上。[36] 從某個角度來看，Nixon 此舉可說是直接面對美國發展困境的現實作爲；例如他雖一再重申對盟邦的安全承諾，實則不斷降低承諾的重要性，不再強調美國應執行如冷戰時期般的國際警察義務，轉而著重其有限參與角色，[37] 一旦東亞

---

[35] 李文志，〈美國的亞太戰略：地緣政治經濟學的觀點〉，收於許介鱗等，《亞太經濟合作與美國的亞太戰略》（臺北：業強出版社，1994年），頁74；王緝思等，《冷戰後美國的全球戰略和世界地位》（臺北：生智出版社，2001年），頁50。

[36] Melvin R. Laird, "The Nixon Doctrine: From Potential Despair to New Opportunities," in Laird, ed., *The Nixon Doctrine* (Washington, D.C.: Town Hall Meeting, 1972), p. 3; Department of State, *United States Foreign Policy, 1969-1970* (Washington, D.C.: U.S. Government Printing Office, 1971), pp. 36-37.

[37] Alan Jones, Jr., "Nixon and the World," in Alan Jones, Jr., ed.. *U.S. Foreign Policy in a Changing World* (New York: David McKay, 1973), p. 24.

發生動亂，美國將以提供物資與技術援助取代出動地面部隊，換言之，美國自此將責任轉移到東亞自身的區域集體安全機制發展上，[38] 目的是讓美國能藉由「以談判代替對抗」的途徑，由冷戰桎梏中解套。而1989年亞太經濟合作（APEC）的成立，更可說是美國調整其政策的關鍵，因為這暗示美國同意以「多邊整合」取代「單極領導」途徑，和平漸進地轉換該國在東亞地區的政治角色。至於美國在後冷戰時期的東亞戰略，首先突顯在老 Bush 時期國務卿 James Baker 提出的「新圍堵政策」上，他主張美國應透過政治面的人權外交，經濟面的亞太經濟合作，以及安全面的多邊論壇形式等，來共同保障美國的區域政經利益。[39] 在 Clinton 於1992年主政後，更以此為基礎在1993年提出「新太平洋共同體」（New Pacific Community）倡議，希望從美日同盟、美國在亞太地區駐軍、亞太多邊安全體系、中美關係全面交往、美國對亞太地區經貿關係，以及政治民主化的普世價值等出發，建立起「合作性交往」（Cooperation Engagement）的一種新夥伴關係。[40]

　　事實上，美國在東亞霸權地位所以進入調整期的原因有三：首先是正如前述一般，美國國力的相對衰退跡象，再者來自美國在後冷戰時期對於東亞或亞太地區的戰略變化，最後則是由於此區域內部均勢結構變遷所致。其中，美國在後冷戰時期的戰略選擇上，顯然陷入新現實主義與新理想主義，以及新孤立主義與新全球主義的二元爭辯與對立當中：前一種爭辯涉及美國到底應按照地緣政治觀點來重組全球性聯盟，還是應作為「民主和平論」基本價值的捍衛者，[41] 而後一種爭辯則涉及美國到底應縮減海外駐軍並置身於國際衝突之外，還是應該設法建立後冷戰時期的集體安全

---

[38] John Spanier, *American Foreign Policy since World War II* (New York: Praeger, 1973), p. 276.

[39] James Baker, "America in Asia: Emerging Architecture for a Pacific Community," *Foreign Affairs*, 70:5 (1991), pp. 1-18.

[40] President Clinton, "Building a New Pacific Community," *Dispatch*, 4:28 (1993), pp. 485-488.

[41] Zbigniew Brzezinski, *The Grand Chessboard: American Primacy and Its Geostrategic Imperatives* (New York: Basic Books, 1997); Zeev Maoz, "The Controversy over the Democratic Peace," *International Security*, 22:1 (1997), pp. 162-198.

體系，以避免出現一個充滿混亂與暴力的世界。[42] 從某個角度來看，美國因陷入爭辯而無法歸納出長期戰略的結果，一方面既是後冷戰時期以來該國外交政策經常陷入矛盾衝突的原因，從東亞區域發展來看，則亦不啻提供其他潛在霸權競爭者（尤其是中國大陸）趁機進行合縱連橫的運作空間，至於後冷戰時期世界格局朝向多極化發展的現實，也不啻使美國對國際事務的「管理」變得愈發困難。[43]

即便美國在2009年 Barack Obama 上臺後力推「重返亞洲」（Pivot to Asia）政策，從某個角度看來，這不啻是它在金融危機纏身的情況下，在外交層面所下的一招險棋；至於在 Donald Trump 於2017年上任後，由於其政策內涵與方向呈現高度不確定性，既可由個人特色來觀察，從另一角度看來，亦暗示美國確實需要更高之政策彈性來因應變化。

貳　東亞大國關係的變化與挑戰

在表3.5，列舉了幾個有機會繼承美國在東亞霸權地位的潛在競爭國家，當然，所謂機會的多寡可能因實力變化而有差距。首先可看出的是，美國雖在多數競爭指標中依舊維持著優勢的地位，但若干其他國家短期內雖或許沒有「超越」的可能性，仍顯現出「追趕」態勢，例如由於人民幣匯率被刻意壓低，因此始終無法正確估計經濟實力的中國便是其中之一。[44] 根據某些學者的看法，如果根據購買力平價來計算的話，中國的人均 GDP 已由1978年僅僅500美元躍升至2008年的7,580美元，估計2018年將逼近20,000美元大關，至於 GDP 總額也可望在2025年與美國並駕齊驅。此外，包括在1979-1993年間高達16.8%的奇蹟式平均成長率，以及

[42] Arthur Schlesinger, Jr., "Back to the Womb: Isolationism's Renewed Threat," *Foreign Affairs*, 74:4 (1995), p. 8.
[43] Sean M. Lynn-Jones and Steven E. Miller, eds., *The Cold War and After: Prospect for Peace* (New York: The MIT Press, 1994), p. 281.
[44] Ezra F. Vogel, *Living with China: U.S.-China Relations in the Twenty-first Century* (New York: W.W. Norton, 1997), p. 143.

表 3.5　當前東亞潛在霸權基本國力比較

	人口（million）	面積	GDP（billion）	軍備支出（billion）
美國	327.8	9,631,418	19,390	610.0
中國	1,390.1	9,596,960	12,014	228.0
日本	126.4	377,835	4,872	45.4
俄國	146.5	17,075,200	1,527	66.3
印度	1,346.6	3,287,590	2,611	63.9
印尼	267.3	1,919,440	1,015	7.8

註：人口根據 Population Clock 截至2018年4月估算，GDP 根據2017年 IMF 估算，軍備支出根據2017年斯德哥爾摩國際和平研究所 SIPRI 估算。

儘管有共產集團垮臺與第三波民主化浪潮的壓力，中國仍能抗拒政治性結構調整等事實，都指出中國在可見未來將成為美國權力地位新競爭者的趨勢。[45] 更重要的是，中國不僅擁有挑戰美國霸權的客觀條件，甚至也有著準備加入競爭的主觀積極作為，包括：推動「大國外交」以提高國際地位，推動「周邊外交」以塑造更安全的崛起環境，推動「博鰲論壇」提供亞洲國家溝通管道，推動建立上海合作組織此一準集體安全機制，推動「中國—東協自由貿易區」作為東亞經濟整合先驅，推動「海洋國土」概念並研擬「和平崛起論」以塑造介入周邊事件的正當性……等，都可說是明顯例證。

　　除中國外，日本由於身為東亞經濟大國，其動向也頗受矚目。自1957年外交藍皮書中發表所謂「亞洲一員」政綱後，日本便積極透過雁行經濟體系的擘畫來重構其對東亞的影響力；在1980年代中期後，諸如「回歸亞洲」或「脫美入亞」等口號更不時見諸報章，提醒日本應在美國與東亞區域整合間扮演一定的橋梁角色。[46] 由此，日本不僅自1980年代

[45] See Joseph S. Nye, Jr. *Bound to Lead* (New York: Basic Books, 1990); Gerald Segal, "Does China Matter," *Foreign Affairs*, 78:3 (1999), pp. 29-32.

[46] 姚文禮，〈簡論冷戰時期日本對外政策調整〉，《日本學刊》，第1期（1994），頁67；梁雲祥與應宵燕，《後冷戰時代的日本政治、經濟與外交》（北京：北京大學出版社，2000

起積極參與聯合國維和行動，並爭取成爲安理會常任理事國，1990年代後更以「政治大國」爲努力目標，[47] 相繼提出「建立日美歐三極世界」與「以聯合國爲中心的秩序」等主張。值得一提的是，儘管日本依然是東亞最重要的經濟強國（甚至軍事強國），同時不斷從經濟整合面著手來建立優先發言權，但其國際地位的提升仍存在著幾個隱憂：首先是東亞各國對日本在第二次世界大戰期間軍國主義擴張的陰霾未去，其次是日本自1990年代初以來便陷入長期的泡沫經濟衰退期當中，最後也是最重要的是，由於「日美基軸外交」迄今還是日本對外政策的主要指導原則與影響來源，換句話說，如果日本無法順利擺脫作爲美國附庸國身分的話，當然會直接影響其在東亞的角色轉換。

　　從觀察後冷戰時期東亞霸權結構變化的角度看來，「中美日」三角關係無疑是最引人矚目的焦點（相關細節將在後面的段落中說明）。[48] 其中，企圖繼續維持霸權地位的美國希望透過同盟經驗與所謂「中國威脅論」來拉攏日本，中國希望藉由單一市場的龐大商機與東亞整合前景來利誘日本，至於日本則力圖建構新的獨立自主外交政策，目標是讓中美日關係朝向「等邊三角形」結構邁進；儘管有人認爲，當前東亞地區已形成中美對峙的兩極格局，而此種結構可能也有利於區域的穩定發展，[49] 但目前看來，中美日三角關係的未來仍可說充滿了不確定的變數。

　　如同我們在表3.5中所暗示的，除中美日三國外，足以影響東亞未來

年），頁139-145；五百旗頭眞主編，《戰後日本外交史》（北京：世界知識出版社，2007年），頁147-152。

[47] 李寒梅等，《21世紀日本的國家戰略》（北京：社會科學文獻出版社，2000年），頁102-106；包霞琴、臧志軍主編，《變革中的日本政治與外交》（北京：時事出版社，2004年），頁209-220；蔡東杰，〈聯合國外交〉，收於李世暉等著，《當代日本外交》（臺北：五南圖書公司，2016年），頁119-130。

[48] 時殷弘，〈中美日三角關係〉，《世界經濟與政治》，第1期（2000）；楊伯江，〈中美日三角：利益磨合與良性發展前景〉，收於中國現代國際關係研究所主編，《亞太戰略場：世界主要力量的發展與角逐》（北京：時事出版社，2002年），頁303-324。

[49] Robert S. Ross，〈21世紀東亞的力量均衡：兩極結構的穩定性〉，收於張蘊嶺主編，《21世紀世界格局與大國關係》（北京：社會科學文獻出版社，2001年），頁99-109。

權力結構變遷者其實還包括俄羅斯、印度與印尼等國。首先，儘管印尼在這場競賽中僅扮演著極邊陲性的角色，但一方面它與其他五個參與者一樣，都是人口破億的廣土眾民國家，[50] 同時在東南亞國協（ASEAN）中有相當重要的角色，[51] 更重要的是，由於其複雜的人口組成（超過300個族群與500種語言）與身為全球最大穆斯林國家的身分，近年雖受惠於油價高漲致使經濟趨於穩定，即便它無法正面影響未來東亞結構重整的過程，也可能以負面的「火藥庫」角色埋下一個不穩定的因素。

　　其次，在俄國部分，該國外長在2000年初所發表一篇名為〈俄羅斯與當前世界：世紀之交莫斯科的對外政策〉的文章中特別指出，俄國不僅不反對二十一世紀將是亞洲世紀的說法，同時也正加緊介入亞太地區的整合進程，因為「不管過去、現在或未來，俄羅斯都是亞洲強國之一」；[52] 在同年3月聯邦安全會議通過的《俄羅斯聯邦外交政策構想》中，也大幅提升亞洲在俄國對外戰略當中的重要性。至於在實際作為方面，俄國在 Yeltsin 時代便開始將亞太地區的重要性與對 G-7 關係以及對歐洲關係並列，[53] 自 Putin 時代起更積極加入亞太的區域安全對話機制（東北亞的六方會談與東南亞的東協區域論壇），同時也在中國與日本間透過「能源外交」（油管路線爭議）來達到縱橫俾闔之目的。由於俄國同時與中日美三國建立了「戰略協作夥伴關係」、「建設性夥伴關係」與「成熟友誼與夥伴關係」，[54] 這不僅讓它深深地鑲嵌在東亞權力結構當中，也讓此區域的未來變得愈加複雜化。當然，由於俄國的地緣環境（橫跨歐亞大陸）相當特殊，因此對歐關係勢必也將牽制住該國的部分能力，除此之外，俄羅斯

---

[50] 中國、印度、美國、印尼分別為目前全球人口排名前4位的國家。

[51] See Dewi Fortuna Anwar, *Indonesia in ASEAN: Foreign Policy and Regionalism* (Singapore: Institute of Southeast Asian Studies, 1994).

[52] 轉引自陳峰君與王傳劍，《亞太大國與朝鮮半島》（北京：北京大學出版社，2002年），頁255。

[53] Andrew Felkay, *Yeltsin's Russia and the West* (New York: Praeger, 2002), p. 258.

[54] 關於其複雜內涵，請參考張蘊嶺主編，《夥伴還是對手：調整中的中美日俄關係》（北京：社會科學文獻出版社，2001年）。

雖因其經濟表現與國際油價連動性過高，從而暗示不確定性，但 Putin 自2015年起推動在海參崴召開年度性「東方經濟論壇」，仍代表其對亞洲事務之高度關注。[55]

　　最後是印度的影響。在進入二十一世紀後，人口數已超過10億大關的印度非但成為僅次於中國的第二人口大國，甚至成長率迄今仍無控制跡象；其次，若根據購買力平價（PPP）計算，則印度生產總值僅次於美國、中國與日本，名列世界第4位；再加上自1998年後成為全球擁有核子武器的6個國家之一（其核武地位自2006年後獲美國默認），印度的邁向大國之路似乎相當明顯。在此基礎上，印度一方面不斷加強對印度洋的控制，[56] 同時也利用美國意欲在冷戰後建立世界新秩序，[57] 與對抗中國威脅論等戰略企圖，[58] 重新修復對美國的關係，並加入美日澳印四邊（Quad）非正式同盟；除此之外，也透過與東協展開另一個「十加一」談判，側面介入東亞區域經濟整合進程。從1991年 Lao 政府提出「東望」（Look East）到2014年 Modi 揭櫫「東進」（Act East）目標看來，印度確實有加入東亞競賽的積極作為；儘管如此，其未來發展還是存在著兩個隱憂：首先是相對較位於邊陲的地理位置，將限制其政經與軍事影響的投射能力，其次是以相當於中國的人口結構，但平均所得卻在這6個潛在霸權國家中敬陪末座，以印度的經濟能量與成長速度觀之，這不啻暗示該國貧富懸殊的距離已成為足以埋下社會衝突根源的問題。

　　總而言之，由於美國霸權地位逐漸進入調整期的現實，再加上其他若干國家此際也紛紛推出更積極主動的政策，致使東亞地區也出現更為複雜的合縱連橫狀態，而這也是本章在下一個段落中所企圖說明的。

---

[55] 東方經濟論壇（Eastern Economic Forum）旨在揭示俄國開放政策，希望吸引更多外資前往遠東地區。

[56] Jaswant Singh, *Defending India* (London: Macmillan Press, 1999).

[57] See Richard N. Haass and Gideon Rose, *A New U.S. Policy toward India and Pakistan* (New York: Council on Foreign Relations, 1997); Slivaji Ganguly, *U.S. Policy toward South Asia* (Boulder: Westview Press, 1990).

[58] 周煦，《冷戰後美國的南亞政策》（臺北：生智出版社，2003年），頁198。

第四節　複合三角關係下的東亞權力結構

壹 中美日三角：壓制區域霸權自主性

自從後冷戰時期以來，由於全球結構內涵出現重大變遷，美國作為僅存的超級強權，其外交政策當然也不能不跟著進行調整。對此，一般認為美國所自我設定的主要國際角色，乃是擔任各區域力量間的「平衡者」（balancer），以便維繫並符合美國的單極體系目標。[59] 進一步來說，美國如欲扮演好前述角色，則首先必須設定好各區域內的主要行為者，然後想辦法與其締結對美國有利的關係，甚至建構起其與美國全球戰略框架的聯繫。

以東亞地區而言，所謂主要行為者當然以中國與日本為主；其中，相對於日本與美國間自二次大戰結束後便形成的密切特殊關係，由於中國正處於改革開放後的「崛起」（rising）態勢，因此也成為美國的關注焦點。對此，儘管 Clinton 在1992年大選中曾抨擊中國對「天安門事件」的處理態度，但當選後卻隨即決定展開交往政策。值得注意的是，此種態度逆轉雖是美國外交的常事，但考量到輿論的可能反應，在 Clinton 上臺的最初半年中，中美兩國表面上還是因包括人權施壓、雙邊貿易摩擦、飛彈輸出制裁與銀河號事件而顯現出惡化的跡象；一直要等到1993年7-9月間，才重新確定並提出所謂「全面交往」戰略。[60] 為貫徹此戰略，首先登場的是 Clinton 與江澤民在同年11月底的會面，這也是中美兩國元首在

---

[59] Ariel Cohen, John Hillen, Thomas G. Moore, James Phillips, James Przystup, Thomas P. Sheehy, and John P. Sweeney, "Making the World Safe for America," in Kim R. Holmes and Thomas Moore, eds., *Restoring American Leadership: A U.S. Foreign and Defense Policy Blueprint* (Washington, D.C.: The Heritage Foundation, 1996), p. 34.

[60] 王高成，《交往與促變：柯林頓政府對中共的外交戰略》（臺北：五南圖書公司，2005年），頁131。

1989年後的首度高峰會，極具象徵意義；接著，Clinton 繼之在1995年宣布把人權議題與對中國的貿易關係脫鉤處理，並不再以人權狀況作為是否續予其最惠國待遇的條件，顯見關係已有明顯改善，代表美國願接受「強大而穩定」的中國作為其和平對話的夥伴。儘管如此，這並不表示中美關係便真的朝正面發展，至於1995年美國在國會壓力下同意讓李登輝訪美，以及1996年由於中國進行飛彈試射而引發的臺海危機，則不啻為兩國關係增添不少變數。

　　從後續發展來看，1995-1996年間的危機非但似乎並未挫折中美關係，反而在相互試探底限後進一步提升了對繼續互動交流的評價。特別是在 Clinton 於1996年大選中獲勝並解除連任壓力後，更決定致力於與中國建立「建設性的戰略夥伴關係」。根據當時美國東亞事務助理國務卿謝淑麗（Susan Shirk）在1997年柯江高峰會後的說法，華府與北京間的戰略夥伴關係主要是外交上的合作，並未涉及軍事結盟層面；[61] 其理由固然是因為美國方面了解中國向來堅持獨立自主外交路線的緣故，但由此亦可見，美國在（被迫或不得不）決定與中國交往同時，也明白雙方關係絕不能排除衝突的可能性。

　　如果我們從美國對東亞戰略的角度來切入觀察，當可發現，在馬來西亞總理 Mahathir 在1990與1991年相繼提出「東亞經濟集團」（EAEG）與「東亞經濟核心會議」（EAEC）倡議後，相對於其所暗示的排美內涵，Clinton 則在1993年的 APEC 高峰會上提出所謂「新太平洋共同體」（NPC）倡議，希望能鞏固美國與東亞地區的聯繫，但迴響並不大，甚至「東協區域論壇」（ARF）在1994年後的正式運作，更威脅到美國在此區域安全議題中的發言權。可以這麼說，正由於東亞區域自主意識在經濟發展後的逐漸浮現，再加上中美雙邊互動的無法排除衝突可能性，於是強化與日本的關係也是很自然的一個戰略選項。換言之，美日關係的強化

---

61 《明報》，1997年10月22日，版 A11。

不僅可提高日本的代理人角色，並使美國擁有一個進入東亞地區的間接管道，同時也平添一個可用以制衡中國崛起的戰略工具。

　　當然，美日的同盟關係並不是個後冷戰現象，而是早自冷戰初期便延續迄今的發展。值得注意的是，儘管在兩國雙邊互動中，日本曾不斷要求擔任「平等的合作者」（特別在1950年代與1990年代以來），「美主日從」仍是個顯而易見的基本格局。[62] 在後冷戰時期來臨後，一度雖因共同敵人（蘇聯）消失與經濟議題重要性的取代安全議題，使美日關係在1989-1994年間短暫陷入相對低潮狀態，但在「中國威脅論」逐漸壓過「日本威脅論」的情況下，兩國關係又迅速重建起來。事實上就在中美關係陷入僵局的1996年，美國總統 Clinton 前往日本與當時的橋本首相，針對雙邊安全關係進行會談，會後簽署了「美日安全保障共同宣言」，強調兩國在亞太安全與其他地區和全球性問題上加強合作的重要性；與過去的雙邊安保關係比較起來，新宣言不僅提高日本的對等地位，也將過去的消極防衛性同盟，轉而朝向更積極主動面發展。接著，美日又在1997年公布修改後的「防衛合作指針」，其內容包括兩國將共同對付發生在日本周邊的緊急事態，一旦此情況出現，日本將出動自衛隊支援美國的行動，[63] 其後日本更於1999年通過前述新指針的「有事三法」配套法案（周邊事態法、自衛隊法修正案與美日物品役務相互提供協定），進一步鞏固運作性。

　　進入二十一世紀，儘管中美關係有了較穩定的發展，美日關係的繼續深化顯然並沒有稍緩跡象。主要是在中日關係不斷惡化的背景下，日本首先在2004年底公布了「新防衛計畫大綱」與「中程防衛力整備計畫」綱要，表明未來將朝「多功能彈性防衛能力」發展，儘管聲明其目標「不在

---

[62] 金熙德，《日美基軸與經濟外交：日本外交的轉型》（北京：中國社會科學出版社，1998年），頁149-150。

[63] See Michael Green, et al., *The U.S.-Japan Alliance: Past, Present and Future* (Washington: Council on Foreign Relations, 1999); 梁雲祥與應宵燕，《後冷戰時代的日本政治、經濟與外交》（北京：北京大學出版社，2000年），頁135。

攻擊他國，而是充當反制措施，以備敵人侵略距離日本本島數百公里外偏遠島嶼時使用」，但此舉將使日本擁有攻擊能力，因此也直接牴觸「持非本土遭受攻擊，否則不能動用軍力」的「非戰憲法」精神。2005年，美國則在與日本的「2 + 2協商」（美日外交與國防首長）後表示包括朝鮮半島、臺灣和北太平洋地區都是美日安保的涵蓋範圍，顯示美日兩國非但不再以「周邊有事」用詞來模糊臺海議題，共同對抗中國崛起成為區域霸權的政策態度也愈發明顯。

值得注意的是，美國對中國政策也非一味採取壓制政策，例如美國副國務卿 Robert Zoellick 便在2005年9月表示，中國對美國而言以從戰略競爭者轉變成為「利益相關者」（stakeholders）；翌年初，國務院發言人再次表示中國已成為國際體系中的利益相關者，因此希望它在全球能採取負責任的應有作為，這可說既是美國對華戰略思維的重大轉變，也表明對中國的新戰略定位已成為美國政府內部的主流意見。與此同時，美國既尋求與中國合作，也積極在亞太布局以因應浮現中的「中國挑戰」，具體例如強化與傳統盟友日本及澳大利亞的關係，提升與非盟友印度、印尼和越南的軍事合作關係，以及發展與蒙古這個中俄間邊境國家的關係等。

無論如何，如何應對「中國崛起」（China Rising）態勢，絕對是美國當前西太平洋戰略布局中的思考核心所在，尤其它對美國在東南亞利益甚至亞太權力平衡所造成之影響；[64] 例如 William Kristol 和 Robert Kagan 在2000年指出，美國雖在第一次波灣戰爭後獲得前所未有的地位與影響力，但更重要的是必須注意中國崛起所造成的潛在威脅；[65] 對此，美國應強化與各主要盟國（尤其是東北亞與東南亞國家）之間的關係，才能矯

---

[64] Rommel C. Banlaoi, "Southeast Asian Perspectives on the Rise of China: Regional Security after 9/11." *Parameters*, Summer (2003), pp. 98-107; Elizabeth Economy, *China's Rise in Southeast Asia: Implications for Japan and the United States* (New York: Council on Foreign Relations, 2005); Evelyn Goh, "Southeast Asian Perspectives on the China Challenge." *Journal of Strategic Studies*, 30:4 (2007), pp. 809-832.
[65] William Kristol and Robert Kagan, *Present Dangers Crisis and Opportunity in American Foreign and Defense Policy* (California: Encounter Books, 2000), p. 59.

正長期以來「以中國爲中心」之政策偏差，並有助於美國爲未來中國可能成爲區域霸權做好準備。接著，2002年的《國家安全戰略報告》既指出美國必須維持足夠能力來因應可能的敵人（中國），[66] 外交關係委員會也宣稱中國對美國與東南亞國家造成全面的嚴重挑戰。[67] 進言之，爲阻止中國影響力繼續提升，其結果一方面是美國更積極地設法「重返」西太平洋地區，同時反映在 Bush 時期對中國所採取的「隱性圍堵」政策上。

　　至於在 Obama 政府上任後，首先，國務卿 Hillary Clinton 在2009年選定東亞地區作爲出訪首站（這也是1960年代以來，美國國務卿首次將首次出訪地選在亞洲），公開聲稱這是「爲了傳達美國與太平洋國家的關係，在處理二十一世紀挑戰上的重要性」；同年更於東協峰會上鄭重宣布將「重返亞洲」。Hillary 在2011年進一步以「美國的太平洋世紀」爲題撰文，聲稱總統 Obama 在上臺後，便立即設立了注重亞洲的「戰略方針」，亞太地區更爲當前全球政治核心，對美國未來發展亦至關重要。[68]

　　對於中美關係未來的「應然」或可能發展，不僅 Niall Ferguson 早在2007年便創造出「中美國」（Chimerica）這個新詞彙，強調由最大消費國（美國）與最大儲蓄國（中國）構成的利益共同體，將對全世界經濟帶來重大影響，[69] 從而引發相關討論；[70] 緊接著，Fred Bergstan 更於2008年提出所謂「G2」概念，主張中美兩國應建立平等協商領導全球經濟事務

---

[66] U.S. White House, *The National Security Strategy of the United States of America* (Washington DC: U.S. White House, 2002), p. 30.

[67] J. Robert Kerrey and Robert A. Manning, *The United States and Southeast Asia: A Policy Agenda for the New Administration* (New York: Council on Foreign Relations, 2001), p. 17.

[68] Hillary Clinton, "America's Pacific Century," Foreign Policy, November 2011; http://www.foreignpolicy.com/articles/2011/10/11/americas_pacific_century.

[69] Niall Fergusonw and Moritz Schularick, "Chimerica and the Global Asset Market Boom," *International Finance*, 10:3 (2007), pp. 215-239; see also Niall Fergusonw, "What Chimerica Hath Wrought," *The American Interest*, 4:3 (2009), http://www.the-american-interest.com/contents.cfm?MId=23.

[70] See Zachary Karabell, *Superfusion: How China and America Became One Economy and Why the World's Prosperity Depends on It* (New York: Simon & Schuster, 2010).

的模式，以便應對中國在匯率與貿易等問題上對美國利益的挑戰。[71] 這些討論不啻都對美國西太平洋政策的轉變發揮相當的影響作用。可以這麼說，即便美國並不排除前述發展之可能性，至少就短期而言，此種論點既突顯出中國對美國全球地位的挑戰，如何「奮戰至最後一刻」以捍衛自身霸權地位，則反映在近期美國全球戰略內涵的調整中。

在日本方面，在小泉內閣於2006年下臺後，對中國與東亞區域關係逐漸成為日本外交新焦點，接下來數任首相都試圖緩和中日緊張互動，特別在2009年民主黨上臺初期，由於幾位領導者（例如小澤一郎與鳩山由紀夫）都有若干「親中」傾向，一度為美日同盟埋下伏筆；不過，儘管日本有「脫美入亞」的戰略盤算，正如 Jeffrey Kingston 所言，「問題在日本對其在亞洲的歷史沒有共識」，日本的亞洲政策確實很難有所突破；再加上美國利用2010年天安艦事件強力運作重返亞洲戰略，迫使日本重新站回美國身旁，由此，美日同盟不僅未因日本政黨輪替而有鬆動，反而呈現出進一步深化合作的趨勢，例如野田佳彥首相在2011年底宣布將加入美國主導的「跨太平洋經濟夥伴協議」（TPP），不啻象徵自鳩山內閣以來，美日同盟的漂流危機終於結束。[72]

其後，繼1978與1997年後，美日再度於2015年推出新版防衛指針作為同盟轉型之綱領文件，其中最關鍵者是突破過去「周邊有事」的地理桎梏，邁向建構一個「全球無縫同盟」（global seamless alliance），配合駐日美軍重新布署以及2016年日本通過《新安保法》正式「解禁集體自衛權」，一方面不啻給予日本更大的活動空間與正當性，日本的積極作為也讓它在此三角關係中，獲致更具獨立性之角色地位。[73] 儘管如此，受限

[71] Fred Bergstan, "A Partnership of Equals: How Washington Should Respond to China's Economic Challenge," *Foreign Affairs*, July/August 2008, http://www.foreignaffairs.com/articles/64448/c-fred-bergsten/a-partnership-of-equals.

[72] 何思慎，〈日本民主黨政權的中國政策〉，《遠景基金會季刊》，第13卷第1期（2012），頁27-28。

[73] 呂耀東，〈日美同盟現代化的戰略意圖〉，《當代世界》，第6期（2014），頁24-28。

於依舊低迷之經濟景氣，加上 Trump 自2017年以來發動全球貿易戰，其結果既使日本逐漸將自身位置調整至美中之間，也讓此一三角關係再度充滿變數。

貳 中美俄三角：競逐全球權力平臺

必須說明的是，美國的對中國政策既從屬於其東亞戰略，更涵納在其全球大戰略的框架下。特別在後冷戰時期，由於國際結構從原先的「兩極體系」轉向了所謂「準單極架構」，美國該如何因應這種新局勢，也成為1990年代以來許多學者的討論焦點。[74] 問題首先集中在政策思維上，例如相對 William Hyland 主張「根基於地緣政治的現實主義，正讓位給以人權思想為主的理想主義」[75]，其實有更多人主張美國應該肩負起領導者角色，甚至不排除朝向「建構帝國」的終極目標邁進。[76] 當然，如果直接從現實面來看的話，無論是民主黨的 Clinton 政府或共和黨的 Bush 政府都認為美國在新時代中必須「果決甚至單獨地採取行動，以擊潰侵略力量」，[77] 然後捍衛甚至建立一個永久性的國際霸權地位。

在選擇外交思維內涵的過程中，對美國而言，更重要的或許是在蘇聯政權崩解之後，重新尋找一個假想敵來建構其戰略框架的基礎；對此，包括歐盟、俄羅斯、中國、印度，甚至日本都是被討論最多的對象。[78] 值得

[74] Steven Miller, "International Security at Twenty-five: From One World to Another," *International Security*, 26:1 (2001), pp. 8-39.

[75] William Hyland, "America's New Course," *Foreign Affairs*, 69:2 (1990), p. 7. 至於地緣政治說可參考 Zbigniew Brzezinski, *The Grand Chessboard: American Primacy and Its Geo-strategic Imperatives* (New York: Basic Books, 1997)。

[76] See Henry Kissinger, *America Need a Foreign Policy?* (New York: Simon & Schuster, 2001), and Jim Garrison, *America as Empire: Global Leader or Rogue Power?* (San Francisco: Berrett-Koehler Publishers, 2004).

[77] Anthony Lake, "Confronting Backlash States," *Foreign Affairs*, 73:2 (1994), p. 62.

[78] See Joseph S. Nye, Jr. *The Paradox of American Power: Why the World's Only Superpower Can't Go It Alone?* (New York: Oxford University Press, 2002); Zbigniew Brzezinski, *The Choice: Global Domination or Global Leadership?* (New York: Basic Books, 2004).

注意的是，儘管一般認為歐盟擁有對美國最具威脅性的經濟實力，但因歐洲與美國之間的文化同質性，再加上雙方自冷戰以來半個世紀所培養出來的合作關係，以及歐盟區自2009年以來深受債務危機與難民潮所苦，挑戰美國霸權的機會暫時不大。至於作為前任敵對者遺續的俄羅斯看來雖像百足之蟲般「死而不僵」，受到2014-2016年國際油價崩跌牽累，短期內很難具備真正能挑戰美國的力量。相對地，反而是二十多年來成功執行改革開放政策的中國，倒成為許多美國學者側目的對象。[79] 由此看來，中國不僅是美國在東亞利益的可能挑戰者，同時也是其全球霸權利益的潛在威脅來源之一。

為解決中國「崛起」或俄羅斯「再起」的可能發展，部分學者建議美國政府採取「隱性圍堵」（latent containment）政策，亦即雖不像過去冷戰時期般的大張旗鼓，但可透過諸如北約東擴或建構西太平洋飛彈防禦網等間接戰略，來維持區域穩定並阻止權力真空的產生，[80] 其間再配合以「接觸＋遏阻」軟硬兼施的兩手策略。例如美國便一方面與俄羅斯發展更密切的經貿關係，另方面卻力阻後者加入北約或歐盟運作以擠壓其活動空間，至於對中國也是如此。

當然，俄羅斯對此並非毫無反應的。只不過在蘇聯解體後，由於Yeltsin 等人體認到「面向西方是唯一的選擇」，因為只有來自歐美的經濟援助才能挽救破碎的俄羅斯經濟；[81] 但這種「一邊倒」的政策不僅成效相當有限，在其國內也遭致嚴厲的批判，於是迫使俄羅斯在1992年開啓「東進政策」，並於1993年接著提出「俄羅斯聯邦外交政策構想基本原則」，目標在以「等距外交」取代「一邊倒政策」，以便提高其國際地位。其後，在1996-1997年間，俄國首先與中國大陸建立「戰略協作夥伴

---

[79] See Michael Brown, et al., *The Rise of China* (Cambridge, MA: MIT Press, 2000); Richard Bernstein and Ross H. Munro, "The Coming Conflict with America," *Foreign Affairs*, 76:2 (1997), pp. 18-32.

[80] James Kurth, "America's Grand Strategy: A Pattern of History," *National Interest*, 43 (1996), p. 19.

[81] 王樹春，《冷戰後的中俄關係》（北京：時事出版社，2005年），頁112。

關係」，與日本建立外長級定期磋商機制，甚至提出了「俄中印三角聯盟」的戰略構想（詳見下個段落敘述），顯然目的都在對抗美國的隱性圍堵政策。在 Putin 於2000年上臺後，雖依舊將對美關係放在其外交政策的核心位置，例如他不排除讓美國軍力伸入獨立國協範圍中，希望讓「北約成員的軍事計畫能完全刪除直接或間接的反俄傾向」，[82] 但「實用歐亞主義」（Pragmatic Euroasianism）已成為俄羅斯對歐洲與東亞外交的主要思維。[83]

　　事實上，Putin 在2000年〈俄羅斯：新的東方前景〉文中已強調，俄羅斯永遠是歐亞國家，因為俄羅斯的大部分領土位於亞洲，[84] 其後，在2007年政府公布的《俄羅斯外交政策概念》中，又特別指出亞太地區成為世界經濟的火車頭以及全球發展的主要推動力的未來具指標意義。至於繼 Putin 之後擔任總統的 Medvedev，則於2008與2009年分別批准新版《俄羅斯外交政策概念》與《2020年俄羅斯國家安全戰略》，再度揭示亞太地區對俄羅斯日益顯著的意義，至於發展與中國及印度的友好關係，更是俄羅斯亞洲政策的重要目標。[85]

　　歸納說來，當前俄羅斯的國家利益設定乃是希望透過發展經濟與恢復國力來達到再度崛起的目標，至於辦法首先是塑造有利的國際環境（此與中國的「韜光養晦」策略類似），其次則是建構堅實的夥伴關係。對此，儘管俄國遠東地區自1990年以來人口減少了10%（約70萬人），有邊境空虛危機，從而於2003年也掀起一波「中國威脅」的論戰，[86] 但中國還是

[82] 許志新，〈普京時期俄羅斯對外戰略解析〉，《俄羅斯中亞東歐研究》，第3期（2004），頁56。
[83] Rangsimaporn, Paradorn, "Interpretations of Eurasianism: Justifying Russia's role in East Asia," *Europe-Asia Studies*, 58:3 (2006), pp. 372-376；魏百谷，〈從歐亞經濟聯盟看俄國之地緣戰略〉，《歐亞研究》，第1期（2017），頁41-46。
[84] Vladimir Putin, "Rossiya: novye vostochnye perspektivy," http://www.kremlin.ru/appears/2000/11/09/0302_type63382_28426.shtml.
[85] Prezident Rossii, "Kontseptsiya vneshney politiki Rossiyskoy Federatsii," http://www.kremlin.ru/text/docs/2008/07/204108.shtml.
[86] 例如俄羅斯在2007年開始實施新的《外國勞工法》，迫使成千上萬境內中國人回國。

其對抗西方時頗有用的棋子。為進一步促進中俄雙邊關係，兩國首先在2004年底針對長4,300公里的邊界爭議完成談判，並於翌年互換《中俄國界東段補充協定》，結束長達40餘年的糾紛。更引人注目的是，在俄羅斯成為中國最大軍備來源後，胡錦濤首先在2005年6月訪問俄國並與其簽署《中俄關於二十一世紀國際秩序的聯合聲明》，接著，兩國又在同年8月舉行代號「和平使命2005」的史上首次聯合軍事演習，由於此次聯合軍演規模已超越反恐演練需求，且演習區位於山東半島與黃海，間接針對日本、南韓與臺灣的意味頗濃，從而也引發美國關注。更甚者，雙方不僅民間關係熱絡，[87] 甚至 Putin 在2012年還以出訪中國為由，婉拒出席由美國召開的 G-8 高峰會，更引起西方媒體議論。

　　從某個角度來看，由於中國與俄羅斯在中亞伊斯蘭世界與東北亞區域穩定問題上有著一致的共同利益，也有助於提升其雙邊關係。[88] 但這未必代表美俄兩國間的關係便會朝向負面發展，畢竟俄羅斯仍需要美國解決其經濟復甦困境（特別是它還有超過1,500億美元外債必須償還），而美國也需要俄國協助其完成牽制中國崛起的策略，因此就現階段看來，美俄仍處於矛盾的穩定狀態，至於近期逐步擴大升級之中俄聯合軍事演習，是否對中美俄三角產生結構性的長遠影響，便有賴進一步加以觀察。

　　不過，值得注意的是，就在中俄關係接近的同時，Bush 總統先在2004年底簽署了《白俄羅斯民主法案》，授權向白俄羅斯民主派政黨提供幫助，並阻止國際金融機構向白俄羅斯政府提供貸款；接著，美國既在2005年的《國家安全戰略報告》中指責俄羅斯「正在偏離自由與民主之路」，國務卿 Rice 更直接批評「克里姆林宮的中央集權」，並公然表示

---

[87] 在民間交流方面，例如中國宣布2006年為「俄羅斯年」，而俄國也相對宣布2007年為「中國年」，2009與2010年雙方相互舉辦了「俄語年」和「漢語年」活動，2012與2013年再度相互舉辦「俄羅斯旅遊年」和「中國旅遊年」活動，接著，2014與2015年則進一步規劃雙方的「青少年交流年」，顯示出由上而下的深化路徑。

[88] 西雷，〈中俄關係的發展與展望〉，《世界知識》，第1204期（1996），頁19；See also "Russia and China," *The Economists*, 26 April 1997, pp. 19-20。

希望俄羅斯人民「發表自己的意見要求建立負責透明的制度，必要時應採取行動更迭政府」，這些無疑都增添了美俄關係的變數。於此同時則中俄關係大為接近，雙方自2012年起持續推動海上聯合演習（2015年起更每年兩次），針對中國2013年起提出之「一帶一路」倡議，俄羅斯一方面於2015年宣布帶領「歐亞經濟聯盟」與其對接，在 Putin 於2016年拋出「大歐亞夥伴關係」（Greater Eurasian Partnership）倡議後，[89] 中國與歐亞經濟聯盟於2018年簽署經貿合作協議，在美中陷入貿易戰的情況下，此三角關係或愈發朝向「結婚型」邁進。

參　中俄印三角：陸權與海權的傳統競賽

　　嚴格來說，印度在地緣環境區分中，原本屬於「南亞」而非「東亞」的討論範疇，但在全球化浪潮衝擊既有國際結構之餘，也將印度逐漸向東牽引而有成為東亞權力平衡一環的趨勢。特別在1992年東協高峰會決定邀請印度成為其「部分對話夥伴」，接著於1996年提升為「正式對話夥伴」並獲邀參與東協區域論壇後，這也讓後者首度有機會進入亞太政治與安全對話的框架中。對印度而言，加強與東協間的關係不僅能帶來經濟與安全上的直接好處，還有助於其推動「東向政策」，以便在未來「亞洲世紀」中發揮更大影響力。[90]

　　儘管如此，印度與東協間的關係不過是個開端，真正提高印度國際地位的還是來自其他大國的戰略考量。首先是正如前一段落所提到過的，俄羅斯自1997年起便開始思考如何利用印度力量來制衡歐美的可能性，至於具體建議是在中印俄間架構一個「戰略三角」關係，但由於1998年印度進行核武試爆導致中印關係緊張，致使此建議最初並未獲得其他兩方的

[89] 李自國，〈大歐亞夥伴關係：重塑歐亞新秩序？〉，《國際問題研究》，第1期（2017）；http://www.ciis.org.cn/gyzz/2017-01/16/content_9288805.htm.

[90] 孫士海，《南亞的政治、國際關係及安全》（北京：中國社會科學出版社，1998年），頁185。

重視，[91] 甚至到1999年底，儘管國內贊成戰略三角的呼聲提高，印度官方仍否認有和中國及俄羅斯結成聯盟的可能性。不過，Putin 在2000年仍明確將中國與印度作為俄羅斯遠東外交的政策核心對象，同年訪問印度並與其簽署《戰略夥伴關係宣言》；翌年，在印度總理回訪莫斯科時，為因應911事件後的新局勢，雙方不僅簽署《反恐宣言》，也在聯合聲明中主張建立一個「新型的合作性安全秩序」。接著，Putin 又在2002年前往印度與其發表《德里宣言》，聲稱雙方將進一步深化合作範疇。基本上，《德里宣言》可說是界定兩國新世紀關係的一份重要文件，其中雙方決定「要將彼此間的戰略夥伴關係提升到新的高度」，並同意「進一步推進雙邊合作及與其他國家的合作，以面對全球化挑戰並減輕其負面效應」。[92]

　　正如印度總理 Singh 所言：「印度始終將與俄羅斯關係視為首要之務，不會受到其他任何國家的影響」，即便雙方關係在2007年中一度陷入低潮（主因是航權爭執，導致雙方都向對方關閉領空），隨著雙邊貿易額從2006年的27.6億至2010年的突破100億美元大關，兩國在2008年簽署了包括石油、天然氣、交通運輸、能源、工程和國防等多項協議，並就建造4座核子反應爐達成共識，使俄羅斯在核子供應集團（Nuclear Suppliers Group）取消對印禁令後，成為繼美國與法國後，第三個與其簽署發展民用核能的國家，雙方又在2010年底簽署包括共同發展第五代戰機、核能、文化、新聞與製藥等30項協議。可以這麼說，繼後冷戰初期短暫地調整彼此互動後，印度和俄羅斯在重建合作關係方面已開始邁開更大的步伐；[93] 更甚者，如同印度學者 Rajat Verma 的看法，迫於中國崛起、全球金融危機和中東戰爭等多重壓力，美國出現有意與中國分享亞洲勢力的

---

[91] 尹錫南，〈冷戰後中印俄三邊合作初探〉，《南亞研究季刊》，第1期（2003），頁50。

[92] 張力，〈印俄關係的近期發展：戰略與安全考量〉，《南亞研究季刊》，第1期（2003），頁34。

[93] Sanjaya Baru 著，黃少卿譯，《印度崛起的戰略影響》（北京：中信出版社，2008年），頁256。

可能趨勢，乃是促使印俄關係拉近的戰略環境背景。[94]

　　就在印俄關係迅速開展的同時，中俄關係也悄悄復甦起來。在1962年中印邊界戰爭導致雙方互動陷入長期僵局後，直到 R. Gandhi 在1988年成為34年來首位訪問中國的印度領袖，此種關係才開始解凍；其後在1989-1996年間，由於高層互訪頻繁，中印關係非但迅速加溫，也解決了相當多傳統糾葛。但在1998年 A.B. Vajpayee 帶領民族主義色彩濃厚的政黨聯盟執政後，一方面鼓吹「中國威脅論」，[95]同時連續進行5次地下核子試驗，結果導致中印關係惡化，直到2002年朱鎔基訪問印度，而翌年 Vajpayee 也回訪北京並與中國簽署《中印關係原則與全面合作宣言》後才有所好轉；[96]同年底，兩國海軍更舉行了首度海上聯合搜救演習。其後，由於被稱為印度「經濟改革之父」的 Manmohan Singh 在2004年當選新總理，而中國總理溫家寶也於2005年訪問印度，首度將能源合作納入戰略對話議題，會後並針對雙方邊界爭議達成政治性指導原則，看來中印關係已有了更進一步的發展。

　　大體來說，中印在經貿方面確有明顯進展：不僅雙邊貿易額從1995年的11.6億迅速增至2008年的360億美元的紀錄（相較於印俄同年貿易額僅有70億美元的水準），使中國超越歐盟與美國，成為印度第一大貿易夥伴，[97]甚至2018年貿易額還創下902億美元新高紀錄。可以這麼說，此種密切關係既是2009年兩國元首在「金磚四國」首屆高峰會暨上海合作組織高峰會議期間，決定設立總理熱線電話的背景，但中國在南亞事務

---

[94] 參見〈印俄加強合作 印度學者：抗衡美中主導局面〉，《中時電子報》：http://news.chinatimes.com/2007Cti/2007Cti-News/2007Cti-News-Content/0,4521,11050404+132009120900593,00.html.

[95] John W. Garver, *Protracted Contest: Sino-Indian Rivalry in the Twentieth Century* (London: Macmmilan, 2001), pp. 78, 224.

[96] 張敏秋主編，《中印關係研究：1947-2003》（北京：北京大學出版社，2004年），頁54-57。

[97] Hugo Restall, "India's Coming Eclipse of China," *Far Eastern Economic Review*, March 2006, pp. 12-17.

上依舊傾向巴基斯坦，[98] 也不完全支持印度成為安理會常任理事國的態度，[99] 亦突顯出雙邊互動的負面意涵。更甚者，中國大洋礦產資源研究開發協會在2011年獲得國際海床管理委員會批准，於西南印度洋海底探勘多金屬硫化物礦區後，印度海軍情報局（DNI）隨即警告說，中國可能藉此獲得在此區域持續存在的理由（包括布署軍艦），也使其蒐集海洋與水文數據獲致正當性；至於中國積極將其海上影響力投入印度洋，尤其2016年巴基斯坦瓜達爾港開航，以及2017年拿下斯里蘭卡漢班托塔港，都讓印度籠罩在「珍珠鍊」戰略的陰影下。總的來說，即便經濟合作仍是中印的共同努力方向，雙方對抗態勢的持續卻依舊引來更多關注。

事實上，除了俄羅斯與中國尋求發展與印度的更密切關係外，美國的作為也值得關注；特別是由於 Bush 政府將中國從 Clinton 時期的「戰略夥伴關係」重新界定為「戰略競爭者」後，與印度的關係便成為美國圍堵中國的一環。[100] 值得注意的是，在美國五角大樓「綜合評估辦公室」和印度的「綜合防務參謀部」於2002年舉行的研討會中，印度方面甚至主張建立以美國為首的亞太安全體系（或可稱為亞洲版的北約組織），即「北美—亞洲條約組織」（NAATO），印度部隊且在同年首度參與在美國本土舉行的聯合軍事演習。不過，由於美國在2003年伊拉克戰爭中表現出積極的單邊主義姿態，既讓印度產生疑慮，也間接地促進了中印俄三國的關係。當然，美國與印度自2005年起展開代號為「馬拉巴爾」的年度海上聯合演習也透露某些訊息。

2008年，美國宣布將出售24枚「魚叉 II 式」反艦飛彈，既是它首次

[98] P.L. Bhola, "Sino-Pak Relations in the Emerging New World Order," *Indian Journal of Asian Affairs*, 7:2 (1994), pp. 11-27.

[99] 據稱中國副外長武大偉曾於2005年的雙邊會談中，表達「理解並支持印度想成為安理會常任理事國願望」的態度，但僅見於印度媒體報導，中國駐聯合國代表王光亞隨後則表示將反對由印度、德國、日本與巴西等國所提的擴大安理會方案。

[100] 其實美國眾議院早在1999年便通過「印度問題決議案」，要求 Clinton 政府儘速與印度建立夥伴關係，請參見萬雪芬，〈冷戰後中美印三邊互動關係及其特點〉，《南亞研究季刊》，第3期（2004），頁117。

向印度出售飛彈，也是2006年以來的第四次大規模軍售案，具有高度象徵意義。從某個角度看來，此種正面趨勢亦不因政黨輪替而有變化，例如在 Obama 總統上臺後，國務卿 Hillary Clinton 便在2009年中訪印，與其簽署有關國防、太空和科技合作的協議，雙方還同意舉行定期戰略對話；接著，美國與印度不僅在2010年召開首次部長級「經濟與金融夥伴關係對話」與雙邊戰略對話，同年底 Obama 也親自到訪印度，稱美印互動是「二十一世紀最具決定性的夥伴關係之一」，並再度宣示支持印度成為聯合國安理會常任理事國的態度。大體言之，美國強化對印度關係的背景來自其全球戰略設定的調整，尤其是圍堵中國，[101] 從2011年第二度雙邊戰略對話中，倡議推動美印日三邊對話的暗示中看出；至於印度雖未必願意完全配合美國的政策，強化對美關係確實有助於拉抬己身國際地位與提高全球經濟競爭力，因此，雙方暫時在「各取所需」前提下一拍即合，尤其2016年簽署《物流後勤支援協定》，不啻讓雙方朝向同盟化發展，美國國務卿 Tillerson 甚至在2017年喊出要美印結成「百年同盟」。

總的來說，由於中印俄三國人口占全世界40%，GDP 總值亦占20%，其建立戰略合作夥伴關係的意義相當重大，甚至可能發展為與美國和歐盟擁有平等發言權的「新的一極」。[102] 雖然此三角關係中並非沒有潛在衝突存在（特別是中印對於西藏問題的態度），一方面由於美國在新世紀初所展現的強勢霸權姿態，無疑提供各國一個共同威脅來源，再者，後冷戰時期新安全觀的重塑也有助各國捐棄過去導致彼此對抗的舊思維，最後再加上在全球化浪潮下，經濟發展議題逐漸凌駕於安全議題上的趨勢，更讓中印俄三國都將對方視為本國未來發展的潛在市場，這些

[101] Lisa Curtis, "U.S.-India Relations: The China Factor," *Backgrounder*, No. 2209, Nov 25, 2008; https://www.heritage.org/asia/report/us-india-relations-the-china-factor.
[102] 陳東曉、封帥，〈體系變革背景下的中俄印三邊合作關係：現狀、條件及前景〉，《國際展望》，第6期（2016），頁1-18；涂志明，〈中俄印三角關係：理論、形成條件及其變遷〉，《俄羅斯東歐中亞研究》，第4期（2017），頁87-100。

都是強化這個三邊關係的動力來源。[103] 繼三國外長在2005年進行正式會晤，[104] 三國領袖又進一步在2006年 G-8 會議後舉行首度三邊高峰會以提升戰略合作機會。當然，從全球地緣戰略政治大格局來看，中印俄三國合作抗美的可能趨勢，無疑也代表著來自世界島的陸權力量，儘管其間不無歧見，[105] 但對美國所代表海權勢力的反撲，或許仍值得我們後續進行觀察。

肆 中日東三角：東亞整合重心的形塑

儘管東亞部分國家在過去半個世紀以來創造了快速發展的經濟成就，但其政治領袖們在區域主義發展方面卻似乎相對沉默。[106] 由於十九世紀末至二十世紀初歐洲與日本的帝國主義擴張，再加上二十世紀後半葉的經濟奇蹟發展，東亞地區內部看來似乎長期存在著高度的經濟聯繫與互賴性。[107] 在這個基礎上，東亞自冷戰時期迄今確實也出現過不少整合構想，但其中多數僅存在於研究階段或口頭倡議，真正具運作性者並不多，至於東南亞國協在1977年所締結的優惠貿易協定則可說象徵著在次區域整合方面的首度突破。對部分學者而言，主要理由乃因區域外強權美國介入所帶來的政治影響，亦即由於美國企圖阻止任何單一國家崛起，或甚至抵制任何將美國排除在外的整合倡議，以便保護其在此區域的戰略與經濟

---

[103] 余華川，〈中俄印三邊合作與中國的選擇〉，《國際論壇》，第6卷第2期（2004），頁40-41。
[104] 中印俄三國外長曾在2002年聯合國大會和2003-2004年亞洲建立信任措施會議期間舉行過會晤，但都是在紐約舉行。2005年首度在俄羅斯遠東地區召開，至2017年底已進行了15次外長會晤。
[105] 例如2010年舉行，代號為「因陀羅」的第三次印俄聯合軍演（前兩次於2005與2007年分別在印度和俄羅斯進行），便因選在中印邊境演習而被認為有過制中國的意圖。至於三國在中亞地區上演的能源爭奪戰也引發矚目。
[106] Joshua Kurlatzick, "Is East Asia Integrating?" *The Washington Quarterly*, 24:4 (2001), p. 21.
[107] Wei Kiat Yip, "Prospects for Closer Economic Integration in East Asia," *Stanford Journal of East Asian Affairs*, 1 (2001), p. 106.

利益，因此導致東亞整合遲遲未能出現。[108] 當然，除東亞經濟仍未達穩定發展程度外，進一步整合「共識」的不存在，或許也是應注意的。不僅「新亞洲主義」（Neo-Asianism）、「太平洋路線」（Pacific Way）與「亞洲觀點」（Asian View）等眾說紛紜，[109] 換句話說，由於無法解決「認同」（identity）問題以便凝聚必要共識，因而深化或提高互動層次自然也成為難以突破的障礙。

無論如何，由於外來投資與貿易活動愈來愈區域化，以及北美與西歐地區紛紛深化整合程度的刺激，再加上新自由主義與全球化浪潮的影響，[110] 因此1989年出現的 APEC 機制可說是東亞區域主義發展的重要轉捩點，接著，馬來西亞也在1990年提出所謂「東亞經濟集團」倡議，只不過由於明顯具有排除美國的潛在企圖，由此也引發後者的反彈；[111] 加上馬來西亞在東亞所擁有的影響力相當有限，無疾而終也可以想見。大體言之，東亞迄今既缺乏任何明確的共識目標，包含太多區域外實體的APEC 似乎也難成為未來主導整合的推手。儘管 ASEAN 乃目前發展較成熟的次區域性建制，但在謀求升格的過程中，或許權力因素要比共識重要的多，而這並非普遍缺乏影響力的東南亞國家所能提供的。進言之，就算東南亞國家可藉既存的 ASEAN 機制參與未來的整合進程，但主導東亞區域主義發展的恐怕還是東北亞的日本或中國。

例如中國於1994年成為東協「磋商夥伴」並參與首度 ARF，在1996年繼續升格為「對話夥伴」後，第一屆「東協＋中國」會議隨即在翌年

---

[108] Ted G. Carpenter, "From Intervenor of First Resort to Balancer of Last Resort," in Selig Harrison ad Clyde Prestowitz, eds., *Asia after the Miracle* (Washington: Brookings Institute Press, 1998), pp. 294.

[109] See K. Mahbubani, "The Pacific Way," *Foreign Affairs*, 74 (1995), pp. 100-111, and L. Low, "The East Asian Economic Grouping," *The Pacific Review*, 4 (1995), pp. 375-382.

[110] Richard Stubbs, "Asia-Pacific Regionalism versus Globalization," in William Coleman and Geoffrey Underhill, eds., *Regionalism and Global Economic Integration* (London: Routledge, 1998), pp. 68-69.

[111] Mark T. Berger, "APEC and Its Enemies: the Failure of the New Regionalism in the Asia-Pacific," *Third World Quarterly*, 20:5 (1999), pp. 1013-1030.

召開，隨後在2000年的第四次高峰會上，相對於東協提出共組「10 + 3自貿區」的想法，中國總理朱鎔基則首度提出組成「10 + 1自貿區」構想，2002年11月，「中國與東協全面經濟合作框架協議」正式簽署。在此刺激下，日本也在2003年與東協召開的高峰會中聲明將致力於擘建東亞共同體；但中國與東協仍率先在2004年底簽署包括《中國與東協全面經濟合作框架協議貨物貿易協議》與《中國與東協爭端解決機制協議》在內的「自由貿易協定」，這可說是東亞區域主義發展的第二個重要轉捩點，預估該自貿區將擁有20億人口與2.4兆美元的 GDP，按人口規模估計是全球最大經濟區，按經濟規模估計則僅僅次於 NAFTA 與 EU 而已。更重要的是，在此一行動的刺激下，包括日本、南韓、澳洲與紐西蘭也隨即表態願與東協談判自由貿易協定，這一系列談判都於2005年陸續展開。

　　東協所以首先選擇中國簽署 FTA 的原因之一或許是，相對於美國與日本傾向對東南亞國家採取「分而治之」政策，中國則相對較尊重其整體性。值得注意的是，這並不代表東協便倒向中國這一邊；儘管中國與東協已簽署 FTA，1997年啓動的「10 + 3」架構依舊是東亞整合的關鍵。目前「10 + 3」機制已建立包括外交、經濟、財政、農業、勞動、旅遊、環境和衛生等8個部長級會議機制，中日韓3國也在「10 + 3」架構下建立6個聯繫密切的部長級機制。再者，就在與中國簽署 FTA 的同時，東協國家彼此也簽署了一項協議，同意在2020年前效法歐盟成立一個「東協共同體」，緊跟著並與印度簽署名爲「繁榮藍圖」的《經濟合作協議》（2003年雙方也簽署過框架協議），作爲未來朝自由貿易協定邁進的基礎，於2011年先與汶萊、印尼、馬來西亞、泰國和新加坡簽署自貿區協定，2016年再納入其餘5國。由此可以看出，東協的政策是希望利用目前東亞地區仍缺乏整合共識，以及區域霸權（中國或日本）眞空狀態，透過「等距外交」途徑來集體提升這群中小國家的議價空間，至於其結果則不啻在中國、日本與東協間形成某種「小三角」狀態。

　　值得注意的是，自2010年以來，美國的全球戰略布局重心明顯向東

亞地區傾斜，若《跨太平洋經濟夥伴協議》得以實現，[112] 無論東南亞次區域整合，或東協加三企圖推進之更大規模的東亞區域合作，都將成為次要選項，中國與日本也將被邊緣化，但在 Trump 於2017年宣布推出後，此一場景未來恐難實現。相對地，東亞區域合作迄今仍傾向「以東協作為核心」的現實，或許不僅反映出目前大國權力平衡的複雜與不確定性，東協機制長期以來周旋於各強權之間所透露出來之「弱者的邏輯」，[113] 也是觀察東協與東南亞整合互動過程中，不可或缺的角度。

第五節　東亞權力結構的未來

壹 結構現實主義 vs. 自由制度主義

在有關國際政治內涵變遷的研究上，理想主義與現實主義乃是不斷交織衝突的兩條主要的思考途徑。例如有許多學者認為，現實主義已然過時了，因為包括無政府狀態、自助與權力平衡等概念遭到嚴重挑戰；[114] 而他們所以如此思考的歷史背景乃是冷戰終結與民主化浪潮幾乎同時到來的現實。根據 Doyle 的「民主和平論」看法，由於自由民主國家間是不會交戰的，因此戰爭此種傳統的衝突形態也即將隨著消失，[115] 至少 Russett

---

[112] 楊潔勉等，《大整合：亞洲區域經濟合作的趨勢》（天津：天津人民出版社，2007年），頁152。

[113] 參見張雲，《國際政治中弱者的邏輯：東盟與亞太地區大國關係》（北京：社會科學文獻出版社，2010年）。

[114] John A. Vasquez, "The Realist Paradigm and Degenerative vs. Progressive Research Programs: An Appraisal of Neotraditional Research on Waltz's Balancing Proposition," *American Political Science Review*, 91:4 (1997), pp. 899-912; Jeffrey W. Legro and Andrew Moravick, "Is Anybody Still a Realist?" *International Security*, 24:2 (1999), pp. 5-55.

[115] Michael W. Doyle, "Kant: Liberalism and World Politics," *American Political Science Review*, 80:4 (1986), pp. 1151-1169; Francis Fukuyama, "Liberal Democracy as a Global Phenomenon," *Political Science and Politics*, 24:4 (1991), p. 662.

相信，只要民主國家的數量夠多，現實主義的原則絕非無法超越。[116] 但 Waltz 認爲這不過是種「假設」而非「理論」。[117] 至於 Mueller 也間接支持 Waltz 的看法，他認爲並非民主帶來和平，而是由於一個多世紀以來的擁有霸權者（英國與美國）都是民主國家，因此也強化了此種制度的主流性。[118] 一般認爲，國際互賴（interdependence）可說強化了民主和平論的利益動機，因爲它強調市場力量將逐漸超越國家權力要素。但事實是：互賴既會強化國家聯繫，也會增加衝突的機會（例如兩次大戰的爆發），何況互賴經常會出現不對稱的現象（asymmetric interdependence），從而也形塑了世界體系中核心與邊陲的糾葛。

　　無論如何，對於制度要素的忽視，向來是現實主義遭質疑之處；正如 Snyder 所指出的，如果沒有敵對威脅存在，則同盟根本沒有意義。[119] 但若從事實層面來看，有時目的並不重要，因爲只要創造出一個組織，它便會自己找事情來做，例如像北大西洋公約組織（NATO）的人員當然會想盡辦法去保護自己的工作不受冷戰終結的影響。儘管如此，現實主義者仍堅持，所謂國際制度的目標其實並非用來服務國際利益，而是國家利益；換言之，主要強國所以推動國際建制，其目的不過在於擴張自己的利益。正如制度論者 Keohane 與 Martin 所言，制度的概念化同時有賴於獨立與依賴變數的存在；[120] Waltz 認爲所謂依賴變數正是權力政治與國家利益的現實。進一步來說，現實主義認爲國際政治乃是國家間權力分配的反映，至於權力平衡則會不斷地被破壞然後再重建，問題只在於不曉得什麼

[116] Bruce Russett, *Grasping the Democratic Peace: Principles for a Post-Cold War Peace* (Princeton: Princeton University Press, 1993).

[117] Kenneth N. Waltz, "Structural Realism after the Cold War," *International Security*, 25:1 (2000), pp. 5-41.

[118] John Mueller, "Is War Still Becoming Obsolete?" paper presented at the annual meeting of the American Political Science Association, Washington, D.C., 1991, p. 55.

[119] Glenn Snyder, *Alliance Politics* (Ithaca: Cornell University Press, 1997), p. 192.

[120] Robert O. Keohane and Lisa L. Martin, "The Promise of Institutionalist Theory," *International Security*, 20:1 (1995), p. 40.

時候會發生。[121] 至於透過戰爭來重塑平衡乃是個常見的想法，因戰爭的終結將扭曲平衡，而勝利的一方則負責重建平衡。不過，競爭的勝利往往會埋下憎恨，而勝利者也很難能夠寬宏大量，冤冤相報的惡性循環乃家常便飯；[122] 因此，自由制度主義者認為，為限制紛爭或避免發生激烈的衝突，政府勢必得調整並增加彼此間的「合作性交往」政策。[123]

　　針對未來東亞權力結構變遷的問題，前述兩種理論說法或許能提供我們若干思考的基礎。正如前述，現實主義者認為大國權力爭奪甚至爆發戰爭，乃是國際結構發生變遷的主要原因；從東亞區域的歷史看來（參考表3.3），此種說法顯然具有相當程度的驗證性。不僅霸權建立經常是由於成功挑戰前任霸權國家的結果，霸權的崩解也往往來自不敵新挑戰者的影響。從這個角度來看，它似乎暗示只要強權國家間出現權力差距縮小現象，便會給予挑戰者誘因，而現任霸權也必須用盡各種辦法來維持現狀。

　　例如隨著中國權力呈現繼續提升的跡象，美國國防部與眾議院在1999年分別公布的《亞太地區戰區飛彈防禦建構選擇方案報告》（TMD報告）與《考克斯報告》，便透露出將中國視為假想敵的趨勢，[124] 而2000年後的 Bush 政府更將與中國間的互動由「戰略合作夥伴」修正為「戰略競爭者」關係。[125] 不僅如此，美國也透過擴張《美日安保條約》的範圍（甚至納進印度洋與波斯灣地區），拉抬日本影響力以壓制中國擴張，並自1997年後積極拉攏印度，作為從南方抵制中國的籌碼。不過，儘管美國前國務卿 Albright 曾聲稱：「無論現在或未來，美國都將是亞

---

[121] William C. Wohlforth, "The Stability of a Unipolar World," *International Security*, 24:1 (1999), pp. 5-41.

[122] John L. Gaddis, "History, Grand Strategy, and NATO Enlargement," *Survival*, 40:1 (1998), p. 147.

[123] See Robert O. Keohane, *After Hegemony: Cooperation and Discord in the World Political Economy* (Princeton: Princeton University Press, 1984).

[124] Thomas J. Christensen, "China, the U.S.-Japan Alliance, and the Security Dilemma in East Asia," *International Security*, 23 (1999), pp. 64-69; *U.S. National Security and Military/Commercial Concerns with the People's republic of China* (Cox Report) (Washington, D.C.: U.S. House of Representative Select Committee, 1999).

[125] Condoleezza Rice, "Promoting the National Interest," *Foreign Affairs*, 79 (2000), p. 66.

太地區毋庸置疑的領袖」。但正如前段所述，包括中國、日本、俄羅斯，甚至印度等國，都顯然自有一套盤算。針對此種態勢，美國不僅得隨時維繫與東亞各國間的密切聯繫，同時必須預防在既有措施都達不到（維持霸權）目的時，應該把網張得更開以尋求新的安全合作夥伴。[126] 更重要的是，由於包括美國在內的所有潛在霸權國家都將軍備更新與擴張軍事影響力視爲重要政策方向，因此列強間是否可能因擦槍走火而導致霸權更迭，乃是必須持續觀察的。

　　當然，東亞的區域結構變遷，未必如現實主義者所預料般充滿火藥味。

　　從國家間的合作面向來看，無論這些國際建制的發展具有平行協商性，還是由主要國家負責主導，包括亞太經濟合作、東協區域論壇、亞洲博鰲會議、東協主導的「10+1」與「10+3」會談，次區域主義機制發展（例如圖們江開發計畫、湄公河開發計畫與若干跨國經濟區的建立）以及連串的二軌或三軌對話機制的推動等（相關內容請見第六章與第七章的敘述），可想見的是，即便美國的影響力不再，進入「後美國時期」的東亞或許也不會因爲霸權國家的消失，而陷入無政府狀態的紛爭當中。換言之，正如自由制度主義者（liberal institutionalism）的看法一般，無論「全球利益」等普世主義價值將取代國家利益的角色，在理性選擇的自利主導下，國家也應該會更傾向於透過制度化的途徑，而非由既存權力結構關係來解決彼此紛爭。至於這是否將是東亞國家的最終選項，則有賴更進一步的觀察。

貳 依舊不穩定的三角互動關係

　　不過，從某個角度來看，儘管長期主導國際政治學界，以權力理論作

---

[126] See Zalmay Khalilzad, et al. *The United States and Asia: Toward a New U.S. Strategy and Force Posture* (New York: Rand, 2001), Chapter 4.

為核心觀察點的現實主義受到諸多質疑與批判，特別是來自所謂自由制度主義陣營，但對於多數研究者來說，它還是套相當具有說服力與解釋性的概念，特別是對於東亞國際政治發展的了解。對此，我們在前一個段落中也企圖從最單純的三角結構入手，進而說明東亞地區隱然浮現或正在運作中的權力互動態勢（其細節請參考表3.6的整理內容）。

　　值得注意的是，我們雖然利用了現實主義中的權力平衡概念，但並不代表全然接受過去對此概念的傳統定義。進一步來說，過去對所謂權力平衡的概念有兩個重點，首先，它被認為是個不穩定或不易運作成功的安全機制，原因是它極易因導致軍備與外交競賽而將相關國家帶入「安全困境」中，最後則以規模不一的戰爭收場（這也是它最受自由主義者詬病之處）；其次，在過去的權力平衡運作歷史裡，「大國政治」被放在核心地位（聯合國安理會中大國否決權的設計正是其歷史遺產），至於中小國家則只有接受現實。無論如何，由於當前國際關係比起以往的特殊性（國際非戰概念、核子嚇阻與全球互賴現象的存在），不僅讓人們得以避過「安全困境」的噩夢糾纏，也使中小國家獲得一定程度的參與空間，例如像聯合國「維持和平行動」（peace-keeping operation）與「中等國家外交」（middle-power diplomacy）概念的出現都是明顯例證。在這種情況下，一方面，我們當然不能單單只憑傳統平衡觀念來了解今日三角結構的發展；再者，「合作」凌駕「衝突」之上的態勢也提供了相當不同的運作內涵。這也是我們在觀察當前東亞區域權力平衡體系發展時首先必須注意的。

　　更重要的是，從上面的歸納結果看來，隨著「中國崛起」態勢日漸明顯，各個運作中的平衡關係，也隱然圍繞著中國而形成某種「複合三角結構」（complex triangle structure），從而使其運作內涵因彼此牽引而愈發複雜。儘管其未來發展難以逆料，但我們仍可提出幾個可供後續追蹤的觀察點：首先，就短期（5-10年內）而言，美國（或美日同盟）仍將是主導東亞安全與穩定的最重要力量；但若就中期（10-20年內）發展來

表 3.6　東亞區域三角結構內涵與發展

三角結構		正面因素	負面因素	關係	結構類型
美日中三角	中—美關係	• 六方會談 • 反恐合作 • 全球金融秩序	• 臺灣問題 • 人民幣升值問題 • 霸權競爭關係 • 南海航行自由	－	結婚型
	中—日關係	• 經濟互賴	• 東海油田爭奪 • 二戰歷史定位爭議 • 臺灣問題 • 釣魚臺爭議	－（＋）	
	美—日關係	• 西太平洋安全 • 聯合國改革計畫 • 牽制中國崛起	• 貿易糾紛	＋	
中美俄三角	中—美關係	同上	同上	－	結婚型
	中—俄關係	• 推動中亞反恐行動 • 抵制美國單邊主義 • 伊朗、阿富汗問題 • 西伯利亞開發計畫	• 遠東地區安全與發展	＋（－）	
	美—俄關係	• 經濟援助與合作開發 • 牽制中國崛起	• 冷戰競爭遺產 • 俄國參與歐洲問題 • 俄國政治發展評價	－（＋）	
中印俄三角	中—俄關係	同上	同上	＋（－）	三邊家族型
	中—印關係	• 經貿交流與合作	• 西藏獨立運動 • 能源爭奪 • 中巴關係	＋（－）	
	印—俄關係	• 經貿交流 • 軍售 • 共同提升在東亞地位	• 債務問題 • 俄巴關係	＋	
中日東三角	中—東關係	• 經貿交流與合作 • 推動東亞區域整合	• 產品同質競爭性 • 全球投資熱錢競爭	＋（－）	羅曼蒂克型
	日—東關係	• 經濟援助與經貿交流 • 安全合作對話 • 推動東亞區域整合	• 經援下滑趨勢	＋	
	中—日關係	同上	同上	－（＋）	

資料來源：作者自行整理。

看，在霸權衰退與區域化運動制約下，美國在此地區的影響力勢必將逐漸消退，取而代之的或是以「中國崛起」為主要戲碼的政經發展；最後，從長期看來，假如印度持續穩定發展的話（特別是屆時其人口數量可能超越中國，而成為全球最大國家），一來或許有機會以平衡者或調停者角色介入東亞體系，再者，它也可能選擇與中國或日本結盟而改寫此區域的權力平衡結構。至於由中小國家組成的東協既很難扮演關鍵角色，而重心實際上不可能跨越烏拉山的俄國，則或終究必須選擇成為單純的歐洲國家。總之，面對詭譎多變的國際情勢，唯有不斷付諸關注才可真正了解東亞的區域發展內涵。

第 ④ 章　發展經驗

　　對於東亞未來經濟成長前景，悲觀者認為，由於此區域各國金融體制
普遍脆弱，並存在著經常帳赤字、政府不當干預經濟運作、官僚貪汙習慣
與基礎設施不足等結構性問題，過去建立在龐大資本輸入與勞力密集之上
的經濟奇蹟可說已漸近尾聲；但樂觀者仍舊推估認為，東亞將於新世紀主
宰全球經濟，尤其是部分新興工業化國家紛紛大幅增加研發經費以提升科
技水準的結果，將足以支撐東亞經濟持續穩健成長，加上2008年以來全
球金融海嘯對歐美核心地區帶來的嚴重衝擊，或將引發更根本的「軸心轉
移」效應。無論哪種論點較具說服力，本章都將由現在回溯過去，然後再
著眼於未來，設法重新宏觀地理解東亞的經濟發展歷程。

第一節　東亞地區的奇蹟與危機

　　自從日本歷經戰後重建，在1960年代逐漸復甦其經濟，並開始透過
政府機構主導（特別是 MITI）與主要大企業進行全球性擴張後，不僅讓
該國迅速躋身於全球工業強國之林，特別在整個東亞地區，也以日本為首
形塑出所謂「雁行模式」（flying-geese model）的區域經濟結構態勢，
從而將包括四小龍（臺灣、南韓、香港、新加坡）與東南亞國家（包括
泰國、印尼、馬來西亞與菲律賓等，亦稱新四小龍國家）在內的狹義東
亞區域，納進以日本為核心的區域「技術性階層體系」（technologically
hierarchic system）中。由此，一方面不僅使日本透過跨國布署而建構起

其專屬的經濟勢力範圍，同時也使得相關東亞國家得以藉此透過外資引入與技術轉移，強化其「進口替代工業化」發展政策，最後讓東亞（儘管在1997年發生金融危機）在1950-1980年代間締造了一個「奇蹟年代」，並成為二十世紀末期最受矚目的開發中地區。對此，Ezra Vogel 試圖透過「日本第一」的角度來加以闡釋，認為冷戰所帶來的技術分享、國際貿易擴張、消費成長、資訊革命與跨國公司崛起等因素，特別是第四波工業革命中對於消費性家用電子產品的大量需求，可說是此期間東亞工業化進程得以成功的背景。[1]

　　當然，注意到東亞表現的並不止 Vogel 等人，例如世界銀行也在1993年提出一份名為《東亞奇蹟：經濟成長與公共政策》的研究報告，[2]目標是那些「表現優異的亞洲經濟體」（High-Performing Asian Economics, HPAEs）：包括東北亞的日本、南韓、臺灣、香港，以及東南亞的新加坡、馬來西亞、泰國、印尼等8個國家。不過，學界對此份報告的反應可說意見分歧，例如政治經濟學家認為它不夠重視「發展型國家」（developmental state）的現實，古典經濟學家認為它太過於重視政府介入的角色，[3]至於日本學者青木昌彥（Massahiko Aoki）等則傾向認為，東亞模式走的應該是上述兩者之外的第三條道路。[4]

　　值得注意的是，負責撰寫報告的 John Page 與 Howard Pack 等特別強調「出口導向」在東亞各國政策中的重要性（儘管日本可能是個例外），並認為共通性在於它們都接受國際價格機制；不過，儘管強大的官

[1]　See Ezra F. Vogel, *Japan as No. 1* (Cambridge, MD.: Harvard University Press, 1979), and *The Four Little Dragon: the Spread of Industrialization in East Asia* (Cambridge, MD.: Harvard University Press, 1991), chapter 1.

[2]　World Bank, *The East Asian Miracle: Economic Growth and Public Policy* (New York: Oxford University Press, 1993).

[3]　Edith Terry, "An East Asian Paradigm?" *Atlantic Economic Journal*, 24:3 (1996), pp. 1-18.

[4]　See Massahiko Aoki, et al., "Beyond the East Asian Miracle: Introducing the Market Enhancing View," CEPR Publications No. 442 (Palo Alto, CA.: Center for Economic Policy Research, Stanford University, 1995).

僚機制乃是東北亞發展的基礎，世銀並不鼓勵其他國家仿效，因爲由此衍生的保護主義使其與先進國家間糾葛不斷，而後者（尤其是美國）乃發展中國家出口市場所繫。[5]更重要的是，雖然世銀希望利用東亞案例提供某種可供發展中國家借鏡的經驗，但顯然偏好相對更具開放性的東南亞模式，甚至嚴詞批判日本對於外資進入的限制；報告中同時指出國際環境變遷的影響，亦即由於1960-1970年代有利於東北亞出口的優勢已然不再，因此1980年代東南亞的成長更彌足珍貴。[6]對於大力贊助世銀研究，但在最後內容中卻遭到抨擊的日本來說，此結果可說始料未及。對此，長期研究東亞區域發展的 Wade 雖站在日本這邊，認爲這份報告不過是先進國家（以美國利益爲主）企圖擴張對發展中世界影響力的打手罷了；[7]但 Krugman 依舊認爲，由於東亞政府過度介入所帶來的道德風險，仍將在誤導私人部門與外國企業進行不理性投資並從而造成泡沫現象後，埋下危機的伏筆。[8]

從某個角度看來，世銀報告確實忽略了日本透過 FDI 對此區的影響，特別是在1985年《廣場協定》（Plaza Accord）導致日幣升值，並促使日本開始推動結構調整政策後。[9]無論如何，當我們關注二十世紀末東亞的經濟發展時，仍不由得產生若干問題，包括：東亞締造經濟奇蹟的原因究竟爲何？其中是否有結構性因素在內？又是否因此產生所謂「東亞模式」？但其後何以卻陷入普遍性經濟危機的陰霾中？再者，曾經作爲東亞經濟起飛領航者的日本，因何也遭受到泡沫化的威脅？這對該國與東亞地

[5] World Bank, *The East Asian Miracle*, pp. 324-325.
[6] Ibid, pp. 25-45.
[7] Robert Wade, "Japan, the World Bank, and the Art of Paradigm Maintenance: the East Asian Miracle in Political Perspective," *New Left Review*, 217 (1996), p. 4.
[8] Paul Krugman, "The Myth of Asia," *Foreign Affairs*, 73:6 (1994), pp. 62-78, and "What happened to Asia?" MIT, Economics Department, Mimeo. www.mit.edu/krugman/www/disinter.html, 1998.
[9] Toru Yanagihara, "Outline of the Development of the Asia-Pacific Economic Zone, and its Relations with Latin America," discussion paper prepared for the Japan-Mexico Commission for the 21th Century, November 1-2, 1991.

區將發生何種影響？過去的「雁行」區域互動模式是否將跟著出現變化？最後，導致這些調整現象的背後原因究竟爲何？東亞地區發展的未來又將呈現何種正反面不同的遠景？這些都是本章在後面幾個段落中，將企圖去一一進行深入討論的目標。

第二節　雁行體系結構的發展

壹 日本發展經驗及其影響

　　如同其他可見的國際經濟理論一般，儘管實證上不無問題，所謂雁行理論在詮釋日本與部分東亞國家的發展歷程及其彼此間的貿易與投資關係時，還是具有相當程度的驗證性。值得注意的是，雖然這個理論早在第二次大戰以前便已經出現，但歐美學術界對它顯然並不熟悉，一直要到日本締造「經濟奇蹟」的1960-1970年代後，才有人開始去了解此種說法。在此必須重申的是，作爲一種大體上歸納自日本發展經驗與某種直觀式演化邏輯的模式，雁行理論不可能是完美的，但它或許可幫助我們去了解一個國家（甚至區域）的結構變遷過程。[10]

　　日本的特殊性在於，它是第一個完成工業化的非西方國家。儘管一般觀點中所謂奇蹟年代似乎起自終戰的1950年代之後，其實在1878-1940年間，日本便以3.5%的平均年成長率，成爲當時發展最快速的國家之一。[11]不過，日本在1950年代的平均國民所得仍只有已開發國家的60%，一方面該國農業部門仍僱用著40%的勞動力，於此同時，人們對於世界上新成長

---

[10] Hans C. Blomqvist, *Economic Interdependence and Development in East Asia* (London: Praeger Press, 1997), p. 15.

[11] Takatoshi Ito, *The Japanese Economy* (Cambridge, MA.: MIT Press, 1992), pp. 16-17.

中心的期待其實更著眼於拉丁美洲甚至印度等地方；直到日本在1965年躍居全球第三大經濟體後，所謂「日本奇蹟」的研究才開始成爲學術界關注的焦點。[12]

　　從數據上看來，在1950-1971年間的戰後重建黃金時期中，「日本的國民平均所得成長了6倍之多，相對於西歐地區4%的年成長率，日本則高達8%；除此之外，相較於西歐地區製造力年成長率爲4.8%，日本也達到7.7%；至於其總要素生產力也以每年5.1%的速度不斷進行成長」。[13] 更重要的是，日本不僅創造了令人注目的經濟成就，同時也帶動了整個東亞地區的發展；某些人認爲，東亞地區自第二次世界大戰結束迄今一共發生過三次經濟奇蹟，分別由日本、新興經濟體（NIES，即四小龍），以及目前的中國大陸所締造。[14] 對此，日本非但向來認爲所謂東亞奇蹟不過是日本成功經驗的擴大版，甚至也將此概念反映在該國的經濟政策與理論當中。該國認爲，東亞國家的學習日本經驗，正如當年日本學習英國工業經驗般是理所當然的；而由此將帶來兩個效果，亦即體系的趨同化與國際結構的自然階層化。

　　進一步來說，作爲首先獲得工業化進展的東亞國家，日本在東亞其他國家邁向現工業現代化的過程中，也透過某種國際分工（雁行）結構而發揮了一定的積極作用；特別是1985年日元因《廣場協定》而急劇升值後，[15] 該國製造業爲求降低成本，於是開始了向亞洲新興工業體

---

[12] Tatsuro Uchino, *Japan's Postwar Economy: An Insider's View of Its History and Its Future* (Tokyo: Kodansha, 1978), p. 86; Edward F. Denison and William K. Chung, *How Japan's Economy Grew So Fast* (Washington, D.C.: Brookings Institute, 1976), p. 8.

[13] Angus Maddison, *The World Economy: A Millennial Perspective* (Paris: OECD, 2001), p. 139.

[14] Terutomo Ozawa, "Pax-American-led Macro-Clustering and Flying-Geese-Style Catch-up in East Asia: Mechanisms of Regionalized Endogenous Growth," presented at the 24th ACAES International Conference on Asian Economics, Peking University, Beijing, May 27-29, 2002.

[15] 美國、日本、西德、法國與英國等國財長及中央銀行行長於1985年9月在紐約廣場飯店（Plaza Hotel）達成聯合干預匯市，讓美元有秩序貶值，以解決美國鉅額貿易赤字的協議，此即《廣場協定》（Plaza Accord），結果讓美元與日圓匯率從1：250至1987年最低達到1：120。

（NIES）的大規模直接投資活動；與此同時，隨著 NIES 各國經濟力量因接受日本挹注而開始發展甚至升級，也開始將其勞力密集部門轉移到東南亞地區與崛起中的中國大陸，從而在1990年代帶動了另一波區域成長高潮。

貳　奇蹟背後的理論爭辯

　　無論如何，對於東亞奇蹟如何締造的這個問題，學者們顯然有著各種不同看法：例如 Balassa 便強調「出口導向」（export-led）政策的重要性，認為出口活動有助於各國根據相對優勢進行資源配置，一方面可藉此將其工業部門調整至最適結構，同時可積極地強化國際競爭力；[16] Berger 與 Rozman 強調「傳統文化特殊性」對東亞發展的貢獻，尤其是重視教育學習與集體主義的傾向；[17] 而 Amsden 與 Johnson 等則強調在後進工業化過程中的「政府」角色，著重它們在集中資源與提供積極公共財（保護主義與補貼政策）上的顯著作為。[18] 這些說法雖然都一定程度地解釋了東亞的發展現象，但似乎都太過重視由「國家中心」出發的主觀層面，而忽略了國際環境的客觀制約因素。

　　對此，雁行理論不啻提供了另一種較為完整的思考過程。此理論的最初提倡者赤松要（Kaname Akamatsu）強調，[19] 在研究發展中國家經濟

---

[16] Bela Balassa, "The Lessons of East Asian Development: An Overview," *Economic Development and Culture Change*, 36 (1988), pp. 273-290.

[17] See Peter Berger, *Capitalist Revolution* (New York: Basic Books, 1986), and Gilbert Rozman, "The Confucian Faces of Capitalism," in Mark Borthwick, ed., *Pacific Century* (Boulder: Westview Press, 1992), pp. 310-318.

[18] See Alice Amsden, *Asia's Next Giant: South Korea and Late Industrialization* (New York: Oxford University Press, 1989), and Chalmers Johnson, Political Institution and Economic Performance: The Government-Business Relationship in Japan, South Korea, and Taiwan," in Frederic Deyo, ed., *The Political Economy of the New Asian Industrialism* (Ithaca: Cornell University Press, 1987), pp. 136-164.

[19] 赤松要在1896年出生於一個貧窮的米商家庭，由於幼年窮苦經驗與1917年俄國革命成功的刺激而成為一名馬克思與黑格爾主義者，亦即透過辯證法與決定論途徑來理解經濟發展；但隨後便採納德國理想主義、美國實證主義與日本儒家秩序觀，走向較折衷的道路，即

成長時，絕不能忽視這些經濟體（追趕者）與先進國家（領先者）之間的「互動」發展，進一步來說，他更認爲後進者必須透過出口擴張政策來發動追趕過程，藉此直接威脅領先者；一旦追趕者占有領先者市場後，其發展也達到某種程度的高峰。[20] 赤松要的追趕想法其實非常簡單，亦即後進國家首先應該從領先者進口某些必要的工業品，然後開始自己來製造，接著則設法將其出口到其他國家，由此，一旦該國主要出口品從非耐久財、耐久財，升高到資本財，便可說跨進了已開發的門檻；進一步來說，在這種動態流程中，如果領先的國家疲憊（衰落）了，另一個國家便會取而代之（有關追趕者與領先者的互動關係，可見圖4.1所示）。

更甚者，與其他看法比較起來，雁行理論不僅強調追趕政策的制定，更重視此種政策在國際競爭環境中的實踐性與其結構影響。事實上，這種「進口—國內生產—出口」（Import-Product-Export, M-P-E）過程也就是後來的「進口替代 + 出口擴張」模式，只不過更重視先進者與追

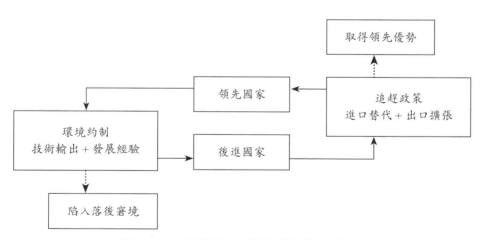

圖 4.1　雁行理論中領先與後進者關係

雁行理論。Pekka Korhonen, "The Theory of the Flying Geese Pattern of Development and its Interpretations," *Journal of Peace Research*, 31:1 (1994), pp. 93-108.

[20] Kaname Akamatsu, "A Historical Pattern of Economic Growth in Developing Countries," *The Developing Economics*, 1 (1962), pp. 1-23.

趕者間的「學習性」互動，並著眼於結構內部的可流動性，亦即指出國際分工狀態的無法固定。理論一開始的目的僅在為日本的發展與擴張提供建議，[21] 但後來則被用於日本在戰後追趕西方國家的過程上。不過，在此種理論的運用過程中，有三點是必須注意的：首先是「政府」的角色，無論是提出國家長程規劃（例如1930年代的大東亞共榮圈主張），[22] 或扮演擘劃與主導者（例如戰後日本重建資本密集重工業的過程），正如 Stiglitz 所言：「那些經濟成功的國家不僅從未遵守過所謂華盛頓共識（亦即政府鬆綁與自由化），其成功也正因為它們沒有遵守該共識。」[23]

其次是「競爭」的概念（儘管赤松要對此並未完全闡明）。[24] 同樣以日本的發展為例，該國所採用的發展戰略基本上符合赤松要提出的三個連續模式，首先是「M-P-E」進步擴張過程，亦即進口替代加出口擴張（IS-EP）；第二是「由簡入繁」的漸進升級過程，亦即將主產品由低附加價值往高附加價值逐步發展的工業升級（IU）過程；第三則是「不同發展程度國家間的合作」，亦即在鄰近的亞洲開發中國家間，根據彼此的比較優勢組成一定程度的合作關係。其中，所有結構內國家都該根據先天稟賦與後天努力，盡可能爭取較優越的地位。

最後，「工業升級」顯然是雁行理論的目標。特別是對備受追趕壓力的領先者來說，一旦優勢不再，便必須設法透過國際投資來刺激進步並維繫地位。所謂優勢不只涉及靜態的「分配性效率」（各自的產品內容），還包括動態的「適應性效率」（產品內容可能變動）。更甚者，在比較利益法則前提下，透過 FDI 所進行的工業升級政策其實可說是理論

---

[21] Ted Holden, "All Roads Lead to Tokyo," *International Business Week*, November 11, 1991.

[22] 1938年11月，日本首相近衛文麿發表《第二次近衛聲明》，號召建立「大東亞新秩序」，希望以「日滿中三國相互提攜」為基礎，推動日本帝國、東亞及東南亞「共存共榮的新秩序」。1940年8月，近衛文麿首度提出「大東亞共榮圈」口號，其中，日本與滿洲國、中國（汪精衛政權）為經濟共同體，東南亞作為資源供給區，南太平洋則為國防圈。

[23] Joseph E. Stiglitz, *Globalization and Its Discontents* (New York: W.W. Norton, 2002), p. 201.

[24] Pekka Korhonen, *Japan and the Pacific Free Trade Area* (London: Routledge, 1994).

的修正版。[25] 在此情況下，工業升級將隨著以下五個階段前進：[26] 首先是所謂「赫克爾─歐林式」（Heckscher-Ohlin）產業，亦即根據要素稟賦（資源或廉價勞力）以勞力密集輕工業（例如紡織業）為主的階段；其次是「無區隔的亞當斯密式」（non-differentiated Smithian）產業，亦即建立以規模經濟為主的鋼鐵、基礎石化與合成纖維產業，在此，國家將重視並鞏固原料來源與可供銷售的國際市場；第三是「區隔性亞當斯密式」（differentiated Smithian）產業，亦即朝向如汽車與電子（電視）業等消費性耐久財的大規模組裝生產邁進，福特式生產線與泰勒式科學管理都是此時期特色；接著是「熊彼得式」（Schumpeterian）產業，亦即著重於新一代電子產品、新材料、生化技術與新元件研發（R&D）工作，這也是所謂的「實驗室時代」；[27] 最後則是「麥克魯漢式」（McLuhan）產業部門，亦即朝向以網際網路與資訊科技為主的尖端產業邁進。由此，所謂「新經濟」（New Economy）也跟著來臨了。[28]

參 政府角色與東亞工業升級

Frankel 與 Roubini 認為，在二十世紀的全球發展模式競賽中，「資本主義首先在1980年代的準決賽中擊敗了共產主義，然後資本主義的美國分支又在1990年代的總決賽中擊敗了其日本分支」。[29] 促使他們歸納

---

[25] Terutomo Ozawa, "Foreign Direct Investment and Structural Transformation: Japan as a Recycler of Market and Industry," *Business & the Contemporary World*, 5:2 (1993), pp. 129-149.

[26] Terutomo Ozawa, "The 'Hidden' Side of the 'Flying-geese' Catch-up Model: Japan's derigiste Institutional Setup and a Deepening Financial Morass," drafted when Ozawa was a visiting fellow at the East-West Center, Hawaii, July 2001.

[27] See Michael H. Best, *The New Competitive Advantage: The Renewal of American Industry* (New York: Oxford University Press, 2001).

[28] 亦即要求更開放的市場環境，參考 William Baumol, *The Free-Market Innovation Machine: Analyzing the Growth Miracle of Capitalism* (Princeton: Princeton University Press, 2002).

[29] Jeffrey Frankel and Nouriel Roubini, "The Role of Industrial Country Policies in Emerging Market Crises," presented in the NBER Conference on Economic and Financial Crises in Emerging Market Economies, NBER, October 19-21, 2000.

出上述結果的事實是，日本在1990年代陷入泡沫經濟所帶來的發展瓶頸中，而同時期的美國則擺脫了長期收支赤字的困境。進一步來說，所以導致此種結果的關鍵在於，歐美式的財務結構比日本式結構要來得穩定的多；例如世界銀行等國際組織也認為，財務部門不良乃是導致這場危機的主因，而唯有儘速進行結構改革，才能保證東亞區域發展的復甦。[30]

　　儘管如此，學界中還是存在著不同的看法，例如 Stiglitz 便強調，金融危機並不能因此證明東亞模式的脆弱性。[31] 因為從事實層面來說，政治決策與經濟發展不僅經常被視為是種因果關係，更重要的是，對進行「後進工業化」的國家而言，由於它們多數缺乏資源，但也不希望依賴外來資本，因此國家很自然會以促進出口的方式來維持收支平衡與比較利益；為進一步解決問題，保守的支出習慣與設法提高儲蓄率乃是必要的，於此同時，政府也應採取管制外匯措施。

　　值得注意的是，儘管有關後進發展的傳統看法經常指出，前述不得不然的政府介入角色將逐漸由市場接手，[32] 但若以日本為例，則其經濟發展迄今可說一直結合了市場競爭與政府指導特性；[33] 為建立因應太平洋戰爭的經濟動員體系，日本官僚早自1930年代起便開始建立政府與企業間的管理與合作關係，其方式首先是透過高關稅壁壘保護國內市場，然後是選擇性地協助特定企業擴張國際競爭力（請參考圖4.2所示）。

　　儘管如此，對於政府在日本經濟發展中所扮演的角色，其實仍存在著許多爭議，其中之一強調政府的政策主導性，另一派則重視私人部門的

---

[30] World Bank, *East Asia: Recovery and Beyond* (New York: Oxford University Press, 2000); Timothy Lane, et al., "IMF-supported Programs in Indonesia, Korea, and Thailand: A Preliminary Assessment," *Occasional Paper*, No. 178, IMF, 1999.

[31] Joseph Stiglitz, "More Instruments and Broader Goals: Moving Toward the Post-Washington Consensus," WIDER Annual Lectures 2, UNU/WIDER, 1998.

[32] James H. Raphael and Thomas P. Rohlen, "How many Japanese Models of Growth?" in Henry S. Rowen, ed., *Behind East Asian Growth: The Political and Social Foundation of Prosperity* (New York: Routledge, 1998), p. 274.

[33] T. Morris-Suzuki, *A History of Japanese Economic Thought* (London: Routledge, 1989), pp. 44-70.

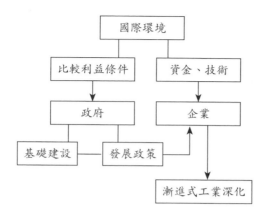

圖 4.2　雁行理論中政府與企業間關係

自我制度改良作用；[34] 但也有人著眼於其中良性的「參與式互動」（par-
ticipating interact）。正如某些學者的看法，「漸進主義」在日本的發展
戰略中扮演著相當重要的角色，透過對於傳統的維繫，使日本得以將由於
經濟快速成長所帶來的社會與政治混亂降到最低程度[35]。甚至連世界銀行
也不得不指出，所謂「東亞奇蹟」的基礎乃是總體經濟穩定、對人力資本
的投資、有效的財務體系、控制價格扭曲與吸收外國技術的能力，以及不
過度保護農業等；[36] 而這些無不跟政府透過各種政策進行介入有關係。對
此，日本早在二十世紀初便大量投資基礎建設並不斷改革其財政制度與法
律體系。

　　總之，追趕者政府應扮演「發展型國家」（developmental state）角
色，至於其特徵有四：首先是擁有以優良技術官僚為主體的執政團隊；其
次是政府內部必須建立良好的溝通及協調系統，使其發展政策具有整體性

---

[34] Ryoshin Minami, *The Economic Development of Japan* (New York: Macmillan, 1994), pp. 120-124.

[35] Yutaka Kosai and Fumihide Takeuchi, "Japan's Influence on the East Asian Economies," in Henry S. Rowen, ed., *Behind East Asian Growth: The Political and Social Foundation of Prosperity* (New York: Routledge, 1998), p. 304.

[36] World Bank, *The East Asian Miracle: Economic Growth and Public Policy* (New York: Oxford University Press, 1993), pp. 347-352.

及延續性；第三，是在發展政策成型後，政治領袖不但能充分授權技術官僚去執行，並能夠以其政治影響來摒除外界壓力，以便讓技術官僚能在免於受到短期政治利益干擾的環境下作成專業決策；最後是在政策執行過程中，政府與企業有良好的溝通協調機制，但政府仍保持其自主性，以便堅守公利優先於私利的原則。事實上，1993年的世銀報告也某種程度地肯定了東亞地區政府所扮演的經濟發展推手角色；至於其使用的手段則包括設定貿易障礙、補助國內產業，或甚至有系統且有目的地干預匯率變動等等。[37]

肆 區域性結構的建立：日本 FDI 策略分析

值得注意的是，如何進行工業升級仍是雁行理論的關注目標，也就是國家究竟應如何爭取在國際環境中的領先優勢。進一步來說，例如像 Kwan 便將工業升級過程按國家主要產業部門變遷過程分成四個階段，亦即：發展中國家階段（初級產品 > 其他製造業 > 機械業）、新興經濟體初期階段（其他製造業 > 初級產品 > 機械業）、新興經濟體成熟階段（其他製造業 > 機械業 > 初級產品），以及工業化國家階段（機械業 > 其他製造業 > 初級產品）等。[38]

至於山澤逸平（Ippei Yamazawa）則根據雁行理論的追趕假設，將發展過程分成五個階段（參考圖4.3）：[39]首先 A 部分所顯示的乃是由進口出發，然後開始自行生產，甚至供作出口的過程，其次 B 部分則指出進口依存度（M/D）逐漸下降，出口比例（X/S）則不斷上升的過程，接

---

[37] Ippei Yamazawa, *Economic Development and International Trade: the Japanese Model* (Honolulu: East-West Center, 1990), p. 32; see also C.H. Kwan, *Economic Interdependence in the Asia-Pacific Region* (London: Rouledge, 1994), pp. 32-35.
[38] C.H. Kwan, *Economic Interdependence in the Asia-Pacific Region* (London: Rouledge, 1994), p. 85.
[39] 山澤逸平著，范建亭等譯，《亞洲太平洋經濟論：21世紀 APEC 行動計畫建議》（上海：上海人民出版社，2001年），頁32-33；圖4.3亦引自此處。

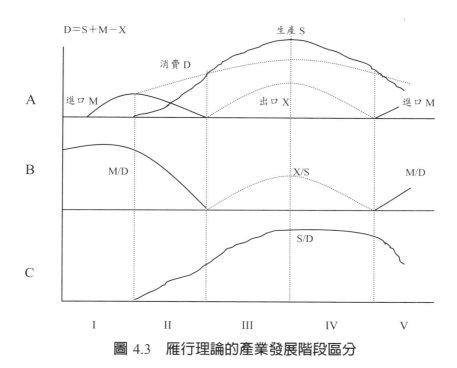

圖 4.3　雁行理論的產業發展階段區分

著在 C 部分企圖指出的，則是國內自給率（S/D）的變化跡象；最後，山
澤更進而將工業升級過程分為產品導入階段、進口替代階段、出口擴張階
段、成熟階段與逆進口階段等五個部分。

　　在產業部門變遷部分，其實 Schumpeter 早就指出，工業升級不僅有
賴創新活動，並須依不同結構位置循序漸進，同時需要某個特定附加價
值部門來加以牽引。[40] 而 Clark 也強調，經濟發展有賴於第二與第三部門
的漸次興起與取代前一個部門。[41] 至於 Vernon 則提出所謂「產品週期理
論」，認為先進國家由於龐大的國內市場需求，因此在創新產品與生產過
程上具有比較優勢，甚至有餘力將生產剩餘外銷到其他國家，但隨著國際

---

[40] See Joseph A. Schumpeter, *The Theory of Economic Development* (New York: Oxford University Press, 1934).

[41] Colin Clark, *The Conditions of Economic Progress* (London: Macmillan, 1935).

競爭日趨激烈與國內生產結構轉型，再加上生產過程的標準化，最後將導致這些企業建立海外分支機構，並將製造中心透過海外投資移到勞力成本較低廉的地區去。[42] 值得注意的是，相較於原始生產週期概念所強調的創新與需求面，[43] Vernon 的理論似乎更重視要素稟賦與生產過程，並將焦點放在那些 FDI 的輸出國身上，至於雁行理論則更重視地主國本身的工業升級；[44] 再者，相較於 Vernon 將國際環境設定爲某種不完美的競爭狀態，雁行理論則相信有完美競爭的可能性。

　　値得一提的是前述山澤逸平所稱第三階段中著重的國際結構因素。正如 Das 的看法，他認爲只有將外來直接投資（FDI）、國際貿易結構、跨國企業生產網路（MNC）與官方開發援助（ODA）等要素結合在一起，才能夠描繪出比較完整的雁行結構。[45] 某些人也認爲，東亞其實存在著兩種發展模式：其中一種是由日本、南韓與臺灣所代表的東北亞模式，另一種則是東南亞模式；[46] 其主要差別在於對外資的態度，亦即後者更重視如何引入國際資本。事實上 FDI 在後進國家的發展過程中，經常扮演著跟政府具有同等重要性的戰略角色，因爲這些國家都迫切需要資金來挹注其經濟成長。[47]

　　相較於 Vernon 站在「先進國」角度來解釋國際資金與技術的流動，雁行理論則假設相關流動的輸出者也包括「中間國」在內。從這個角度來看，我們可發現日本在二次戰後的經濟擴張一開始便以「市場導向」爲目

---

[42] Raymond Vernon, "International Investment and International Trade in the Product Cycle," *Quarterly Journal of Economics*, 80:2 (1966), pp. 190-207, and "The Product Cycle Hypothesis in the New International Environment," *Oxford Bulletin of Economics Statistics*, 41:4 (1979), pp. 21-40.

[43] Kiyoshi Kojima, *Japan and a New World Economic Order* (London: Croom Helm, 1977), p. 154.

[44] 例如小島清（Kiyoshi Kojima）便將「雁行理論」英譯爲「追趕式產品週期論」（catching up product cycle），顯示出該理論著眼於後進追趕者而非領先者的立場。

[45] Dilip K. Das, *The Asia-Pacific Economy* (New York: St. Martin Press, 1996), pp. 130-190.

[46] *The Economist*, June 24-30, 1995, p. 13.

[47] Malcolm Dowling and Chia Tien Cheang, "Shifting Comparative Advantage in Asia: New Tests of the 'Flying Geese' Model," *Journal of Asian Economics*, 11:4 (2000), pp. 443-463.

標；[48]尤其在經濟帝國主義所強調的垂直分工與 Ricardo 從比較利益角度強調的水平分工間，日本認為後者只存在於程度相當的國家之間，更甚者，比較利益不僅決定了各國在垂直結構中的位階，其發展與變遷也絕非是相對靜態的。換言之，國際經濟結構應該是既競爭又具有動態特質的。

在美國支持與引誘下，日本自1950年代起便透過戰爭賠款、外援與投資等多元化途徑，陸續將其工業推向東南亞，以取代其與中國大陸間的關係。[49]不僅多數日本企業支持這樣的擴張行動，作為赤松要學生與理論傳承者的經濟學家小島清（Kiyoshi Kojima）也非常重視 FDI 的工具角色；[50]例如他早在1965年便建議在東亞根據發展程度，成立兩個相互關連的自由貿易區，當時的日本外長三木武夫（Takeo Miki）也接受此一概念，並提出「太平洋自由貿易區」（PFTA）的倡議。[51]至於同樣支持雁行理論的起田三郎（Saburo Okita）亦可說是影響日本東南亞政策的主要人物之一；[52]他不僅使雁行理論成為東亞整合的基礎，並從而促使 APEC 機制的出現；[53]其後當日本在1995年成為 APEC 會議東道主時，該國更企圖挑戰美國霸權並提出「區域合作」口號，而日本的國際合作署也不斷贊

[48] Masahiko Aoki, Kevin Murdock, and Masahiro Okuno-Fujiwara, "Beyond the East Asian Miracle: Introducing the Market-enhancing View," in Masahiko Aoki, et al. eds., *The Role of Government in East Asian Economic Development* (Oxford: Clarendon Press, 1997), pp. 1-40.

[49] Yoshihide Soeya, "Japan's Policy towards Southeast Asia," in Chandran Jeshurun, ed., *China, India, Japan and the Security of Southeast Asia* (Singapore: Institute of Southeast Asia Studies, 1993).

[50] Kiyoshi Kojima, "A Macroeconomic Approach to Foreign Investment," *Hitotsubashi Journal of Economics*, 14 (1973); see also Lee Chung H., "Direct Foreign Investment, Structural Adjustment, and International Division of Labor: A Dynamic Macroeconomic Theory of Direct Foreign Investment," *Hitotsubashi Journal of Economics*, 31 (1990).

[51] Pekka Korhonen, *The Origin of the Idea of the Pacific Free Trade Area*, pp. 9-10.

[52] Richard P. Cronin, *Japan, the United States, and Prospects for the Asia-Pacific Century: Three Scenarios for the Future* (Singapore: Institute of Southeast Asian Studies, 1992), p. 28. 他在池田勇人首相期間擔任經濟計畫署長官，負責推動1960年著名的「國民收入倍增計畫」（赤松要與其學生小島清也曾參與前述計畫），其後於1979-1980年間擔任外交部長。

[53] Saburo Okita, "Pacific Development and its Implications for the World Economy," in Saburo Okita, ed., *Japan in the Worm Economy of the 1980s* (Tokyo: University of Tokyo Press, 1989), pp. 208-209.

助東亞的人力資源發展。

　　從理論面來看，雁行學說雖並未直接定義日本與東亞各國間的關係，但的確支配了日本官商對東亞的擴張態度，並使東亞在1991年取代美國成為日本首要出口對象，到了1993年，更超越美國成為日本貿易盈餘主要來源。[54] 正如前面所述，日本自1950年代起便開始重建與東亞各國間的關係，到1970年代後，不僅日商海外投資數字隨著經濟崛起而急遽增加，援外政策也逐步確立，其中除外交考量外，同時也含有經濟目的在內。根據日本政府的規劃，日本與亞洲各國的經濟協力關係，包括官方開發援助、其他政府資金，以及私人投資等，目標是透過區域分工以建立一個新的共榮圈。[55]

　　從某個角度看來，在比較利益的前提下，透過 FDI 所進行的工業升級政策其實是雁行理論的修正版；[56] 因為此理論主要目標既是完成追趕，但透過引入 FDI 所可能形成的依賴關係顯然是不利追趕的。事實上，在1980年代以前，FDI 在發展中國家也普遍不受歡迎（這也符合雁行理論的原始概念）；此種態度一方面是由於民族獨立運動所引發的敵對情緒累積所致，同時亦擔憂具更高國際競爭力的外國企業是否將危害國內剛起步的工業，而這也是「進口替代」政策與保護主義的心理背景。不過，對修正後的雁行理論來說，特別當扮演主導者的日本從追隨國、中間國而逐漸走向先進國地位後，FDI 卻反過來扮演重要的「鏈結性」角色，因為它認為，發展中國家可藉此引進關鍵技術與管理技巧等追趕所必須的know-how，並取得進入國際市場的機會。[57] 相較於 Vernon 等產品週期理論的著眼於個體經濟學，日本則從宏觀的比較利益角度來觀察 FDI 的發

---

[54] Jonathan Friedland, "The Regional Challenge," *Far Eastern Economic Review*, June 9, 1994, p. 40.

[55] 王佳煌，〈雁行理論與日本的東亞經驗〉，《問題與研究》，第43卷第1期（2004），頁9。

[56] Terutomo Ozawa, "Foreign Direct Investment and Structural Transformation: Japan as a Recycler of Market and Industry," *Business & the Contemporary World*, 5:2 (1993), pp. 129-149.

[57] Hans C. Blomqvist, *op. cit.,* p. 21.

展（同時包括藉此取得經濟勢力範圍的概念）。[58]

　　根據所謂「小島假設」（Kojima hypothesis）的詮釋，FDI 可分成貿易導向與反貿易導向兩種：[59] 其中前者（根據雁行理論）乃著眼於利用國際市場，由不具比較利益的國家來引入外資，然後藉此促進投資輸出國與輸入國的同時性結構升級；至於後者（根據生產週期理論）則是由擁有比較利益的國家來主動進行海外投資，目的是保障其國際貿易既有比例，從而將造成引資國工業的瓦解。根據小島清的看法，日本的投資基本上屬於前者，但美國則屬於後者；於此同時，他也提出「企業家稟賦」（entrepreneurial endowment）的假設來修正傳統的「赫克爾－歐林式」（Heckscher-Ohlin）產業論點，亦即透過流動性資本來彌補生產要素不足的發展缺陷。可以這麼說，儘管小島清的假設有其侷限性（特別是無法解釋發展程度相當之國家間的互動關係），但至少提供了某種啟發，亦即不應單單由投資國角度來理解 FDI 的發展。從東亞雁行經濟結構的內涵看來，我們可以發現，除了作為雁群領袖的日本之外，包括位居第二層的四小龍與第三層的東南亞國家，都透過輸入與輸出 FDI 來進行向前與向後「鏈結」的動作，從而提供整個區域發展的結構性動力來源。

　　從東亞的發展歷程來看，儘管後進經濟體的成功還是根源自它們各自的國內條件，以及採取了對外導向性發展策略，日本在其工業化過程中仍確實扮演了帶領者的角色；[60] 作為貿易夥伴，後者積極提供了投資援助並帶來先進技術。更重要的是，日本在提供資金、技術與中間財方面，遠大於其所扮演的消費性市場角色，這與歐美所代表的意義是大不相同的。更甚者，相對於銷往日本占東亞國家出口比例從1980年的22%降到1994年

---

[58] Pasuk Phongpaichit, *The New Wave of Japanese Investment in ASEAN* (Singapore: Institute of Southeast Asian Studies, 1990), p. 5.

[59] Kiyoshi Kojima, "Japanese and American Direct Investment in Asia: A Comparative Analysis," *Hitotsubashi Journal of Economics*, 26 (1985); OECD, *International Investment and Multinational Enterprise* (Paris: OECD, 1987), p. 36.

[60] Chung H. Lee, "Japan and East Asian Economic Development in the Post-'Miracle' Era," The European Institute of Japanese Studies, Working Paper No. 44, June 1998.

的12.6%，銷往東亞國家占日本出口比例卻從25%升高爲38.7%，其關係可見一斑，至於美國則始終消費著東亞出口量的40%以上。事實上，美國的資本主義霸權角色，可說在東亞奇蹟過程中扮演重要的地位；原因是美國創造並維持了一個有利於國際貿易的環境，正如英國從十九世紀到二十世紀初所扮演者一樣。[61] 由於霸權國家將提供了此種「搭便車」的機會，其結果不僅促使某種階層性依序升級現象，也爲東亞「雁行結構」的搭造提供了關鍵性的環境條件。在此背景下，先是日本在1960-1970年代完成戰後重建與締造奇蹟的工作，接著是1980年代的四小龍與1990年代前期的新四小龍，最後則是在1990年代末展現崛起氣勢的中國；其結果不僅大大減少了東亞地區的貧窮人口，也爲第三世界其他國家提供了某種借鏡。[62]

接著，根據雁行模式的暗示，日本、四小龍（NIES）、東協（ASE-AN）國家與中國大陸將依序根據其比較利益與發展程度組成某種階層性結構，其中 FDI 將由較先進國家流向追趕中國家，以促進後者的工業升級。此種概念原先只是被用以了解特定國家中特定產業部門的生產週期，[63] 後來則被用以形容區域性發展的動態過程，例如東亞各國在從紡織業、化學工業、鋼鐵業、汽車工業到電子業的生產重心挪移過程中，便出現此種依序升級的特徵。進言之，底層國家生產勞力與資源密集產品，而頂層國家則生產資本與技術密集的產品，然後隨進步依序往前挪動；例如當日本在1970年代跨足高科技部門後，南韓與臺灣便承接日本原先在紡織業的角色，隨著後者也進入電子部門，東南亞國家則接著承接下紡織部

---

[61] Terutomo Ozawa, "Toward a Theory of Hegemon-led Macro-clustering," in Peter Gray, ed., *Extending the Eclectic Paradigm in International Business* (Chelteham, Glos.: Edward Elgar, 2003), pp. 201-225.

[62] Jim Rohwer, *Asia Rising: Why America will Prosper as Asia's Economics Boom* (New York: Simon & Schuster, 1996), pp. 20-21.

[63] Kaname Akamatsu, "Trend of Japan's Wooden Product Industry," *Journal of Nagoya Higher Commercial School*, 13 (1935), pp. 129-212.

門。雖然東亞發展經驗未必如雁行模式所解釋般簡單，[64] 一定程度的國際分工仍使東亞各國在較有秩序的情況下，避免了直接競爭的衝突。再者，它們也利用已開發國家戰後的高成長率，相較於專注進口替代的國家，享受了部分「先期出口者」的利益。

更重要的是，當東亞朝向工業升級的第三階段，亦即消費性耐久財組裝產業邁進時，它們對零組件技術供應者（尤其是日本）的依賴性也會相對提高；[65] 這也反映在東亞各國大多對美國享有貿易盈餘，對日本卻存在著巨額赤字的特殊現象上。[66] 由此看來，東亞國家的發展不僅具有出口導向特徵，也受到進口政策驅動，亦即必須輸入各式各樣技術與資本財來刺激成長，不過，以各國發展初期的財務困窘看來，此種輸入又必然以外國直接投資為基礎；[67] 這不僅突顯出日本對東亞國家的重要性，其中意涵的雙重依賴現象更可謂雁行結構的特徵。

伍 區域政策與國內經濟之連動：日本 ODA 策略演進

自1950年代以來，基於政治與經濟等諸多考量，西方國家對第三世界的援助政策，對日本也產生相當程度之影響。可以這麼說，在戰後初期確立所謂「吉田主義」（Yoshida Doctrine）路線後，日本便開始利用以對外援助為主的經濟外交，積極參與國際事務並設法謀求政治大國地位。[68] 尤其1954年成為《可倫坡計畫》（Colombo Plan）會員後，[69] 日本

---

[64] C. Reynolds, "A Conceptual Model of Global Business Growth in Southeast Asia," *Journal of the Asia Pacific Economy*, 6:1 (2001), pp. 76-98.

[65] Yung Chul Park and Won Am Park, "Changing Japanese Trade Patterns and the East Asia NICs," in Paul Krugman, ed., *Trade with Japan: Has the Door Opened Wider* (Chicago: Chicago University Press, 1991), p. 93.

[66] Lester C. Thurow, *The Future of Capitalism: How Today's Economic Forces Shape Tomorrow's World* (New York: William Morrow, 1996), p. 207.

[67] Manorijan Dutta, "The Euro Revolution and the European Union: Monetary and Economic Cooperation in the Asia-Pacific Region," *Journal of Asian Economics*, 11 (2000), pp. 65-88.

[68] 馬黎明編，《當代日本與中日關係》（天津：天津社會科學院出版社，2004年），頁121。

[69] 該計畫全名為「亞太地區經濟和社會合作發展可倫坡計畫」（Colombo Plan for Co-operative

政府便開始透過該計畫擴展對亞洲國家的技術合作。[70] 接著，在日本加入聯合國翌年（1957），岸信介內閣也發表戰後第一本《外交藍皮書》，提出所謂「外交三原則」，[71] 亦即「以聯合國為中心、與自由主義各國協調、堅持作為亞洲一員」；據此，一方面強調經濟協力（economic cooperation）概念，援助焦點則擺在促進受援國產業出口及重建日本之區域經濟影響上，至於第一個經濟合作計畫是在1957年向亞洲開發基金所提出的「岸計畫」（The Kishi Proposal），目標在結合美國資金、日本技術和東南亞地區的勞動資源。可以這麼說，在1950-1960年代之間的日本對外援助計畫，主要是以東亞區域為中心，結合雙邊援助貸款並著重於基礎建設，目的則是將援助作為促進產品出口政策之工具；自從通產省在1958年出版首部《經濟合作白皮書》乃至1978年為止，日本始終毫不避諱地將對外援助與貿易增長相連結；此階段其援助方式主要有二，首先是要求受援國必須以日圓貸款購買日本產品，作為振興出口之「條件式援助」；其次是應美國要求，為圍堵共黨勢力而給予南韓以及臺灣的「戰略性援助」。由此可見，對外經濟合作主要也著眼於對日本之利益，直到1969年才開始提供無償援助與不附帶條件之日圓貸款。[72]

　　大體言之，由於日本總體經濟情勢於1980年代後達到高峰，再加上1985年日圓大幅升值帶來的資金充盈效應，非但其國際經濟地位愈發鞏固，甚至在1990年後還超越德國，成為僅次於美國的全球第二大經濟體，從而促使中曾根康弘首相提出邁向「政治大國」的目標；對此，如何利用其經濟實力並藉由對外援助來實踐政治目的，也成為日本自此之後的外交政策大方針。可以這麼說，隨著 ODA 倍增計畫的不斷提出與達成，

Economic and Social Development in Asia and the Pacific），源自1950年大英國協在可倫坡召開外長會議，決議設置計畫協議委員會；同年5月在雪梨召開第一次會議，著手進行6年經濟開發計畫，宗旨在為亞太地區的經濟合作與社會發展提供必要援助。
[70] Alan Rix, "Japan's Foreign Aid Policy: A Capacity for Leadership?" *Pacific Affairs,* 62:4 (1989/90), p. 466.
[71] 五百旗頭真，《戰後日本外交史》（北京：世界知識出版社，2007年），頁68。
[72] Dennis Yasumoto, *Japan and Asian Development Bank* (New York: Praeger,1983), p. 191.

除原先主要針對資源、市場與邦交等傳統目的外，帶有國際政治意涵的戰略性援助大幅增加，這也爲日本的 ODA 政策增添有異於以往的作用。[73]可以這麼說，早期日本 ODA 經濟因素在於幫助國內產品外銷，由於受援國必須以日圓貸款購買日本產品，使其可藉此將國內產品透過援助方式間接銷售出去，從而讓「條件式援助」成爲振興出口之關鍵手段。例如冷戰時期日本 ODA 援助對象既以東亞爲主，工業品出口大宗也在此。[74]除此之外，日本政府更希望透過經濟援助來穩定經濟發展，例如在1961年池田勇人首相宣布的國民收入倍增計畫中，便表示將與援外政策密切合作；[75]在1981年版官方白皮書中，亦將「資源能源的穩定供給、促進國際分工與產業結構升級、企業國際化」等列爲進行對外經濟合作的重要考量。從日本 ODA 政策來看，直接投資也在其範圍內，故此政策等於也間接幫助了國內經濟成長。

　　隨著冷戰時期終結，此時已成爲全球雙邊對外援助最大捐助國的日本也進入 ODA 發展的新階段；[76]在1993年擬定的第五次中期目標，是在1993-1998年間將援助額提高到700-750億美元。除此之外，面對冷戰終結後國際情勢轉變以及國內對舊政策的質疑，日本政府遂於1992年制定新的《ODA 政策大綱》並提出所謂「ODA 四原則」，亦即環境與開發並重；避免用於軍事及助長國際紛爭；維持並強化國際和平安全；關注開發中國家之民主化，致力導入市場經濟。[77]在2003年版 ODA 白皮書中首先

---

[73] 柯玉枝，〈當前日本對外援助政策分析〉，《問題與研究》，第40卷第6期（2001），頁34。

[74] 張隆義，〈日本援外政策之研究〉，《國際關係學報》，第14期（1999），頁116。

[75] Robert M. Orr, Jr. and Bruce M. Koppel, "A Donor of Consequence: Japan as a Foreign Aid Power," in Koppel and Orr, eds., *Japan's Foreign Aid: Power and Policy in New Era* (Boulder, Colorado: Westview Press, 1993), p. 2.

[76] Fujisaki Tomoko, Briscoe Forrest, Maxwell James, Kishi Misa and Tatsujiro Suzuki, "Japan as Top Donor: The Challenge of Implementing Software Aid Policy," *Pacific Affairs,* 69:4 (1996-97), p. 521.

[77] 請參閱日本外務省，〈政府開發援助大綱〉：http://www.mofa.go.jp/mofaj/gaiko/oda/seisaku/taikou/sei_1_1.html。

談到，日本所提供的對外援助，包括無償援助與有償資金合作（日圓貸款）的雙邊援助，以及透過世界銀行等國際組織間接提供的多邊援助。[78] 正如 Steven W. Hook 與 Guang Zhang 所言，憑藉著強大的經濟實力，日本不僅在後冷戰時期大幅提高 ODA 金額並擴大 ODA 政策規模，更利用西方國家普遍陷入「援助疲乏」之際，一躍成為世界最大的援助國家之一，甚至在1991-2000年間連續蟬連全球最大援助國地位。[79]

值得注意的是，由於1990年代的日本同時由於泡沫經濟危機而進入了「失落的十年」，開始呈現經濟發展長期低迷情況，這也讓其長久以來實施的對外援助埋下了繼續調整的伏筆。自新世紀初期以來，日本也逐漸形成一套更積極主動的東亞政策，目的在拉抬並鞏固該國的區域主導地位，至於這些政策能否透過 ODA 加以落實，自然是各方關注焦點所在。

近年來，日本積極投入新的 ODA 政策，目標是藉此獲致「由外而內」刺激國內成長的動力。根據日本政府在2015年確定通過之外援方針修正案，新大綱定名為《開發合作大綱》，以政府開發援助為中心，突出了加強與民間資金、聯合國維持和平行動（PKO）以及地方政府等合作的原則，並強調在實施援助時重視「高質量增長」的方針，尤其將積極協助主要新興市場國家與島嶼國家，這也是日本自2003年以來首次修訂 ODA 大綱。其中最引發關注的，乃允許資助他國武裝部隊的非軍事任務，藉此擴大日本對全球安全的參與。

陸 中小企業與東亞奇蹟

值得注意的是，除透過日本（與歐美國家）巨額資本來刺激成長外，東亞的企業體，尤其是為數眾多的中小企業（Small and Medium

---

[78] 日本外務省，《政府開發援助白書》，2003年版。http://www.mofa.go.jp/mofaj/gaiko/oda/shiryo/hakusyo/2003.html。

[79] Steven W. Hook and Guang Zhang, "Japan's Aid Policy since the Cold War: Rhetoric and Reality," *Asian Survey,* 38:11 (1998), p. 154.

Sized Enterprises, SMEs）在妥適運用前述資本以創造經濟活力方面，可說厥功甚偉。更甚者，中小企業不僅在東亞奇蹟中扮演關鍵角色，APEC自1993年起也開始關注此一議題，希望能藉此增加對此區域未來發展的了解。[80] 一般來說，儘管東亞各經濟體對所謂中小企業的劃分標準不盡相同（請參考表4.1），但此地區數量繁多的中小企業確實既提供了大量就業機會，也是各國收入和稅收的重要來源，因此各國多半非常重視對此類企業的政策支撐。

　　進一步來說，東亞各經濟體在扶持中小企業方面所採取的具體措施，基本上可歸納為以下幾個方面：[81] 首先是設立此類企業的專門管理機構（例如日本通產省中小企業廳或南韓中小企業委員會等），負責制定中小企業發展政策、提供國內外技術市場訊息與諮詢服務、提供人員培訓計畫並幫助解決企業困難；其次是設法為中小企業提供足夠的法律保障（例如日本自1950年代便陸續制定了《中小企業安定法》與《中小企業基本法》等）；第三是建立融資管道或融資擔保體系（例如日本的國民金融公庫或臺灣的中小企業銀行與青年創業基金），提供直接貸款或由公庫委託民間機構向企業貸款，以解決此類企業原本便相當容易遭遇的資金週轉問題；第四是組織社會資源以提供技術創新、人員培訓與資訊獲得方面的需求（例如日本商工會聯合會或南韓的中小企業振興公團）；最後則是加強工業園區規劃，以提供良好的基礎設施和公共服務，使中小企業不但能共用教育培訓、銷售、運輸、倉儲等設施和資源，而且能更有效地在企業間建立合作關係並發揮規模經濟所需的群聚效應。

　　從歷史事實看來，不僅是過去的締造經濟奇蹟，還是繼續在目前扮演推進經濟發展的主要動力來源（參考表4.2），中小企業非但仍將是未

---

[80] See Charles Harvie and Boon-Chye Lee, eds., *Globalization and Small and Medium Enterprises in East Asia* (Cheltenham: Edward Elgar, 2002).
[81] 請參見〈中國宏觀經濟政策報告〉，2002年第5期；http://www.macrochina.com.cn/report/vipreport/detail/zc/017/00002777.shtml。

表 4.1　東亞各國中小企業定義比較

國家	定義
中國	小型企業僱用50-100名勞工，中型企業則爲101-500名勞工
印尼	僱用勞力100名以下者便爲 SME
日本	在礦業、製造業與運輸業指僱用勞工300名以下或投資額1億日幣以下；在零售業指僱用勞工100名以下或投資額3,000萬日幣以下；在服務業指僱用勞工20名以下或投資額1,000萬日幣以下
南韓	在製造業指僱用勞工300名以下或資產200-800億韓幣以下；在礦業與運輸業指僱用勞工300名以下；在建築業指僱用勞工200名以下；在商業與其他服務業指僱用勞工20名以下
馬來西亞	在製造業指僱用全職勞工150名以下，每年營業額低於2,500萬馬幣
菲律賓	小型企業指僱用10-99名勞工與資產在150-1,500萬菲幣者；中型企業則指僱用100-199名勞工與資產在1,500-6,000萬菲幣間者
新加坡	在製造業指資產低於1,500萬新幣者；在服務業指僱員低於200人與固定資產低於1,500萬新幣者
臺灣	在礦業、砂石業、製造業與建築業指僱員低於200人且投資額低於6,000萬新臺幣者；在服務業與其他則指僱員低於50人且營業額低於8,000萬新臺幣者
泰國	小型企業指僱員低於50人且投資額（不含固定資產）低於2,000萬泰銖者；中型企業指僱用50-200人間且投資額（不含固定資產）爲2,000萬至1億泰銖者
越南	小型企業指僱員低於30人且資本低於10億越幣者；中型企業指僱用30-200人間且資本在10-40億越幣間者

資料來源：APEC website, http://www.actetsme.org。

來東亞發展必須依賴的支柱之一，也是許多東亞與其他第三世界發展中國家脫困的指引；例如臺灣因擁有具高度彈性活力的中小企業而締造奇蹟的經驗，便幾乎成爲許多國家的對象學習，像印尼、泰國與南韓等均陸續成立專款貸放給小型企業，而香港亦正在規劃第二板（創業板）市場，模仿臺灣的上櫃股市般，讓中小企業用較低門檻向民衆籌資。至於資金較雄厚的國家更循著臺灣模式發展高科技；例如新加坡和香港都複製了科學園區的規劃，並成立國家資訊技術研究單位，將技術轉移到產業界或甚至鼓勵

表 4.2　東亞中小企業發展特徵

問題類別	共通點	差異點
數量	東亞共有2,000-3,000萬家 SME 每家 SME 平均僱用85名員工	中國大陸（800萬）、日本（500萬）與南韓（260萬）占東亞總家數70% 已開發國家 SME 平均僱用20人，開發中國家則為100人以上
僱用勞力	SME 僱用東亞50%以上的勞動力 95%以上的 SME 僱用不到100人 SME 貢獻了70%的就業成長率	開發中國家 SME 僱用75%勞動力（日本的80%是例外），開發程度愈高，中型企業比例就愈高
生產貢獻	SME 貢獻了50%的流通量與附加價值	貢獻率較低者為新加坡（15%）
出口	SME 占了30%的出口量，此比例遠低於其勞動與生產貢獻	比例差異從最低的印尼（5%）到較高的南韓（40%）
外來投資	SME 占 FDI 總件數50%與總額10%	南韓、日本與臺灣獲得最多的 FDI
潛力	SME 將可繼續對東亞成長提供貢獻，例如每年增加1兆美元貿易量	發展中國家必須創造5,000-7,000家 SME 來維持未來 SME 的動能

資料來源：Chris Hall, "Profile of SMEs and SME Issues in East Asia," in Charles Harvie and Boon-Chye Lee, eds., *The Role of SMEs in National Economies in East Asia* (Chelteham: Edward Elgar, 2002), pp. 46-47.

研究人員自行創業，和臺灣工研院及中小企業創新育成中心的做法如出一轍。

　　除來自國家單位的鼓勵外，2005年10月，第一屆「東亞促進中小企業發展與投資高層研討會」也正式召開；其目的是落實第八屆「10＋3」高峰會上所提出合作倡議的具體行動。會議主要在促進東協和中日韓各國中小企業間的交流與合作，改善東亞地區中小企業投融資環境，並探索建立多層次寬領域中小企業投融資體系及互動機制，以便啟動更大規模的東亞經貿與投資合作。更甚者，面對當前全球金融海嘯的壓力，為求增加經濟彈性，各國也紛紛提出強化本國中小企業競爭力之計畫。

第三節　東亞經濟體系的調整趨勢

　　無論如何，過去曾帶動東亞經濟起飛的雁行模式，自1980年代起似乎已開始出現結構性的鬆動跡象。表面上看來，其原因包括以下幾項：[82]首先是由於經濟成長與出口趨緩，導致東亞各國平均所得也停止成長；其次，日圓匯率的變動連帶導致東亞各國匯率也趨於不穩，由此不僅打亂許多長期投資計畫，也影響各國的分工狀態（貨幣升值間接促使日本FDI在1986-1989年間呈現大幅成長，甚至在1989年以675億美元成為全球最大對外投資國家，[83]其主要目標原本是東協國家，但在1990年代初轉進中國，這使後者得以威脅那些以勞力密集產業為主的東南亞國家）[84]；最後，區域內居於中層的國家（例如南韓與臺灣等）不僅彼此競爭激烈，甚至開始威脅日本企業，一方面藉由對美國的大量貿易盈餘來彌補對日赤字，並逐步將製造基地移至東南亞與中國，[85]由此更進而打亂原先的國際分工結構現狀；更甚者，由於中國在低成本勞力密集部門的比較優勢，也促使位於第三階的東南亞國家被迫戰略性地往更技術密集的產業發展，從而導致技術密集產品占東亞國家出口比例在1990-1996年間出現長足進展。

壹　日本經濟泡沫化

　　東亞地區在第二次大戰結束迄今，一共發生過三次經濟奇蹟：首先是

[82] Korkuta A. Erturk, "Overcapacity and the East Asia Crisis," *Journal of Post Keynesian Economics*, 24:2 (2001-02), p. 262.

[83] See T. Bayoumi and G. Lipworth, "Japanese Foreign Direct Investment and Regional Trade," IMF Working Paper, Washington D.C., 1997.

[84] D.W. Edgington and R. Hayter, "Foreign Direct Investment and the Flying Geese Model: Japanese Electronics Firms in Asia-Pacific," *Environment and Planning*, 32:2 (2001), pp. 281-304.

[85] W. Bello, "East Asia: On the Eve of the Great Transformation," *Review of International Political Economy*, 5:3 (1998), pp. 424-444.

日本成功完成戰後復興，其後，隨著該國出現階段性結構變遷，而其夕陽產業也藉 FDI 而轉移至鄰近的東亞國家，[86] 以四小龍為代表的新興經濟體（NIES）與中國乃相繼締造奇蹟。值得關注的是，儘管日本在雁行追趕策略協助下得以與美歐等並駕齊驅，何以該國經濟又會陷入泡沫困境？對此，正如 Mandel 所指出的：「如果科技是新經濟引擎的話，那麼財務便是它的燃料」。[87] 意即世界經濟發展至今（特別在所謂新經濟時代來臨之後），其發展重心已從製造面轉向了財務面；石川城太（Terutomo Ozawa）認為，雁行政策的問題可能出在與其相搭配的制度（尤其是財政結構）上面；對此，小島清也有同感。[88]

正如 North 所言，每個經濟體都有它自己的一套經濟活動制度，而這套制度也決定（促進或阻礙）了該經濟體的發展過程。[89] 以日本來說，其雁行追趕機制可說由四個基本要素所組成，亦即：1.由政府支撐的銀行財務體系與受壓抑的資本市場；2.財閥模式與交叉持股的影響；3.內部依賴性產業部門與政治保護措施；4.工作優於效率原則的社會契約概念。這些要素都對日本當前的經濟危機有所影響，從而導致制度解體的結果。

首先在銀行體系與資本市場方面，日本雖然也以中央銀行而非海外借貸作為經濟發展的財務基礎，這原本便是雁行戰略成功的要素之一，但卻也是其最終面臨危機的原因。為滿足企業的借貸需求，於是政府長期採取低利政策，並優先支持那些配合國家政策發展的項目。在日本銀行（中

---

[86] Kojima Kiyoshi and Terutomo Ozawa, "Micro- and Macro-economic Models of Direct Foreign Investment," *Hitotsubashi Journal of Economics*, 25:1 (1984), pp. 1-20; Terutomo Ozawa, "The Flying-geese Paradigm: Toward a co-evolutionary Theory of MNC-assisted Growth," in Khosrow Fatemi, ed., *The New World Order: Internationalism, Regionalism and the Multinational Corporations* (New York: Pergamon, 2000), pp. 209-223.

[87] See Michael Mandel, *The Coming Internet Depression* (New York: Basic Books, 2000).

[88] Kojima Kiyoshi, "The Flying-geese Model of Asian Economic Development: Origin, Theoretical Extensions, and Regional Policy Implications," *Journal of Asian Economics*, 11 (2000), pp. 375-401.

[89] Douglas North, *Institutions, Institutional Change and Economic Performance* (Cambridge: Cambridge University Press, 1990), chapter 1.

央銀行）的監督下，幾家主要的財閥銀行（包括三井、三菱與住友等）共同扮演「主要銀行」的角色，帶領各集團專注於特定工業部門；這些銀行雖以強大的資訊蒐集與管理顧問能力而有效降低了風險，但也隱藏著內線交易等不透明問題。[90] 隨著經濟成長與儲蓄率直線上升，政府雖維持著大體平衡的預算制度，從而控制了通貨膨脹問題，但某種「道德風險」（moral hazard）還是存在，亦即在大財閥仗恃政府支持而進行冒險性投資，與中央銀行不斷投入資本抑制通膨間存在著緊張關係。石川將此特稱為「社會正義性」的道德風險。[91] 更甚者，此種操控性的資本主義將削弱銀行本身的彈性；特別是日本經濟發展因1974年首次石油危機而趨緩後，一方面貸款需求開始降低，其次，非出自舊財閥體系的新興汽車工業（例如豐田或本田企業）大多秉持低債務政策，再加上1985年廣場協定導致日圓大幅升值（儘管它早在1973年便放棄固定匯率政策），熱錢充斥的結果使銀行貸款對象不得不從大企業轉向不動產公司（占貸款總額25%）等中小型企業。由此，「社會正義性」道德風險於是開始轉向「變質性」道德風險：在股市於1989年底飆到最高點後，經濟泡沫也在1990年初開始破滅，首先是都市地價下跌，其次是貼現率不斷升高，最後在呆帳率持續變壞的情況下，銀行危機也無可避免地出現了。

　　其次在財閥（keiretsu）結構的影響方面，由於主要銀行體系都是以財閥模式組成，不僅強調內部的集體合作，也重視財閥與政府在工業發展過程中的互動關係。從某方面來說，此模式可有效降低大規模投資項目的「協調風險」，而交叉持股不僅可增加銀行的操控力，也提升用以建立長期關係的互信程度。一般來說，大約10-25%的股份會由財團內部其他公

---

[90] Hugh Patrick, "The Relevance of Japanese Finance and Its Main Bank System," in Masahiko Aoki and Hugh Patrick, eds., *The Japanese Main Bank System: Its Relevance for Developing and Transforming Economies* (Oxford: Oxford University Press, 1994), p. 359.

[91] Terutomo Ozawa, "Bank Loan Capitalism and Financial Crisis: Japanese and Korean Experience," in Alan Ragman and Gavin Boyd, eds., *Deepening Integration in the Pacific Economies: Corporate Alliance, Contestable Markets and Free Trade* (Cheltenham: Edward Elgar, 1999), pp. 214-248.

司所持有。財閥模式與交叉持股既使銀行過度介入非財務部門，也導致銀行數量的過度膨脹，前者最後帶來通貨緊縮，後者則降低了銀行的獲利率。至於政府的介入更使日本經濟被稱為「夥伴資本主義」（crony capitalism），亦即銀行體系對政策的配合度極高，這些都埋下了許多不理性的經濟因素。

　　第三，在內部保護主義方面，日本對於其剛起步產業的保護相當成功。對此除配合出口擴張政策外，同時也訴諸實際的保護政策：例如對外導向部門（以汽車與電子工業為代表）受到通產省的監督，而內部依賴部門（以農漁業與服務業為代表）的監督職權則分布於農林水產省、郵政省、運輸省、建設省與大藏省等對內部門。正如 Chalmers Johnson 的看法，這些在明治維新後產生的新部門與其說是公務人員，還不如說是負責發展任務的各個分工部門，目的都是協助日本迅速追上西方帝國主義國家。[92] 其中，對外導向部門隨即成為該國雁行戰略的扶植重點，保護國內汽車市場更為顯著例證。[93] 但結果卻導致進口無法對內部價格產生平衡效果（原因之一也包括自民黨為維繫長期執政基礎而被迫保護無競爭力產業的緣故），由此也埋下隨開放政策而爆發的結構性危機。

　　值得注意的是，日本的對外導向與內部依賴部門並未完全分離，例如以外銷為主的汽車工業同時也有其國內的零件製造網。由於在主要市場（歐美）內部建立了組裝基地，日本因此可大量輸出零件並累積巨額貿易盈餘，但在此同時，受到保護的國內部門仍繼續阻礙進口，由此進一步促使日圓升值並深化了價格失衡。在此情況下，由於日圓升值削弱了其國際競爭力，使財閥不得不將若干標準化的零件透過 FDI 形式交給東亞各國廉價的代工廠來製造；此種外匯的「價格扭曲」效果讓日本的 FDI 在

---

[92] See Chalmers Johnson, *MITI and the Japanese Miracle: the Growth of Industrial Policy, 1925-75* (Stanford: Stanford University Press, 1982).
[93] See James P. Womack, Daniel T. Jones and Daniel Roos, *The Machine that Changed the World* (New York: Macmillan Press, 1990).

1985-1996年間大幅上升，這一方面意味著該國已晉升高成本國家，同時
也帶動企業的外移浪潮，從而使產業空洞化與失業率飆漲成為其發展隱憂
（處於雁行結構中層的新興經濟體也出現類似問題，例如南韓或臺灣等，
於是帶來不少社會運動）。[94]

　　最後在工作契約概念方面，儘管日本在戰後初期曾爆發短暫的勞工
運動，但隨即建立了被 Robert Ozaki 稱為「人性資本主義」或「人性化
企業體系」的和諧勞資關係架構，[95] 例如有「日圓先生」之稱的榊原英資
（Eisuke Sasakibara）也認為，「人性本位可說是日本式混合經濟的基本
原則」；[96] 至於終身僱傭制與資深制則為前述原則之重要特徵。當然，在
亟需展開重建工作的日本戰後初期，此種勞資合作關係顯然來自生存要
求。無論如何，不像美國社會的充滿個人主義，日本的社會與企業家傳統
上還是比較傾向平等主義，這也使其經濟發展有著「保管模式」（stake-
holder model）的特色，並在世界銀行試圖解釋東亞奇蹟時，被稱為是種
「分享式的成長」（shared growth）模式。所謂日式豐田主義（Toyota-
ism）也不像美式福特主義（Fordism）般，將僱傭者僅視為服從命令的
「體力勞工」，而是將其視為「腦力勞工」。從正面發展來看，正如青木
昌彥所言，此種現象可說是靈活運用勞工們「資料處理能力」的結果；[97]
但從相反角度視之，此種信念卻也導致政府無法忽視勞工地位，從而拖緩
了制度改革的進程。

---

[94] Small and Medium Enterprise Agency, *White Paper on Small and Medium Enterprise* (Tokyo: Ministry of Finance Printing Office, 1996), p. 268.

[95] Robert S. Ozaki, *Human Capitalism: the Japanese Enterprise System as World Model* (Tokyo: Kodansha International, 1991).

[96] Eisuke Sasakibara, *Beyond Capitalism: the Japanese Model of Market Economics* (Lanham, MD.: University Press of America, 1993), p. 4.

[97] Masahiko Aoki, *Information, Incentives, and Bargaining in the Japanese Economy* (Cambridge: Cambridge University Press, 1988).

貳 中國崛起對區域結構的挑戰

不過，如果從另一個角度來看，我們可發現東亞體系結構的變遷其實來自三個更宏觀的原因：首先是如前段所言，亦即體系領航者（日本）出現衰退或至少是停滯跡象，其次是東亞傳統強權（中國）再度崛起所產生的挑戰態勢，最後則是1997年金融危機前因後果所帶來的深層影響。

在中國崛起方面，由於大陸在1970年代末開始推動改革開放運動，使其平均經濟成長率從1970年代的6.5%升高到1980年代的10%以上，從而讓該國躋身新興經濟體之林；於此同時，隨著其進出口額的快速增長，它也開始在世界經濟中扮演重要的角色。據估計，如果趨勢不變的話，中國占全球貿易比重將由1990年的1.7%升高至2010年的6.6%（事實是中國占全球貿易比重在2017年已達到15%，自2009年起成為世界第二大對外貿易國家，2013-2015年甚至一度超前美國成為最大貿易國家）。[98] 儘管人民幣在1994年的貶值未必直接導致1997年的金融風暴，[99] 但中國勞力密集產業的快速發展，加上鄰近國家人力成本升高，不啻在其出口增加之餘帶來排擠效應。更重要的是，中國的發展道路顯然與其他經濟體不同：由於擁有大量低教育程度人口，使其獲得長期的勞力密集比較優勢，但同時也因為其龐大的人口數量，它也可以訓練出足夠數量的技術性勞工投入高科技產業，這不僅讓中國的發展具有「雙元」特徵，部分學者更認為，中國將無可避免地成為某種「全面性」權力國家，[100] 其結果或許是使長期被用以解釋東亞發展活力的雁行理論無法繼續適用。[101] 換言之，日本在

[98] Ross Garnaut and Yiping Huang, "China and the Future International Trading System," in *China and East Asia Trade Policy*, Pacific Economic Papers, No. 250, Australia-Japan Research Center, Australian National University, Canberra, December 1995.

[99] 部分學者認為，人民幣貶值導致東亞各國在1996年紛紛出現貿易赤字；長谷川慶太郎，《亞洲金融風暴：世紀末經濟危機》（臺北：時報出版公司，1998年），頁147。

[100] Yoichi Funabashi, Michael Oksenberg, and Heinrich Weiss, "An Emerging China in a World of Interdependence," Report to the Trilateral Commission, No. 45, May 1994.

[101] Chi Hung Kwan, "The Rise of China and Asia's Flying-geese Pattern of Economic development:

這種情況下是否能繼續扮演東亞雁行結構的領先者，以及中國是否將取代日本的角色地位等，都是值得深思的問題。

　　實際上，在日本已經有許多人將中國視為強大的國際競爭對手與主要貿易威脅來源；他們認為，中國在東亞地區的崛起已經打亂了本來由日本帶領之有秩序的雁行結構，其結果是原先根據發展程度而形成的國際勞務分工，將被迫趨向更激烈的產業競爭，特別是在高科技產業部門。[102]進一步來說，在四小龍與中國大陸的夾擊下，東亞地區原來的「技術性階層體系」特徵，已逐漸出現朝「平行性整合體系」（parallel integration system）發展的跡象，亦即日本雖仍在許多技術層面依舊居於領先地位，但已優勢不再，甚至在若干高科技產業（例如智慧型手機與 4G 至 5G 通訊），更呈現落後追趕狀態。從而使長期支配東亞地區之「雁型結構」逐漸走入歷史。

參　東亞金融危機的後續影響

　　至於在金融危機的影響方面，有人認為1997年的東亞危機代表著東亞式資本主義的終結，有人則認為它乃是全球財務市場缺乏有效調節下的後遺症；就前者而言，由於政府過度介入導致的道德風險乃危機爆發主因，但後者認為，危機爆發的原因其實是投資者不理性群聚下的結果。[103]對於危機源起的主流觀點源自 Paul Krugman，亦即在外匯有限的情況下因政府過度支出所導致：[104]由於資金緊繃，國內利率隨著升高，

An Empirical Analysis based on US Import Statistics," Nomura Research Institute (NPI) Papers, No. 52, August 1, 2002.

[102] JETRO, *White Paper on International Trade* (Tokyo: Japan External Trade Organization, 2001).

[103] L. Taylor, "Capital Market Crises: Liberalization, Fixed Exchange Rates and Market Driven Destabilization," *Cambridge Journal of Economics*, 22:6 (1998), pp. 663-676.

[104] Paul Krugman, "A Model of Balance of Payments Crises," *Journal of Money, Credit and Banking*, 11:3 (1979), pp. 311-325, and "Crises: The Price of Globalization?" symposium sponsored by the Federal Reserve Bank of Kansas City, *Global Economic Integration: Opportunities and Challenges*, Jackson Hole, Wyoming, August 24-26, 2000.

表 4.3　金融風暴前東亞主要國家經濟成長率（1986-1996）

單位：%

年度	日本	臺灣	南韓	香港	新加坡	泰國	菲律賓	馬來西亞	印尼	中國
1986	2.63	11.64	11.55	11.11	2.30	5.54	3.42	1.05	5.88	8.87
1987	4.11	12.74	11.52	13.11	9.73	9.52	4.31	5.39	4.93	11.57
1988	6.21	7.84	11.27	7.86	77.63	13.29	6.75	8.94	5.78	11.27
1989	4.72	8.23	6.38	2.55	9.62	12.19	6.21	9.21	7.46	4.07
1990	4.82	5.39	9.51	3.55	8.97	11.63	2.97	9.74	7.24	3.83
1991	3.80	7.55	9.13	4.97	7.27	8.41	-0.51	8.42	6.95	9.19
1992	1.03	6.76	5.06	6.21	6.29	7.77	0.34	7.80	6.46	14.24
1993	0.30	6.32	5.75	6.15	10.44	8.27	2.12	8.35	6.50	13.49
1994	0.64	6.54	8.58	5.51	10.05	8.78	4.39	9.24	7.54	12.66
1995	1.38	6.03	8.94	4.67	8.75	8.65	4.76	9.62	8.21	10.55
1996	3.56	5.67	7.13	4.72	7.32	6.40	5.48	8.60	7.82	9.70

資料來源：作者自行整理。

為解決問題，政府只好增加貨幣供給量，結果導致實質利率降低，而市場上囤積搶購風潮也跟著爆發出來，這正是1980年代拉丁美洲危機的實況。[105] 但東亞既未出現鬆散財務政策與過度消費擴張現象，甚至沒有政府在危機前面臨著嚴重的赤字問題；儘管如此，Krugman 依舊認為，由於東亞政府過度介入所帶來的道德風險，仍誤導私人部門與外國企業進行不理性投資，從而造成泡沫現象，他並將此稱為一種「竹馬經濟」。[106]

　　當然，前述解釋東亞所以爆發危機的原因（特別是政府介入），其實也可以用來說明其經濟發展何以獲得成功。[107] 因此在主流觀點外，另

---

[105] C.A. Rodriguez, "The Argentine Stabilization Plan of December 20th," *World Development*, 10:9 (1982), pp. 801-811.

[106] Paul Krugman, "The Myth of Asia," *Foreign Affairs*, 73:6 (1994), pp. 62-78, and "What happened to Asia?" MIT, Economics Department, Mimeo. www.mit.edu/krugman/www/disinter.html, 1998.

[107] A. Singh and B. Weisse, "The Asian Model: A Crises Foretold?" *International Social Science*

表 4.4　金融風暴期間東亞主要國家經濟指標

單位：%

	1997			1998			1999		
	成長率	失業率	通膨率	成長率	失業率	通膨率	成長率	失業率	通膨率
四小龍	5.7			-1.9			7.0		
香港	5.0	2.5	5.7	-5.1	5.7	2.6	2.9	6.2	-3.3
臺灣	6.7	2.7	0.9	4.6	2.7	1.7	5.7	2.9	0.2
新加坡	8.0	2.4	2.0	1.5	3.2	-0.3	5.4	3.3	0.0
韓國	5.0	2.6	4.5	-6.7	6.8	7.5	10.7	6.3	0.8
新四小龍	3.7			-7.5			3.2		
泰國	-1.8	3.5	5.6	-10.5	4.8	8.1	4.1	4.7	0.3
馬來西亞	7.5	2.6	2.7	-7.5	3.2	5.3	5.4	3.4	2.8
印尼	4.7	4.7	11.1	-13.2	5.5	60.1	0.2	6.4	20.5
菲律賓	5.2	8.7	5.1	-0.5	10.1	9.7	3.2	9.7	6.6
中國	8.8	3.1	2.8	7.8	3.1	-0.8	7.1	3.1	-1.4
日本	1.6	3.4	1.8	-2.5	4.1	0.6	0.3	4.7	-0.3

資料來源：《國際經濟情勢週報》（臺北：行政院經建會，2000年）。

一派學者認為危機爆發的原因可能來自所謂東亞發展模式（政府控制外債與協調私人投資）因自由化浪潮崩解的結果。[108] 儘管有人認為，過度依賴出口活動將導致貿易與國民所得惡化，[109] 但在1980年代中期前，區域勞務分工卻使東亞得以免於此種困境。無論如何，儘管東亞地區已經從這場風暴中逐步復甦過來（有關危機對東亞各國所造成的影響請見表4.4所示），而所謂雁行結構也似乎還未出現明顯的解構性發展，但危機的爆發

　　Journal, 51:1 (1999), pp. 203-215.

[108] H. Chang, "Korea: A Misunderstood Crisis," *World Development*, 26:8 (1998), pp. 1555-1561.

[109] See Raul Prebisch, *The Economic Development of Latin America and its Principal Problems* (New York: United Nations, 1950), and H.W. Singer, "The Distribution of Gains between Investing and Borrowing Countries," *American Economic Review*, 40:2 (1950), pp. 473-485.

及其所帶來的自由化壓力，仍勢將在衝擊東亞模式核心（亦即政府主導角色）之餘，留下更多的不確定變數。

第四節　東亞發展模式的檢討

壹 從建構到解構的雁行假設

正如 Sikorski 與 Menkhoff 所言，他們雖承認所謂雁行理論具有一定程度的說服力，但認為1997年金融風暴後的發展已超過該理論的解釋範圍。[110] 暫且不論這場危機究竟對前述雁行理論造成何種影響，對某些人來說，1997年的經濟危機基本上代表著東亞式資本主義的終結，至於另一些人則認為，它乃是全球財務市場缺乏有效調節下的後遺症；就前者而言，由於政府過度介入導致的道德風險乃是危機爆發的主因，[111] 但後者認為，危機爆發的原因其實是投資不理性群聚下的結果。[112] 無論如何，當我們從長遠的宏觀角度來觀察東亞發展時，還是得承認兩個現實：首先是此區域的後進經濟體由於均以各自國內條件為基礎，在進口替代後繼之採取了對外導向性發展策略，[113] 於是紛紛獲致了成功發展，至於日本在東亞工業化過程中亦因為積極提供了投資援助並帶來先進技術，而確實扮演著帶領者的角色；其次，不管東亞國家在日本帶領下達到何種工業化程

---

[110] Douglas Sikorski and Thomas Menkhoff, "Internationalization of Asian Business," *Singapore Management Review*, 22:1 (2000), p. 15.

[111] Paul Krugman, "A Model of Balance of Payments Crises," *Journal of Money, Credit and Banking*, 11:3 (1979), pp. 311-325, and "Crises: The Price of Globalization?" symposium sponsored by the Federal Reserve Bank of Kansas City, *Global Economic Integration: Opportunities and Challenges*, Jackson Hole, Wyoming, August 24-26, 2000.

[112] L. Taylor, "Capital Market Crises: Liberalization, Fixed Exchange Rates and Market Driven Destabilization," *Cambridge Journal of Economics*, 22:6 (1998), pp. 663-676.

[113] Chung H. Lee, "Japan and East Asian Economic Development in the Post-'Miracle' Era," The European Institute of Japanese Studies, Working Paper No. 44, June 1998.

度，普遍性經濟危機依舊接踵而至。接下來的問題是：這場危機的意義何在？它是否為雁行假設的進一步發展提供了某種正面或負面的暗示？

在此第一個想法是，源自赤松要的雁行假設比起現代化理論，雖更重視國際環境的互動，但仍過度「主觀」地強調國家角色，甚至將區域環境視為可操作的因變數。一般人經常忽略的是，美國的資本主義霸權角色在東亞奇蹟過程中也扮演了重要的地位，原因是該國透過發起冷戰而創造並維持了一個有利於國際貿易的環境；[114] 東亞所以發展出相對穩定的雁行結構，與此有著相當的關聯性。正如眾所周知，日本雖在提供東亞國家資金、技術與中間財方面有其貢獻，但由於出口政策對各國長期發展的關鍵性，而美國則迄今還消費著東亞出口總量的40%以上，其影響可見一斑。

再者，在原先的雁行模式中，區域經濟的不平衡發展乃是個突出問題；這是因為其發展有「由上而下」且「刻意進行結構化」的特徵。不過，無論是否受到金融風暴影響，東亞區域經濟發展條件在新世紀初都已發生重大變化。由於區域內發展中國家經濟基礎的增強，其自主發展能力也跟著明顯提升，從而亦刺激此地區發展新的經濟協調機制的必要性。

無論如何，除考量到國際結構變遷對雁行假設所可能帶來的影響外，即便我們僅就東亞區域來進行觀察，一個合理的推論是，如果作為帶領者的日本出了問題，則整個體系也必然會受到影響。而雁行模式雖隱含著動態假設，但顯然並未說明一旦領先者與追趕者易位而導致結構進入轉型過渡期時，將衍生出何種問題，同時究竟應如何因應。更甚者，雁行假設似乎也無法解釋，一旦區域結構中出現某個無法歸類的經濟單位，但它又對整個結構帶來明顯衝擊時，應該怎麼來解決的問題。

正如前述，從最近十年的東亞區域發展看來，原先依雁行理論而進行的企業布局顯然已出現了明顯的變化，其中關鍵在於中國因開始改革開放

---

[114] Terutomo Ozawa, "Toward a Theory of Hegemon-led Macro-clustering," in Peter Gray, ed., *Extending the Eclectic Paradigm in International Business* (Chelteham, Glos.: Edward Elgar, 2003), pp. 201-225.

政策而帶來的結果；由於中國大陸在生產成本方面具有其他國家所無可比擬的優勢，致使原先在雁陣結構中居於前列的國家，不是被超越順序，便是提前交棒（特別是東協國家）；[115] 甚至在日本也已經有許多人將中國視爲強大的國際競爭對手與主要貿易威脅來源。後者認爲，中國在東亞的崛起，大體已打亂本來由日本帶領之有秩序的雁行結構，結果使原先根據發展程度而形成的國際分工，被迫趨向更激烈的產業競爭（特別是在高科技產業部門）。由此，則以日本作爲核心所建構起來的雁行體系，自然不可免地必須面臨是否即將解構的討論。

貳　發展型國家的極限與超越

　　一般而言，所謂東亞資本主義有三大特色：亦即出口導向性工業化、發展型國家模式與密切的政商互動關係。其中，發展型國家（developmental state）被認爲是介於市場經濟模式與社會主義計畫經濟間的一種混合形態；此種國家的官僚多半有意識地將發展視爲優先政策，並利用政策工具和能力將國內資源投入重要產業部門，以提升其生產和競爭能力。[116] 相關討論認爲，國家的決策和執行能力有賴於幾個關鍵因素：首先是國家的「自主性」，亦即決策官僚能排拒私人利益影響，從國家長遠發展角度來規劃政策，同時爲求落實政策，國家機器亦常以壓制或統合主義式代理體制來管理社會組織（特別是勞工團體），以便壓抑工資而有利於國際競爭力；其次是「引導性機構」的運作，例如日本的通產省（MITI）或南韓經濟企畫院（EPB）或臺灣的經建會等，[117] 這些經濟官

---

[115] 黑田篤郎著，宋昭儀、李弘元譯，《中國製造》（臺北：經濟新潮社，2002年），頁184-185。

[116] L. Weiss and J. Hobson, *State and Economic Development* (Cambridge: Polity Press, 1995), p. 148.

[117] 日本在1949年將原商工省的貿易廳與石炭廳合組爲「通商產業省」（通產省），2001年中央廳制改革後更名爲「經濟產業省」（經產省）；韓國的「經濟企劃院」則成立於1961年，直接隸屬於青瓦臺（總統府），1970年進一步成立下屬「韓國開發研究院」（KDI）作爲輔助智庫；至於臺灣經濟建設委員會前身爲1948年的美援會，1963年改組爲國際經濟

僚體制往往具有共識地從事以國家利益爲優先考量的政策；第三，前述前導性機構不只負責企畫政策而已，通常還扮演有效協調國家內部機構及不同行動者的角色。[118]

更甚者，發展型國家理論也認爲，東亞的成功在於國家透過出口導向工業化政策引導私人資本進入國際市場從事競爭；在此過程中，國家必須透過租稅政策引導有限資源往策略性產業集中，因此其工業政策亦是選擇性的。由於資源有限的緣故，發展型國家常透過對銀行或金融體制分配信用，給予策略性產業長期貸款，正如 Woo-Cumings 指出的：「金融是發展型國家的神經」，[119] 私人資本也藉此從事出口擴張，而有利於整體經濟的長期發展。再者，發展型國家理論雖強調國家自主性的重要，但爲了有效執行其既定政策，公私部門間的搭配合作也是不可或缺的，此即所謂「鑲嵌自主性」（embedded autonomy）；也就是說，國家官僚必須透過協商機制將具主導性的官僚組織與私人資本間制度化地連結起來，以便動員私人資本支持策略性工業投資和執行工業政策。

值得注意的是，首先，東亞發展型國家的歷史背景乃是在冷戰時期，由於美國極力保衛日本、臺灣和南韓等，大量進行軍事和經濟援助並協助其從事土地改革和經濟政策擬定的結果，[120] 當這些政權逐漸穩定後，美國更片面不平等地開放其國內市場吸收這些國家的加工出口品，使這些國家能順利進行其出口導向性工業化政策。可以這麼說，由於相對地，美國對拉丁美洲等其他第三世界國家並看不到類似作法，因此所謂發展型國家或許僅僅是東亞地區的一個發展特例。更重要的是，此類國家最基本的條件就是維持或創造國家自主性，以便不受來自社會團體的壓力影

　　合作發展委員會，1973年再度改組爲經濟設計委員會，1977年再更名爲經濟建設委員會，2014年與研究考核委員會合併成立新的「國家發展委員會」。

[118] V. Chibber, "Bureaucratic rationality and the Developmental State," *American Journal of Sociology,* 107:4 (2002), pp. 951-989.

[119] Meredith Woo-Cumings, ed., *The Developmental State* (Ithaca: Cornell University Press, 1999).

[120] Tianbiao Zhu, "Developmental States and Threat Perceptions in Northeast Asia," *Journal of Conflict, Security and Development*, 1:2 (2002), pp. 6-29.

響，但這樣的國家在政治上通常是威權主義政治體制；由此，一旦民主化運動因經濟發展導致社會結構轉型而開始啓動，社會團體勢力隨之興起，則國家自主性也必將跟著削弱或甚至消失，最後讓所謂發展型國家逐漸趨於最後瓦解的結果；例如臺灣的發展便是一個例證。

總之，東亞過去部分國家雖藉由所謂發展型國家典範，提供相對的決策理性而創造了經濟奇蹟成就，但因此種模式的不確定性（過於重視人治色彩）及其必然的後遺症（政商互通或勾結）與挑戰（經濟發展帶動民主化力量），因此到了1990年代中期後，也面臨諸多檢討反省聲浪；[121] 至於應如何保存過去該種模式的正面特質，然後用以解決當前東亞國家所遭遇的轉型任務，相信是目前許多研究者的關注焦點所在。

第五節　東亞經濟發展前景

從前面的討論中可以發現，儘管不乏有人批評雁行模式並無助於東亞新興工業國家的發展，特別是由於日資企業在技術轉移過程中的保守性，致使東亞各國大多以巨額逆差形態與日本間存在著不平等的依賴關係，[122] 甚至過度高估了日本企業所投入直接投資在東亞發展過程中所占的比例；但從實際數據所提供的資料看來，透過週期性的資金與技術流動，使東亞各國在1960-1980年代間呈現出某種階層性技術整合的雁行現象，卻也是不爭的事實。更甚者，作為雁行理論實證產物的「日本發展模式」（政府干預、漸進升級與出口擴張）也確實成為此區域各國競相仿效的對象。由此，雁行理論與模式的存在及其政策參考價值，應該是無庸置

---

[121] See Steven Chan, Cal Clacrk, and Danny Lam, eds., *Beyond the Developmental State: East Asia's Political Economies Reconsidered* (London: McMillan Press, 1998).

[122] See Walter Hatch and Kozo Yamamura, *Asia in Japan's Embrace: Building a Regional Production Alliance* (Cambridge: Cambridge University Press, 1996).

疑的。

　　儘管如此，所謂雁行模式從理論層面來看卻也並非沒有問題。特別是在進入1990年代後，無論是日本的陷入泡沫經濟調整階段、四小龍國家朝高科技產業發展所突顯出來的競爭壓力、因為東協國家收支政策失衡而導致的危機，還是由於中國經濟崛起所引發的磁吸效應與部分國家的產業空洞化問題，這些都讓人不得不回頭檢討原始的政策設定方向，甚至有些人還得出雁行理論已然土崩瓦解的結論。不過，值得一提的是，多數學者經常同時錯誤地混用「雁行理論」與「雁行結構」這兩種名稱，其實前者指的是某種可供後進工業國家發展政策參考的指導原則，而後者則是指一群存在著階層性技術分工特徵的國家集團或區域性經濟體系。進一步來說，作為某種政策指導原則，我們必須肯定「雁行理論」所提供的追趕模式依舊有其價值，但對於具有國際分工結構性概念的「雁行結構」，基於人類歷史變遷的必然性，至少某種固定形態是不可能恆久不變的。從這個角度來看，東亞體系的產生質變也是可預期的；至於下一個問題則是：此種質變的結果究竟是體系內部的結構調整（霸權更迭），抑或是整個結構的澈底抽換（體系瓦解）？

　　總之，自從1990年代以來，東亞地區的經濟發展便開始遭逢連串挑戰：首先是作為區域領先者日本的經濟泡沫化與持續不景氣，由於該國政府為阻止經濟惡化所採取的財政政策未能奏效，再加上原即疲弱的財政狀況繼續惡化，以及不良債權難以消除等因素的總合作用，可說都明顯動搖了日本作為東亞區域結構調整者的角色；甚至日本政府通產省也在2001年《通商白皮書》中承認：「東亞的雁行時代已經結束，取而代之的將是個大競爭時代」。其次，不僅是日本，由於連作為資本主義世界體系傳統核心的美國與歐洲世界的發展也同步趨緩或衰退，使得以出口導向為主的東亞多數發展中經濟體繼金融危機後，又再次面臨出口減少、投資減少、需求減少與就業減少等嚴重現象。再者，儘管在經歷二十幾年的改革開放後，中國已逐步轉型成為較成熟的開放性經濟體，並使其運作機制慢慢與

世界接軌融合，但因中國一方面在經濟規模或綜合國力等方面還無法與當前主要經濟國家等量齊觀，以致於亦不可能承接諸如日本的調整角色，再加上由於其龐大內需市場所呈現的磁吸效應，導致東亞資本流動出現極端不平衡的狀態，對東亞來說，這些都不啻帶來抑制成長的效果。

　　儘管如此，不僅東亞的經濟表現相對還是優於其他地區，在當前全球經濟仍籠罩在金融海嘯陰霾的情況下，國際社會依然看好東亞經濟發展前景，無論與全球平均水準或歐美核心地區相比，東亞地區仍是下一階段普遍復甦力道的希望所繫，甚至由此再度引發一股關於「亞洲崛起」的討論。[123] 至於整個東亞的發展前景究竟如何，首先，在必須繼續鞏固經濟基本面外，恐怕仍有賴政治發展在民主化浪潮衝擊下的趨於穩定，並繫於區域整合運動的未來；對此，我們將在下兩章中詳述。其次，或許更關鍵且必須持續關注者，乃是2018年引爆的美中貿易衝突；不僅因美國與中國乃當前位居前兩名之經濟體，作為動見觀瞻，也因此一衝突表面上雖源自逆差爭議，但背後同時存在「權力轉移」之政治思考，在政治因素介入下，其未來發展既增添更多不確定性，亦值得加以觀察。

---

[123] See Kishore Mahbubani, *The New Asian Hemisphere: the Irresistible Shift of Global Power to the East* (New York: Public Affairs, 2009).

　　如同我們在第一章中所述，若以「真東亞」標準作為地理定義，則此區域共涵蓋了16個政治實體；儘管如此，事實是在1945年第二次大戰結束時，除了中國、日本與泰國3個獨立主權國家之外，其他地區都處於被殖民狀態，由於既無獨立地位，當然也不可能擁有自主性的政治發展經驗。更甚者，若以民主化作為理性標準的話，則所有實體都從1950年代後才逐步摸索著類似進程。從這個角度看來，將所有東亞成員都稱為「新國家」也不為過。在本章中，我們便將由歷史視野重新省思前述過程，並設法評估其未來的可能發展。

第一節　立憲政體、制度選擇與政治變遷

　　在當前的政治學研究中，除了從實證行為主義角度去從事行為測量與經驗累積外，根據傳統制度主義所進行以政治制度的形成與變遷為主的觀察，仍是個極重要的次領域。進一步來說，所謂制度選擇研究乃希望由行動者選擇的角度，來研究關於決策形成、議題設定與制度形塑等問題。儘管從二十世紀末以來，所謂的「第三波民主化浪潮」似乎成為普遍被接受的現象，不可否認地，民主在制度上其實有著頗複雜的選擇面向，即便同樣採取民主化舉動，但舊制度的差異與所選擇的新民主制度的不同還是會帶來不同的政治後果，更何況仍有部分國家離所謂民主化還有很長一段道路。

　　以東亞來說，各國在制度上的歧異性本來就使其呈現出「制度博物館」的面貌，在逐漸走向民主的過程中，亦出現相當複雜的制度再選擇結果。自從第二次大戰結束以來，東亞各國不僅紛紛取得獨立地位，同時也開啓了一段新的政治制度發展歷程；相較於過去普遍存在的君權制度，除了極少數國家之外，其他國家即便保留一定程度的君主制特徵，大多數也都採取了具有濃厚西方色彩的立憲制度。儘管如此，東亞國家在選擇新制度時，究竟面臨著何種環境背景？它們何以會決定採取西方式的政治制度？這種根植於異質性社會發展經驗的制度是否能符合各國現實需要？東亞各國在引進新制度時，是否或如何根據個別需求進行修正？在西方制度與傳統政治文化並存運作的情況下，東亞各國又出現過何種政治變遷以調適其中的衝突？這些都是我們希望能加以釐清的問題。

壹 西方發展經驗與民主制度全球化

　　由於英國與美國成爲第二次世界大戰勝利集團的領導國家，其所代表的憲政民主體制也因此取得正當性而成爲一時顯學。[1] 正如聯合國教科文組織在1951年一份報告中所指出的：「……在世界歷史上，這是首度沒有人再以反民主的面目提出一種主義學說；對於反民主的行動與態度之指責常是針對他人的，而政客及政論家們則不遺餘力地強調他們所擁護之制度及理論中的民主成分。」[2] Carole Pateman 也認爲：「……民主從未如此地受到熱烈歡迎，而民主憲政制度、公民與政治自由、多黨選舉以及普遍選舉權也未曾如此遍及全世界。」[3] 據估計，在1993年的186個國家當

---

[1] Stephanie Lawson, "Conceptual Issues in the Comparative Study of Regime Change and Democratization," *Comparative Politics*, 25:2 (1993), p. 189.

[2] Giovanni Sartori, *The Theory of Democracy Revisited* (Chatham, N.J.: Chatham House Publishers, 1987), p. 3.

[3] Carole Pateman, "Democracy and Democratization: Presidential Address, XVI World Congress, IPSA." *International Political Science Review*, 17,1 (1996), p. 5-12.

中，約有107個擁有競爭性選舉與保障公民政治權利的設計，[4] 到了2003年，在總數193個國家中更出現119個民主國家，其比例約為62%左右；[5] 儘管或許在經濟危機的影響下，[6] 根據「自由之家」（Freedom House）的統計，在目前195個國家中只有87個稱得上「自由」國家，[7] 相較於全世界在1900年幾乎不存在任何具現代意義（其最低標準為普遍性成人投票權）的民主國家（包括美國在內）看來，將二十世紀稱為「民主的時代」（Age of Democracy）似乎仍舊並不為過。

事實上，這波源自西方的制度擴散現象，早自十九世紀末便已然展開。對某些人來說，近代以來的全球性制度移植可能來自以下幾個原因所致：首先是現代化先行者（西歐與北美國家）所展現的巨大成就及其示範效應；為提高相對於領先者的競爭能力，制度移植於是成為後進追趕國家（例如沙皇俄國與日本等）社會菁英合乎邏輯的政治選擇。其次，部分領先國家的主動推銷作為也不可忽視；特別在殖民主義時期，為方便進行控制起見，宗主國經常有意識地將本國做法移植到殖民地上，在第二大戰結束與冷戰興起後，部分前西方殖民帝國為延續在前殖民地的政治經濟利益，同時也為了與社會主義集團進行意識形態競爭，於是也導致另一波制度（特別是美國式民主）推銷浪潮。[8]

值得注意的是，儘管各國所建構的民主在概念與形式上或許大同小異，但在日常生活以及政治實踐方面卻可能截然不同。例如多數新成立的第三世界亞非洲國家雖然均模仿英國或美國建立起與其類似的政府體制，

---

[4] S.M. Lipset, "The Social Requisites of Democracy Revisited." *American Sociological Review*, 59 (1994), p. 1.

[5] Fareed Zakaria, *The Future of Freedom: Illiberal Democracy at Home and Abroad* (New York: W.W. Norton & Company, 2004), p. 1.

[6] See Larry Diamond, "The Impact of the Economic Crisis: Why Democracies Survive," *Journal of Democracy*, 22 (2011), pp. 17-30.

[7] Arch Puddington, *Freedom in the World 2012: The Arab Uprisings and their Global Repercussions* (New York: Freedom House, 2012), p. 10.

[8] 楊明佳，〈制度移植與全球化背景下的政治發展〉，http://www.chinaelections.org/printnew. asp?newsid={0FF82EB0-D3A2-4739-8EA0-536BB80FF3E1}。

甚至即便是與其對立的共產集團國家,也多在國號中冠上「民主」(或人民)一詞以示符合潮流;但問題是,由於這些新國家對於「民主政治」本身未必有深切的體驗與認知,再加上其環境背景也不一定適合此種制度發展,因而在實踐過程中便自然產生了許多後遺症,不但賄選與貪汙等等政治腐敗現象到處都是,名雖民主而實則獨裁的極端發展例子也撿拾可得。[9]

　　或許由於源自類似文化傳統的關係,西方社會對所謂的「自由民主」(liberal democracy)多半抱持著不假思索的盲目信仰狀態;由此,不僅作為西方領袖的美國自冷戰時期以來,便將其作為政策輸出的重點之一,多數學者(特別是現代化理論者)也堅信只要經濟成長便會自然地帶來民主轉型的結果。[10]但第三世界的事實顯示,經濟發展「未必」會帶來自由民主的結果(例如東亞地區新加坡的例證)。其緣故正如 Bhikhu Parekh 所稱,西方式自由民主其實有著某種特殊的文化背景來源,尤其是對平等(儘管西方歷史顯示平等價值長期不受尊重,至少在東方社會中連這種價值傳統都沒有)與自由(源自古希臘時期對奴隸制的反彈,其後隨著基督教傳播至整個西方世界,相對地,東亞儒家文化區則主張自我節制)觀念的重視,[11]至於由起自十六世紀宗教革命浪潮逐步塑造出來的多元環境,顯然也提供西方強化前述平等與自由觀念的重要背景。[12]

　　無論如何,將前述自由民主信念落實到政治制度上的結果,便是所謂「立憲政體」的出現與發展。從某個角度來說,現代立憲政府可說建立在下面幾個理論基礎之上:首先是「理性主義」,亦即將所有的人與制度

---

[9] 蔡東杰,《臺灣與墨西哥民主化之比較》(臺北:風雲論壇出版社,2002年),頁6。

[10] Harold Crouch and James Morley, "The Dynamics of Political Change," in Morley, ed., *Driven by Growth: Political Change in the Asia-Pacific Region* (Armonk, N.Y.: M.E. Sharpe, 1992), p. 288.

[11] Bhikhu Parekh, "The Cultural Particularity of Liberal Democracy," in David Held, ed., *Prospect for Democracy: North, South, East and West* (Cambridge: Polity Press, 1993), pp. 156-157.

[12] 此種多元環境的背景包括國王與教會、國王與貴族,以及新教與舊教間的多重鬥爭,至於資本主義的興起則又增加了個人與集體間的對立;請參考 John Rawls, "The Idea of an Overlapping Consensus," *Oxford Journal of Legal Studies*, 7:1 (1987), pp. 1-25.

都接受理性檢驗，由此既把人從歐洲中古時期的宗教束縛中解放出來，從而也企圖以世俗眼光來重新審視個人與國家權力間的關係；其次是「智性主義」，亦即正視人類的缺陷，並重視透過制度創造來提升社會的文明程度；；第三是「制度主義」，亦即在制度與政治生活的關係方面，強調具規範性的制度乃是政治生活良性運行的保證，而個人自由的範圍便限於制度與法律所許可或未禁止的事情；最後一個是「個人主義」，亦即為防止政治權力對生命、自由和財產等個人基本權利的侵犯，民主哲學家多主張對公共權力設定某種程度的限制，據此，政治改革必須以保證成立責任政府為宗旨，以便約束權力的濫用情況。由此，建立「立憲政府」（constitutional government）也被設定為從傳統政體向現代國家過渡的重要轉捩點，意指一套經由多數人制定或由多數人承認的憲法性法律（通常指成文憲法），將成為旨在保護公民權利的政治制度基礎。憲法既是憲政制度的基礎，而憲政就是落實以憲法來治理國家。

貳　東亞非自由性民主的起源與發展

事實上，西方的民主化在過程方面也有其特殊性。[13] 理論上，民主化意味著國家力量弱化與更活躍公民社會的浮現，換言之，其基本假定是國家與社會間基本上存在著「零和遊戲」（zero-sum game）的關係。或許這確實符合西方自全球資本主義擴張以來的發展，如同 Barrigton Moore, Jr. 所言：「沒有資產階級，就沒有民主。」[14] 但證據似乎顯示，至少東亞地區在資本主義與企業活動力量相對有限的情況下，推動民主化的目標有時卻僅僅為了用來強化國家的力量（例如威權政體以此自我標榜來轉移

[13] Daniel A. Bell and Kanishka Jayasuriya, "Understanding Illiberal Democracy: A Framework," in Daniel A. Bell, David Brown, Kanishka Jayasuriya, and David M. Jones, *Towards Illiberal Democracy in Pacific Asia* (New York: St. Martin Press, 1995), pp. 10-11.
[14] See Barrington Moore, Jr., *Social Origins of Dictatorship and Democracy: Lord and Peasant in the Making of Modern World* (Boston: Beacon Press, 1966).

社會焦點，或經常僅為了繼續鞏固統治而部分地向反對力量讓步）。進言之，當現代化進程發生在與西方本質上不同的歷史環境時，受過西方傳統訓練的經濟與政治學者便經常無法了解因此產生的變異性；以東亞為例，其民主化運動的結果往往是所謂「非自由性民主」（illiberal democracy）政體的出現。[15]

在此，所謂非自由性民主指的是那些具有威權傾向的代議民主政體，[16]儘管其政治領袖與立法者形式上都經由民選過程產生，但多半有不尊重法律的習慣；這種情況大多發生在那些缺乏多元主義傳統，而且剛剛才開始民主化運動的第三世界新興民主國家，這類政府通常自認為獲得人民授權，可以去做一切他們自認為對的事情，因此他們通常具備著集權傾向。[17]根據 David M. Jones 等看法，東亞的非自由性民主政體大致具有以下三個特徵：[18]首先，政府的立場經常並非是中立的，相較於西方自由主義理論強調應賦予個人理性選擇的權利，東亞的政治行為者則認為政府應廣泛介入各種社會生活層面，以便有效完成國家「為全體人民設定的」長期發展目標，例如馬來西亞政府所提出的「2020願景」計畫；其次，為透過企業化經營模式確保前述目標獲得實踐，東亞區的技術菁英也必須建構出一套行政法規以進行管理，換言之，法律的終極目標並非用來保障一般人民的權益，多半只是作為進行治理的輔助性工具而已，這有時也被稱為「技術性父權主義」（techno-paternalism）；[19]最後，相較於西方認為公民社會自主性增長將有助於民主轉型，東亞國家則傾向於將此視為西

---

[15] Aurel Croissant, "From Transition to Defective Democracy: Mapping Asian Democratization," *Democratization*, 11:5 (2004), pp. 156-178.

[16] Fareed Zakaria, "The Rise of Illiberal Democracy," Foreign Affairs, Winter (1997); http://www.foreignaffairs.com/articles/53577/fareed-zakaria/the-rise-of-illiberal-democracy.

[17] See http://en.wikipedia.org/wiki/Illiberal_democracy.

[18] Daniel A. Bell, David Brown, Kanishka Jayasuriya, and David M. Jones, "Towards a Model of Illiberal Democracy," in Bell, Brown, Jayasuriya, and Jones, *op. cit.*, p. 163.

[19] 有些學者也將討論沿伸至現代科技所帶來的影響，參見 Sarah Spiekermann and Frank Pallas, "Technology Paternalism: Wider Implications of Ubiquitous Computing," *International Journal of Technology Assessment and Ethics of Science*, 4:1 (2006), pp. 6-18。

方特殊歷史下的衍生觀點，因此其治理目標也著重在如何管理，而非提供公共批判空間。

　　總之，由於不具備與西方類似的民主制度形成「背景」（例如東北亞主要受儒家文化影響，東南亞則以多元族群環境與家族寡頭政體為特色），即便還是採取類似的制度架構，但東亞的民主化在「過程」上也顯然存在差異，例如裴敏欣便指出，東亞的政治發展特色乃是「威權政體的逐步體制化，……此過程的核心是由一個緩慢演進的現代政治體制，逐步正式或非正式地約制政府權力，然後透過政黨與官僚組織的發展，慢慢地推動司法獨立性。」[20]

　　更重要的是，相較於部分學者（例如 Francis Fukuyama）一面倒地宣稱西方式民主乃是人民政治制度演進過程的「完美終點」，[21] 另一些學者（例如 Samuel P. Huntington）則被迫承認：「……經由選舉產生的政府也可能沒有效率、腐敗、短視且不負責任，甚至受到特殊利益團體的操控，無法滿足公益要求。這樣子的政府肯定是個壞政府，但卻無可否認地是個民主政府」。[22] Fareed Zakaria 同樣直接指出，即便經由民主程序選出且一再當選的政府，或經由公民投票複決途徑加以認可的政府，卻常常否定憲法對其政治權力的限制，甚至侵犯並剝奪公民基本權利的所謂「非自由性民主」現象，在全世界中可說比比皆是。[23] 這讓我們不禁得進一步去反思另外一個問題：亦即第三世界國家的民主化運動除與西方先驅者間存在「背景」與「過程」方面的差異外，是否也可能有不同「選項」的存在？換言之，除了被直接貼上「不民主」標籤外，還有沒有別的角度，可用來觀察並評估第三世界的民主政治發展？

---

[20] Minxin Pei, "Constructing the Political Foundation for Rapid Economic Growth," in Henry Rowen, ed., *Behind East Asia's Growth: The Political and Social Foundations of an Economic Miracle* (London: Routledge Press, 1997), p. 42.

[21] See Francis Fukuyama, *The End of History and the Last Man* (New York: Harper Perennial, 1992).

[22] Samuel P. Huntington, *The Third Wave: Democratization in the Last Twentieth Century* (New Heaven, Conn.: Yale University Press, 1991), Chapter 1.

[23] Fareed Zakaria, *The Future of Freedom: Illiberal Democracy at Home and Abroad*, p. 5.

第二節 近代東亞制度選擇的歷史背景

壹 東亞地區的前民主經驗及其特徵

正如前述，假使根據現代化理論暗示的話，則政治民主化應是經濟發展成功的自然結果，但是，直到1980年代為止，東亞地區的現實卻是在經濟向上發展之餘，還繼續「頑固地」維持實質上不太民主的統治形式，甚至還有政治領袖公然反對西方式民主，這自然成為許多民主論者的關注焦點。[24] 儘管有人認為，第二次世界大戰的結束可說是東亞民主化歷史的一個重要分水嶺，[25] 但是，如果我們將「第三波」視為東亞地區首度認眞進行之民主化嘗試的話（因為其前次民主嘗試幾乎在建構同時便面臨崩解的命運），那麼作為此一運動背景的前民主經驗便可分成三個階段來檢視：首先是前殖民時期的傳統歷史發展階段，其次是西方普遍殖民階段，最後則是解殖民時期的威權統治階段。以下便根據這三個階段的政治發展特色分別加以說明。

儘管因其極難正確定義而引發一連串的學術爭辯，正如一般人所理解的，文化背景對政治發展內涵有著極重要的影響。[26] 在傳統歷史發展階段當中，根據 Robert W. Compton, Jr. 的看法，影響東亞政治發展的文化因素基本上來自於傳統主義、儒家文化與佛教文化等三方面。[27] 其中，傳統主義指的是在農業經濟體系結構下，為維繫社會秩序而透過親族血統關係

---

[24] Donald Emmerson, "Region and Recalcitrance: Rethinking Democracy through Southeast Asia," *Pacific Review*, 8 (1995), pp. 223-248.

[25] Minxin Pei, "The Fall and Rise of Democracy in East Asia," in Larry Diamond and Marc F. Plattner, eds., *Democracy in East Asia* (Baltimore: The Johns Hopkins University Press, 1998), p. 58.

[26] Sidney Verba and Lucian Pye, eds., *Political Culture and Political Development* (Princeton: Princeton University Press, 1965), pp. 7-8.

[27] Robert W. Compton, Jr., *East Asian Democratization: Impact of Globalization, Culture, and Economy* (Westport: Praeger, 2000), pp. 33-34.

所建立起來的階級觀念，由此所形成的恩從關係（patron-client relation-ship）特別重視上層階級（領導者與施恩保護者）與下層階級（被統治者與受保護者）之間的「關係」網絡，至於垂直性、個人化與彼此競爭性則是其主要的運作特色。

　　其次，正如 John Dunn 所言，西方式民主的力量來自於「自主」概念，亦即每個人都應該擁有自由選擇命運的機會與空間，[28] 相對地，儒家文化則重視尊重既存的現實秩序結構，並要求每個人都必須接受且適切地表現出自己被設定好的角色定位（君君、臣臣、父父、子子）。此種意識形態一方面將家庭視為社會體系的核心單位，甚至於整個社會關係（包括政治關係）也不過是其「放大版」而已，其中最重要的是由傳統孝道所衍生出來的「尊卑」觀念。相較於重視特定人際互動的恩從關係，尊卑觀念更隱性地將階層性的服從倫理普遍地散播到社會的各個角落，至於其政治結果有二：首先是西方式民主中的「平等」觀念很難找到立足的正當性，再者則是人民極易養成對在上位者行為的高度容忍，致使民主化所需的反對力量也無由形成。[29]（有關儒家文化發展及其影響之討論，請參見本書附錄，在此不擬贅述）

　　除此之外，另一個較為人忽視的文化背景乃是宗教的影響，特別是來自印度的婆羅門教與佛教。自西元一世紀起，印度宗教便由海路（由斯里蘭卡前往東印度群島）與陸路（經孟加拉進入中南半島）雙線並進，然後漸次往北傳播（經由中國大陸進入朝鮮半島與日本群島），慢慢成為東亞文化的重要組成部分。值得注意的是，佛教觀念對東亞地區具有兩面性的雙重影響：從一方面來說，由於佛教的「四聖諦」說法聲稱存在是痛苦的，為了斷痛苦，人們必須透過規範思想與行為的「八正道」來尋求解

---

[28] John Dunn, *Democracy: The Unfinished Journey* (Oxford: Oxford University Press, 1992), p. vi.

[29] 或許有人認為儒家文化主要的影響範圍以東北亞（中國大陸、朝鮮半島與日本）為主，東南亞地區所受到的影響相對有限，但若考量到華人在東南亞的移民發展歷程，以及傳統上以中國為中心的朝貢體系發展的話，儒家文化對東南亞還是存在一定的影響。

脫，由此也強化了對既有階層秩序結構的容忍；但在另一方面，由於流傳在東南亞地區的主要是小乘佛教，此教派相信全體人類都是平等的，而且每個人都必須戮力於自我救贖，這與西方源自基督教信仰的平等觀念倒不啻有點不謀而合。[30]

　　無論如何，相較於中國與印度這兩個早期文化來源對東亞地區都缺乏政治野心（中國所建構的朝貢體系僅為滿足有限的威望利益），葡萄牙人在1511年的征服麻六甲，則可說是個重大的歷史轉捩點。從某個角度來看，歐洲人（包括後來的西班牙、荷蘭與英國人）最初的擴張動機乃是經濟性的，亦即企圖壟斷東亞區域貿易活動，並切斷阿拉伯人與波斯人在此地的傳統互動網絡，[31] 此種目標上的有限性，也限制了他們在東亞的擴張活動。當然，限制歐洲人在東亞活動的更大原因其實是「能力」而非僅是「政策」，結果是一直到十九世紀以前，無論在沿海或內陸地區，絕大多數東亞國家與人民仍舊過著傳統生活方式，並未受到來自西方的明顯衝擊。

　　由於工業革命成功鼓勵了歐洲在十九世紀的加速擴張進程，其結果是這個資本主義先驅與核心地帶因此取得世界經濟步調的決定權，然後憑藉其優勢武力進行對「落後地區」的支配行動。[32] 由此到了二十世紀初，除了日本，以及中國與暹羅（泰國）這兩個表面獨立的國家外，英國以印度為基地，將勢力往東伸入緬甸與馬來半島，法國以越南為基地，向西邊侵入老撾與柬埔寨，荷蘭繼續控有東印度群島大多數地區，而西班牙則在1898年將菲律賓移交給美國，除了日本在1895年甲午戰爭後逐漸取得朝鮮半島控制權外，多數東亞地區幾乎全成為歐洲體系下的被剝削者。儘管

---

[30] 所謂四聖諦是指苦諦、集諦（苦之生起或根源）、滅諦（苦之止息）與道諦（導致苦之止息的途徑）；至於八正道也叫八支正道、八支聖道或八聖道，包括：正見、正思惟、正語、正業、正命、正精進、正念、正定。

[31] D. R. SarDesai, *Southeast Asia: Past and Present* (Boulder: Westview Press, 2003), Chapter 5.

[32] Eric Hobsbawm, *Age of Empire: 1875-1914* (London: Vintage, 1989), pp. 82-85.

歐洲人的「目標不是領土，而是貿易」，[33] 但在受新帝國主義思維驅動而進行征服後，為確保經濟收益，強迫當地人民為國營農場提供勞動或配合其壟斷政策，進行政治壓制也就無可避免。

在此時期中，歐洲殖民者透過以總督為首的中央集權式統治機器，逐步將觸角伸入東南亞社會各個角落；值得注意的是，為降低壓制成本，包括封建貴族與部落首領等東南亞的傳統統治者並沒有被完全消滅，而是被部分地納入殖民統治機構當中，被允許擔任某些政府次要職務。[34] 大體來說，間接統治（有時利用諸如東印度公司等準官方機構來進行管理）、懷柔與分治政策（保留當地傳統貴族地位但利用其矛盾彼此制衡）與壓縮政治參與（繼續將大多數人民排除在政治過程之外），可說是歐洲殖民政策的政治重點。在此情況下，前述東亞的傳統政治文化特徵也被大致保留下來。即便是日本、中國與泰國等三個殘存的獨立國家曾在十九世紀末各自展開一定程度的學習西方制度行動，但它們所模仿者也是英國式的君主立憲，而非美國式民主政治。

貳 解殖民初期東亞國家的制度選擇

不過，如果我們承認東亞在前民主時期的傳統政治文化中找不到任何民主特質，即便在歐洲殖民統治階段也繼續保留此種特色的話，那麼，此地區國家又為何會在1950年代的獨立浪潮下，紛紛嘗試民主這種新的政治形式？

對此，特別在東南亞地區，或許可從三個角度來進行理解。首先，儘管歐洲國家普遍採取政治壓制和參與緊縮措施，正如 D. R. SarDesai 所言：「民族主義乃是歐洲對於殖民世界的一項外銷品」，對於遙遠傲慢異

---

[33] C.E. Wurtzburg, *Raffles of the Eastern Isles* (London: Hodder and Stoughton, 1954), p. 461.
[34] Nicholas Tarling, ed., *The Cambridge History of Southeast Asia*, Vol. 2 (Cambridge: Cambridge University Press, 2000), p. 154.

族企圖強加統治的共同敵意，再加上殖民者推動新式教育所帶來西方經驗中的革命知識，可說是東南亞人民建構新政治認同的第一個基礎；其次，在日本於1942-1945年占領東南亞地區期間，如同 Arnold Toynbee 的看法般：「……日本對西太平洋地區的征服雖然時間相當短暫，但就某種意義來說卻無疑是開創了歷史，因爲它決定性地排除了此地區人們恢復到從前狀態的所有可能性」，[35] 至於其關鍵是日本企圖利用東南亞民族主義者來加速驅離歐洲統治勢力的緣故，但結果一方面打破了殖民者「無法戰勝」的神話，也進一步刺激了東南亞人民的自主性概念。最後，則回到本文一開始所揭櫫的觀點，亦即由於英國與美國成爲第二次大戰勝利集團的領導者，其所代表的憲政民主體制也高居一時顯學，再加上歐洲早在殖民末期便開始將部分西式體制移植到東南亞地區，這讓獨立革命者模仿民主制度（例如頒布憲法、實施代議制度、組織並進行政黨間競爭等）也成爲極自然的現象。[36]

在第二次大戰結束後，儘管東亞國家或由武裝鬥爭途徑（印尼、寮國、越南與柬埔寨），或經和平談判過程（新加坡、馬來西亞與緬甸），或根據預設轉型方案（菲律賓與汶萊），或者來自冷戰時期國際力量介入的結果（特別是在東北亞地區），而紛紛建立了獨立國家，[37] 而且幾乎都聲稱接受民主價值並採取類似制度模式（請參考表5.1）；但事實上，此地區不僅到處存在威權統治者，[38] 他們也幾乎都僅僅是把民主制度當作對

---

[35] Arnold Toynbee and Veronica M. Toynbee, eds., *The Far East, 1942-1946* (London: Oxford University Press, 1955), p. 2.

[36] 田禾，〈東南亞四國的憲政之路〉，收於李文主編，《東亞：憲政與民主》（北京：中國社會科學出版社，2005年），頁47。

[37] 顧長永，《東南亞政治學》（臺北：巨流圖書公司，2005年），頁94。

[38] 這些長期威權統治者的共同特徵是，幾乎均利用一黨專政威權體制來壟斷政治權力，甚至終身執政，包括：臺灣中國國民黨的蔣中正（1949-1975）與蔣經國（1978-1988）、中國共產黨的毛澤東（1949-1976）與鄧小平（1978-1997）、北韓勞動黨的金日成（1948-1994）與金正日（1995-2011）、南韓的李承晚（1948-1960）、朴正熙（1963-1979）與全斗煥（1980-1988）、印尼從業集團的 Ahmed Sukarno（1945-1966）與 Haji Mohammad Suharto（1966-1998）、越南共產黨的胡志明（1945-1969）、馬來西亞巫統的 Tunku Abdul Rahman（1957-1963）與 Mohammed Mahathir（1981-2004）、新加坡人民行動黨的李光耀（1959-1990）、

內外宣傳的招牌罷了。當然，這一連串的「民主回潮」發展並非某種骨牌性連動現象，而是「家家有本難唸的經」的結果（同樣請參考表5.1所列），但這依舊突顯出東南亞地區民主基礎與背景的相對薄弱，甚至或許也點出另一個更難以回答的問題，亦即：西方式民主真的適合這群東亞新興國家嗎？

我們可以發現，除了汶萊之外，包括採取各種社會主義政體的國家在內，東亞各國在二十世紀中期的獨立浪潮或制度再造過程當中，幾乎都嘗

表 5.1　東亞各國政治制度選擇及其主要問題

國家	政體類別	主要政治問題
南韓	總統制	反殖民主義（民族主義）、地域觀念、威權政治遺產
菲律賓	總統制	家族侍從關係、發展經驗、殖民遺產
印尼	總統制	殖民遺產（分治政策）、多元族群環境
臺灣	半總統制	威權政治（移入性政權）遺產、族群衝突、地域觀念
新加坡	議會內閣制	地緣環境、強人遺緒
日本	君主立憲制	派系政治（封建遺產）、大戰歷史陰靈、泡沫經濟
馬來西亞	君主立憲制	父權政治、宗教力量、發展政策
泰國	君主立憲制	東方專制（無為而治＋君神合一）、半民主、民族主義
柬埔寨	君主立憲制	內戰遺緒、軍人威權
汶萊	絕對君主制	石油經濟
中國	一黨專政制	改革開放政策、多元社會（廣土眾民）平衡問題
北韓	一黨專政制	封閉政策、經濟困境、統一問題
越南	一黨內閣制	封閉政策、地域觀念、改革開放政策
寮國	一黨內閣制	地理位置、發展困境
緬甸	議會內閣制	反殖民主義、宗教影響（等級制與宿命論）、軍人政治

資料來源：作者自行整理。

緬甸社會主義綱領黨的 U Ne Win（1962-1988）、菲律賓的 Ferdinand Marcos（1965-1986）等（括號內年代為其在位期間）。

試選擇了西方式（包括列寧式）的政治制度。從歷史回顧來看（如果西方發展經驗相對比較的話），東亞國家大多是在外部力量作用下開始其憲政進程，而不是像西方國家般是由內部力量催生的。推究東亞國家最初紛紛移植式地照搬西方制度的緣由，或許與國際力量（直接或間接）介入其制度選擇過程有關，例如在美國影響力較大的地區（例如南韓、菲律賓、臺灣），便傾向採取總統制，受到英國殖民勢力殘餘影響的地區（例如新加坡、馬來西亞）則多以內閣制為主，在蘇聯的赤化區域內（例如北韓、中國、越南與寮國）則自然採取社會主義體制，至於其他國家多少也受到些許影響。

除此之外，由於西方殖民統治與資本主義全球體系逐步成形的壓力，多數東亞國家基於傳統而形成的自主性明顯受到重大限制，更甚者，建立在掠奪與侵略基礎上的西方概念與西方近代政治文化中自由、人權與平等思想相互排斥的現象，也深深地影響著此區域的憲政發展過程，特別是意識形態的複雜內涵；[39] 例如無論是印尼的「建國五原則」（Pancasila：民主、人道主義、國族統一、社會正義、信仰上帝），或馬來西亞的「五大國家原理」（Rukun Negara：伊斯蘭國教化、效忠國王與國家、遵守憲法、實行法治、有良識的行動與德性），或泰國的國家格言「民族、宗教、國王」等，都可看出其同時融合東方傳統意識與西方文化的結果。

第三節　東亞制度運作的結構性變數分析

無論如何，儘管東亞各國表面上均採用西方式政治制度，甚至在意識形態上也融合進重要的西方民主思想，但制度根本目的既為了用來解決社

---

[39] Michael R. J. Vatikilotis, *Political Change in Southeast Asia* (New York: Routledge, 1996), p. 32.

會問題，因此也不可能無視於這些問題的傳統社會根源。事實上，不同的歷史與文化背景本來便會孕育出不同的憲政實踐結果，而憲政的普遍價值也必須經過各國特殊的政治與經濟發展條件與經驗來加以體現；不過，由於篇幅限制，在此並不可能逐一羅列說明各國的特殊性，僅能以區域（東亞）為單位，透過宏觀整理嘗試去了解此區域國家與其他區域比較起來，所可能突顯的不同之處。

壹 社會結構：家族傳統與宗教影響

在影響東亞政治發展的社會習慣中，首先當推家族傳統。正如我們在前一個段落中曾提及的，東亞社會往往將家庭視為社會體系的核心單位，然後由此衍生出整套結構性的社會規範。當然，家族性政治並非是東亞的特殊現象（例如在美國也有 Kennedy 家族與 Bush 家族等），但在缺乏真正民主觀念制約之下，此種傾向不僅會帶來嚴重的貪腐問題，而且由於它可能抑制社會流動，在因壟斷機會而導致參與不足的情況下，民主制度也會受到更大的傷害。

例如菲律賓自獨立以來所產生的14名總統當中，至少12人沾親帶故，甚至其政治家譜還可以連上一名法國前總統。大致來說，該國議員大多來自134個左右的家族；這些家族（幾乎都是地主階層）在西班牙殖民時期，由於擁有受高等教育的特權而獲得充當殖民代理人的機會，迄今依然掌控著國家。[40] 政治貴族們不僅少與平民階層通婚，國會更是望族子嗣集中地；根據統計顯示，在2016年全國大選後，仍有81%正副省長與78%眾議員席次出身政治家族，至於24席參議員更幾乎全由貴族子弟掌握。

在日本政界也普遍存在著政治世家長期壟斷國會議席的現象，例如在2003年大選中便有150名「世襲」候選人參選，特別是執政的自民黨至少

[40] Sheila S. Coronel, Yvonne T. Chua, and Luz Rimban, *The Rulemakers: How the Wealthy and Well-Born Dominate Congress* (Manila: Philippine Center for Investigative Journalism, 2004).

有40%黨籍眾議員擁有世襲身分；[41] 以2017年眾議院選舉小選舉區當選者
為例，89名在三代以內直系親屬也當選過參眾議員，占小選舉區總席位
31%，若計算直接繼承父祖一輩選區者達75名，占26%；推究日本政壇的
這種世襲現象，可說有其深刻的歷史和現實原因：首先，家族觀念（從長
子繼承制到門第觀念）仍是其社會關係的基礎之一，政治家往往希望後代
繼承事業；其次，日本過去「中選區單計非讓渡制」的選舉制度和選區規
劃也有利於世襲政治發展；最後，日本人常說議員選舉需要3「ban」，
即地盤（Jiban）、招牌（Kanban）和錢包（kaban），這些正是家族實
力主要提供的對象。[42] 儘管這種情況在1994年改採「小選舉區比例代表並
立制」後有所改善，仍無法顛破此一政治基本現象。[43] 正如信夫清三郎把
明治維新以後建立的政治形態稱為「偽立憲絕對主義」（Pseudo-Consti-
tutional Absolutism）般，一方面天皇作為日本國民的最高家長統治著國
家，另方面日本政體又在形式上遵循著立憲主義的各項原則，天皇制把近
代立憲主義嫁接到傳統神權和家長制的觀念，並以立憲主義來掩護其神政
家長制本質；這種形式性的立憲政體本質上是種從傳統制轉變過來的權威
政體。[44] 儘管在天皇因戰敗而淪為虛位君主後，前述情況本質上並沒有改
變，尤其是在少數菁英過於重視橫向聯繫與把持政治下，「不透明」更成
為日本政治的特徵之一。[45]

　　當然，東北亞地區的儒家傳統也不可忽視，例如日本、南韓、中國和

---

[41] 例如小泉純一郎首相即出身於一個三代從政的家庭，祖父小泉又次郎自1908年起12次連任眾
議員，曾任遞信大臣、眾議院議長；父親小泉純也自1937年起擔任眾議員，戰後則擔任過池
田內閣和佐藤內閣的防衛長官，目前純一郎之子進次郎也擔任國會議員。

[42] 請參見〈透視日本政壇的世襲現象〉，http://news.sina.com.cn/w/2003-10-22/16031974887.
shtml。

[43] 新制度內容請參考小林良彰，《選舉制度—民主主義再生》（東京：丸善株式會社，1995
年），頁119-121。首相小泉純一郎自2005年起推動選舉制度改革，希望將改造後的眾議院
將從目前的480個席位減少為300個，參議院從目前的242個席位減少到150個席位，但未成
功。

[44] 信夫清三郎，《日本政治史：第三卷》（上海：上海譯文出版社，1989年），頁119。

[45] 松村岐夫等，《日本政府與政治》（臺北：五南圖書公司，2005年），頁12-16。

臺灣都具有儒家意識形態歷史傳統以及相應的政治文化，此種文化因素有助於國家權威形成一種自上而下的社會整合優勢和集體主義凝聚力，再加上以「忠孝」爲支柱的儒教政治規範約束，於是從而形成某種「整體號召機制」。[46]這也是南韓與臺灣的政治發展特徵與日本有些類似的緣故。[47]

　　至於在東南亞地區，則除了家族傳統外，宗教對政治也具有極大影響，甚至有時還高於世俗力量。特別像伊斯蘭教，既是印尼和馬來西亞的主要宗教（甚至是國教），也爲信徒規定了一整套哲學和生活制度。透過對社會價值、權威態度及對政府形式的影響，伊斯蘭教對憲政具有很重要的作用。像馬來西亞便賦予伊斯蘭法相當重要的地位，而印尼也在家庭、婚姻、繼承等方面實行伊斯蘭法；在1980年代後，這兩個國家的伊斯蘭組織也逐漸放棄原先的邊緣化政策，開始設法去影響政治權力核心。[48]至於在泰國，憲法亦明確將佛教規定爲國教，並明訂國王必須是佛教徒，宗教、國王和國家則屬不可分離的三位一體關係，政府甚至將佛教僧侶納入官僚機構當中，其影響可見一斑。

貳 政治文化：軍人干政與裙帶關係

　　很顯然地，東亞各國雖在1950年代後紛紛選擇西方政治制度，但多數均長期維持著「名爲民主，實則威權」的狀態。Jeff Haynes 曾將所謂威權統治分成四個類型：即共黨政府、非共黨的一黨政權、個人獨裁（包括傳統王室）與軍事政權等。[49]但軍事政權非但可說是其中最普遍的一種

---

46 參考金日坤，《儒家文化圈的倫理秩序與經濟》（北京：中國人民大學出版社，1991年）。
47 南韓與臺灣既都有受日本殖民統治的經驗，過去也和日本一樣採取「中選區制」（SNTV），但南韓首先在1987年採取新的單一選區兩票制，在日本於1994年跟進後，臺灣在2005年才出現同樣方向的改革結果。至於採取此類選舉制度的背後原因，或許與透過利用地方派系來鞏固殖民統治的政治性理由相關。
48 Rizal Sukma, *Islam in Indonesian Foreign Policy* (New York: Routledge, 2003), pp. 70-80.
49 See Jeff Haynes, *Democracy in the Developing World: Africa, Asia, Latin America and the Middle East* (Cambridge: Polity Press, 2001), pp. 8-11.

形式，[50] 甚至其他三種類型也經常以「掌握槍桿子」作爲基礎。實際上，「文武關係」長久以來便是政治研究中的一個重要課題，[51] 而軍人階層對於政府機關的控制也一直是第三世界發展中國家最關鍵的政治問題之一。對此，Eric Nordlinger 進一步將軍人在政治運作中的角色分成仲裁者（moderator，僅具否決能力）、監護者（guardian，控制政府的現狀維護者）與統治者（ruler，提出改革計畫的獨裁者）等三個角色，[52] 但如果再加上中立者（neutralist，軍隊國家化）與統治工具（governing tool，受個人獨裁者或獨大政黨控制），則或許更能了解軍人對東亞政治發展的影響。

　　從下面的表5.2中可以發現，在東亞國家中，有各約三分之一國家的軍人階層扮演著政治中立與統治工具的角色，即便擁有較積極的獨立位置，多半也僅限於仲裁者角色；與拉丁美洲或非洲國家相較起來，出現純粹軍人獨裁政權的情況顯然非常少。這或許也意味著軍人在東亞政治運作中的有限角色。

　　泰國可說是東亞國家中，軍人干政較典型的例證；在1932-1992年間，該國共發生過19次軍事政變，[53] 平均約每2.5年發生一次，且成功率相當高，其結果是在此期間出現50屆內閣，其中80%由軍人擔任總理職務。[54] 當然，有時泰國軍人並不直接擔任內閣職位，而是幕後操縱或更多時候是控制少數關鍵職位（如總理、國防部長、內務部長等），2014年

---

[50] K. Hadjor, *Dictionary of Third World Terms* (London: Penguin Publishers, 1993), p. 196.

[51] See Gaetano Mosca, *Ruling Class* (New York: Basic Books, 1939); Stanislaw Andrzejewski, *Military Organization and Society* (London, 1954); Samuel Huntington, *The Soldier and the State: the Theory and Politics of Civil-Military Relations* (Cambridge, Mass.: Harvard University Press, 1957).

[52] Eric Nordlinger, *Soldiers in Politics: Military Coups and Government* (New York: Prentice Hall Publishers, 1976), Chapter 1.

[53] 陳佩修，《軍人與政治：泰國的軍事政變與政治變遷》（臺北：中央研究院人文社會科學研究中心，2009年），頁3。

[54] 泰國在新世紀的第一次軍事政變發生於2006年9月，與前一次相隔15年，結果推翻了泰國憲政史上首度獲得國會絕對多數的 Thaksin 內閣；其後，軍方再度於2014年5月發動政變，推翻了Yinglak（Thaksin之妹與代理人）內閣。

表 5.2　東亞各國的軍人角色變遷

角色分類	國家
中立者	日本（1947-）、南韓（1993-）、臺灣（1987-）、馬來西亞（1957-）、新加坡（1965-）、汶萊（1959-）
仲裁者	南韓（1948-1961）、緬甸（1948-1961）、泰國（1993-2014）、印尼（1945-1955，1998-）、菲律賓（1935-1972，1987-）、寮國（1954-1974）、東埔寨（1953-1970）、東埔寨（1993-）、緬甸（2012-）
監護者	緬甸（1962-1974，1988-2011）、泰國（1932-1993，2014-）、印尼（1955-1965）、菲律賓（1972-1986）、東埔寨（1970-1993）
統治者	南韓（1961-1992）、緬甸（1974-1988）、印尼（1966-1998）
統治工具	中國（1949-）、北韓（1949-）、越南（1949-）、臺灣（1949-1987）、寮國（1975-）

資料來源：作者自行整理，粗體字代表其目前角色位置。

政變後更藉延遲選舉控制政治，直到2019年才開放大選。印尼軍人干政也是其政治發展的顯著特點；由於該國是個多種族社會，經濟與社會長期處於動盪狀態，而這既提高了軍隊的政治作用，甚至軍方還在1966年發展出一套「雙重功能」（dual functions）理論來為干政的正當性作辯護，[55]儘管軍方在1998年後失去國會保障席次，目前國家發展情勢亦相對穩定，但2004-2014年執政的 Susilo Yudhoyono 仍具軍方背景，直到2014年 Jokowi 才成為首位文人總統。相對地，菲律賓軍人雖因為可在政府機構中任職而擴大其社會影響力，但「未遂政變」不啻菲律賓政治的一大特點（例如 Aquino 總統任期內便有6次流產政變，Arroyo 總統時期也面臨3次以上政變威脅），原因包括美式訓練過程、「文官至上」原則，以及軍隊內部派系鬥爭等因素的影響。[56]

　　除了軍人干政影響外，所謂「裙帶政治」也是另一個值得關注的問

---

[55] Leo Suryadinata, *Military Ascendancy and Political Culture: A Study of Indonesia's Golkar* (Athens, Ohio: Ohio University Press, 1989).

[56] 張錫鎮，《東南亞政府與政治》（臺北：揚智文化公司，1999年），頁189-191。

題。此種問題基本上與金錢政治分不開關係，而後者對憲政的干擾首先表現在透過賄選以取得選票或改變選舉結果的行為上頭；更甚者，金錢既可以換取權力，權力也可以換到金錢。從現代政治發展角度來看，賄選現象可說普遍存在於各國民主化的早期階段。除賄選手段外，金錢政治還表現於政府的介入經濟領域，例如菲律賓前總統 Estrada 執政期間便涉入從賭博到股票交易等許多商業活動以從中得到好處。多數認為，東亞國家金錢政治與政府管理職能擴大但制度又不完善有直接的關連。至於「裙帶關係」則泛指因血親、姻親和密友關係而獲得政治與經濟上的各種利益，以及政治領導人對效忠者、追隨者給予特別的庇護的現象。例如韓國前總統金泳三因其子和親信被檢調單位發現行賄，致使民意支持度從上任初破紀錄的90%跌到僅10%；另一位獲得諾貝爾和平獎的前總統金大中也因兒子收受鉅額賄金和逃稅，不得不五度向人民道歉，盧武鉉因兄長與妻兒相繼涉貪而自殺身亡，李明博家族在任內遭大規模調查搜索，朴槿惠更因「閨密門」事件鋃鐺入獄；而臺灣的陳水扁總統也因類似的裙帶親信貪腐問題而導致支持率大跌，既引發大規模示威運動，同時加深國內政治對立分裂態勢；前述菲律賓總統 Estrada 繼任者 Arroyo 則在2005年因其夫涉及貪瀆引發大規模群眾運動與政變危機，個人甚至在2011年因涉嫌操縱選舉遭到逮捕。

參 發展歷程：國家主導的工業化追趕政策

對西方（特別是現代化理論者）來說，諷刺的是經濟發展不僅未必推動政治民主化，有時反而成為東亞威權政體的護身符，儘管這些政體有時也稱為「半民主政治」（semi-democracy）或「軟性威權主義」（soft authoritarianism），[57] 但重點是它們經濟的躍進式發展並未立即帶來足以

---

[57] O'Donnell and Schmitter, "Defining Some Concepts and Exposing Some Assumptions," in G. O'Donnell, P. Schmitter, and L. Whitehead, eds., *Transitions from Authoritarian Rule: Prospects*

威脅中央集權的市民社會力量。對於此種現象，我們可先從經濟面向來了解。

　　一般說來，對那些進行「後進工業化」（late industrialization）的國家（正如東亞國家）而言，由於大多數缺乏自然資源，但也不希望依賴外來資本（對於殖民主義反彈的結果），因此國家很自然地希望以促進出口的方式，來維持其收支平衡與比較利益；不過，為進一步解決問題，保守的支出習慣、設法提高國民儲蓄率，以及採取管制措施來控制外匯都是必要的措施。值得注意的是，如同 Robert Wade 所言：「政府對於經濟的主導為東亞資本主義的重要因素」；[58] 在世界銀行於1993年所提有關「東亞奇蹟」的研究報告當中，同樣強調「國家機關」在此區域經濟發展過程中的關鍵位置。[59] 儘管另有部分學者指出，日本的經濟發展歷程由於結合了市場競爭與政府指導政策，而未必符合上述推論；[60] 不過，如果考量到日本乃是東亞地區唯一未受到殖民力量壓迫，同時也是最早推動工業化成功的國家的話，或許我們可將其視為例外，更何況該國為建立因應太平洋戰爭的動員體系，[61] 政府早自1930年代起便開始建立與企業之間的管理與合作關係，其方式首先是透過高關稅壁壘保護國內市場，然後是選擇性地協助特定企業擴張國際競爭力，這顯示其政府在發展過程中的介入依舊不容小覷。總而言之，有關後進發展的傳統看法經常指出，政府的介入市場可說是無法避免的手段，[62] 差別僅在於程度與途徑而已。

　　for Democracy (Baltimore: Johns Hopkins University Press, 1986), pp. 6-14; Gordon Means, "Soft Authoritarianism in Malaysia and Singapore," *Journal of Democracy*, 7:4 (1996), pp. 103-117.

[58] See Robert Wade, *Governing the Market: Economic Theory and the Role of Government in East Asian Industrialization* (Princeton: Princeton University Press, 1989).

[59] World Bank, *The East Asian Miracle: Economic Growth and Public Policy* (New York: Oxford University Press, 1993); see also Linda Weiss, *The Myth of the Powerless State* (Ithaca: Cornell University Press, 1998), and Woo-Cummings, ed., *The Developmental State* (Ithaca: Cornell University Press, 1999).

[60] T. Morris-Suzuki, *A History of Japanese Economic Thought* (London: Routledge, 1989), pp. 44-70.

[61] 石井寬治，《日本經濟史》（臺北：五南圖書公司，2008年），頁374-378。

[62] James H. Raphael and Thomas P. Rohlen, "How many Japanese Models of Growth?" in Henry S. Rowen, ed., *Behind East Asian Growth: The Political and Social Foundation of Prosperity* (New

　　進一步來說，如果前者推論爲眞的話，那麼它既暗示著國家角色的不可能太小；相對地，假使根據民主政治理論，將國家與社會力量間的消長視爲某種零和遊戲的話，這也意味著民主（市民社會）的力量必將受到壓制。更甚者，特別是由於相較於其他第三世界的後進發展者，東亞國家普遍取得較正面且穩定的發展結果，由此所提供的「威望」更經常透過反饋與輸出過程，成爲威權政體鞏固其領導正當性的重要基礎。

肆　制度缺陷：不完美設計的問題

　　根據迄今的民主經驗顯示，政治制度選擇與選舉規則的設計，不但會影響選舉結果與政黨體系（例如兩黨制或多黨制）的發展，同時也會牽動政府運作和憲政體制（尤其是行政與立法關係）的變遷。[63] 例如選擇總統制的話，可能因爲強化政治運作中的「零和」特質而升高衝突對立可能性，並帶來傾向兩黨體系的發展；相對地，如果選擇內閣制的話，雖因制度所暗含的妥協特質而一定程度地降低衝突，但由於其可能鼓勵多黨體系的出現，因此也會增添運作的複雜度；又如在選舉制度選擇方面，如果採行低門檻障礙的政黨名單比例代表制，則易出現多黨體系和聯合政府，不過，若採取單一選區制的話，則顯然對小黨不利，且傾向形成兩黨制。[64] 另外，選擇兩院制國會雖可能源自因廣土眾民而必須回應社會內部複雜性，或回應君主制遺緒問題，但相較於一院制國會，似乎也較能緩和行政與立法間的直接對立態勢；當然，如果一院制國會僅是個「橡皮圖章」的話，也未必具有制衡行政機關的能力（有關東亞各國的國會制度選擇，請

York: Routledge, 1998), p. 274.

[63] John M. Carey, "Institutional Design and Party Systems," in Larry Diamond, Marc F. Platter, Yun-han Chu and Hung-mao Tien, eds., *Consolidating the Third Wave Democracies: Trends and Challenges* (Baltimore: The Johns Hopkins University Press, 1997), pp. 67-92.

[64] 例如日本、南韓和臺灣等少數國家過去曾採行的「多席次選區單記不可讓渡制」（SNTV），則容易助長多黨競爭，鼓勵派系主義和以個人利益導向的投票行爲和議員問政模式。

參考下表5.3所列資料）。總而言之，由於存在著「制度悲劇」（亦即人類迄今仍無法設計出完美的制度）此一永恆的問題，因此，無論選擇何種制度，都會衍生出不同的運作問題來。

更甚者，制度運作不僅有著「先天不良」的缺陷，「後天失調」亦製造出更多麻煩。如同 Barbara Geddes 所言，擁有改變制度能力者，往往追求他們自身的利益更甚於一切，而其利益也就是不斷促使自己在政治生涯中更上層樓；正是這種政治利己主義而非理性考量，驅使其贊成某種制度，或反對另一種制度，其結果自然平添不少不確定性。[65] 儘管因篇幅所限，無法詳細介紹，但由過去半個世紀東亞多數國家都有著頻繁修憲過程看來（請參考表5.5），其目的非但幾乎極少環繞著理性的制度選擇爭議，相反地，更多時候僅僅在設法為既有政權量身訂做地提供正當性基礎，或者直接反應國內政治勢力鬥爭的結果（此亦為第三世界的普遍現象），如此，當然無法維繫制度的穩定運作。

表 5.3　東亞國會制度比較

國家	國會體制	席次與任期
南韓	一院制	國民議會（National Assembly or Kukhoe）300席（253席來自單一選區，47席為比例代表），4年一任
菲律賓	兩院制	參議院（Senate）24席，6年一任，每3年改選一半；眾議院（House of Representatives）297席（240席來自單一選區，57席為比例代表），3年一任
印尼		人民協商會議（People's Consultative Assembly）為國家立法機構，由眾議院（House of Representatives of Dewan Perwakilan Rakyat, 560席）和地方代表會議（House of Regional Representatives of Dewan Perwakilan Daerah, 132席）共同組成，5年一任
臺灣	一院制	立法院113席（73席來自單一選區，34席為政黨比例代表，6席為原住民代表），4年一任

[65] Barbara Geddes, "Initiation of New Democratic Institutions in Eastern Europe and Latin America," in Arend Lijphart and Carlos Waisman, eds., *Institutional Design in New Democracies: Eastern Europe and Latin America* (Boulder: Westview Press, 1996), pp. 19-20.

表 5.3　東亞國會制度比較（續）

國家	國會體制	席次與任期
新加坡	一院制	國會（Parliament）87席（來自15個集選區與12個單選區，不含9名官委議員），5年一任；若非執政黨議員不足9名，可遞補非選區議員直到滿額爲止
日本	兩院制	上議院（House of Councillors or Sangi-in）242席（146席來自多選區制度，96席爲比例代表），6年一任，每3年改選一半；下議院（House of Representatives of Shugi-in）465席（289席來自單一選區，176席爲來自11個區域比例代表），4年一任
馬來西亞	兩院制	參議院（Senate or Dewan Negara）70席（44席由國家元首任命，26席由13個州議會選派，3年一任且僅能連任一次）；眾議院（House of Representatives of Dewan Rakyat）222席，5年一任
泰國	兩院制	參議院（Senate or Wuthisapha）250席（由軍方主導之維持和平與秩序委員會指派），6年一任；國民議會（National Assembly or Rathasapha）500席（350席來自單一選區，150席爲比例代表），4年一任
柬埔寨	兩院制	參議院（Senate）61席（2席由國王任命，2席由國民大會選出，另57席由國民議會議員與行政區長官選出），5年一任；國民議會（National Assembly）123席，5年一任
汶萊		立法會議（Legislative Council）30席（均由蘇丹任命，2004年曾通過修正案增爲45席，其中15席由人民選出，但從未提出選舉時程），僅具象徵性諮詢功能
中國	一院制	全國人民代表大會2,980席（由各省級單位與軍隊選出），5年一任
北韓	一院制	最高人民會議（Supreme People's Assembly）687席，5年一任
越南	一院制	國民議會（National Assembly or Quoc Hoi）500席，5年一任
寮國	一院制	國民議會（National Assembly）149席，5年一任
緬甸	兩院制	國民會議（House of Nationalities or Amyotha Hluttaw）224席（168席由人民選出，56席由軍方指定），4年一任；眾議院（House of Representatives of Pythu Hluttaw）440席（330席由人民選出，110席由軍方指定），5年一任
東帝汶	一院制	國會（National Parliament）65席，5年一任

資料來源：作者自行整理。

第四節 二十世紀末東亞的政治變遷

壹 東亞威權政體的政經基礎

正如前述，幾乎所有東亞國家在獲得政治獨立後，表面上雖均自稱民主並建立起模仿自西方的制度架構，但實際卻都存在著「威權政治」的運作特徵，例如普遍建立軍事政權（由軍人領政或透過軍事管制發布戒嚴令）、傾向長期執政的強人政治、代議民主制度受到凍結、人民基本權利遭限制或破壞，甚至還直接攻擊西方民主概念等。[66]

至於此區域國家在首度嘗試民主後隨即大規模「撤退」的原因，或許可由以下幾個角度來觀察：首先，如果我們考慮到解殖民過程所帶來的社會動盪失序現象，特別是由於過度動員與訴諸理想民族主義所帶來的期待落空感受，透過軍事強人執政以滿足民眾對於「秩序」的盼望也就可以想像；其次，正如 Samuel P. Huntington 所言，為致力於現代化運動而必須集中國內資本力量，乃是這些發展中國家走向威權道路的關鍵之一，但因此所發起的社會動員運動亦將同時埋下不穩定（革命、政變或示威活動等）的因子；[67]再者，或許更重要的原因來自在前段中所曾討論到的，亦即在缺乏運作民主制度所需之文化傳統背景的情況下，實在也很難想像一個由上而下植入性的新制度，能在短期間便和多數人民的生活習慣融合在一起。總之，至少在冷戰前期，表面上看來，威權統治顯然是東亞政治制度選擇的主流所在。

進一步言之，所謂國家統合主義（state corporatism）可說是東亞威權體制的主要特徵。從制度環境面向來看，此種治理形態多半存在於自由

---

[66] 張錫鎮，《東南亞政府與政治》（臺北：揚智文化公司，1999年），頁316。
[67] Samuel P. Huntington, *Political Order in Changing Societies* (New York: Yale University Press, 1968), pp. 39-54.

主義傳統相對薄弱、資本主義發展落後、政治文化具有威權背景，以及實施新重商主義的第三世界發展中國家，其制度運作特色則包括集中行政權力、一黨專政或獨大的政黨體系、象徵性的代議選舉，以及強調意識形態等。[68] 值得注意的是，此種制度選擇跟東亞採取「後進工業化」政策或許有些關聯，此種政策的特色在於國家將大規模投資於資本財工業，建立國營事業體系，並廣泛介入金融機制等。[69] 從某個角度來看，前述國家統合主義與後進工業化政策間，其實有著相當複雜難解的因果關係，但其融合的結果，再加上東亞地區本即具有的階層性政治文化，則亦很自然會產生排斥性（exclusiveness）安排，不利於民主制度進展。[70] 儘管如此，當威權政體成功提供經濟發展所需要的社會穩定性，甚至取得一定程度發展躍進的話，卻往往將矛盾地培養出足以與威權統治階層對抗的民主化力量；[71] 至於這股力量，則經常很模糊地被定義為「中產階級」（middle class），例如 Ian Chalmers 便形容「印尼由於中產階級的力量變得愈發強大，因此他們要求獲知公共資訊的聲浪也會跟著升高」。[72] 日本京都大學教授白石隆也指出，1970-1980年代的韓國和新加坡以及1980-1990年代的泰國、馬來西亞、菲律賓和印尼等都逐漸形成一群中產階級力量，並對政治動向產生巨大影響。[73]

　　總之，在威權政體提供一定程度的社會穩定性後，部分東亞國家因

---

[68] See Phillippe Schmitter, "Still the Century of Corporatism?" *Review of Politics*, 36:1 (1974), pp. 103-105. 事實上，此種體制首先在1920-1930年代影響了歐洲的法西斯政權，在1940-1960年代再度於拉丁美洲普遍流行，至於1960-1980年代則成為東南亞制度主流。

[69] Richard Robison, "Indonesia: Tensions in State and Regime," in Kevin Hewison, R. Robinson, and Garry Rodan, eds., *Southeast Asia in 1990s: Authoritarianism, Democracy, and Capitalism* (Sydney: Allen & Unwin, 1993), p. 23.

[70] Thomas W. Robinson, *Democracy and Development in East Asia: Taiwan, South Korea, and the Philippines* (New York: AEI Publisher, 1991), p. 282.

[71] David Held, *Prospects for Democracy* (Cambridge: Polity Press, 1993), p. 336.

[72] Ian Chalmers, "Indonesia 1990: Democratization and Social Forces," *Southeast Asia Affairs 1991* (Singapore: Institute of Southeast Asia Studies, 1991), p. 121.

[73] http://news.shangdu.com/17/2004-08-22/20040822-618326-17.shtml; 相關概念同時請參考陸學藝等，《社會結構的變遷》（北京：中國社會科學出版社，1997年）。

此獲致的經濟發展成果也引起後續的社會結構變動，從而亦帶來政治結構中公民社會內涵與觀念行為模式的改變（例如前述中產階級的崛起及其影響，儘管對此仍存在許多爭議），並埋下往民主化方向挪動的伏筆。

貳　第三波浪潮下的東亞民主化運動

無論如何，在1980年代中期後逐步加入第三波浪潮中的僅是「部分」東亞國家（參考表5.4所示）。例如在中南半島地區，越南儘管如中國般開始社會主義體制的改革開放歷程，但根據其1992年通過的憲法，仍繼續堅持共產黨「一黨專政」的不可動搖地位，甚至參與各級選舉的候選人亦依舊必須獲得批准。在寮國，1991年修憲案雖在繼續堅持「一黨專政」下允許其他政黨存在，1997年並首度舉辦國會選舉，但2002年大選仍只有1名非執政黨人士參選，[74] 目前所有國會議員仍由執政的人民革命黨（LPRP）壟斷。至於柬埔寨在長期內憂外患情勢交迫下，雖在聯合國監督下，在1993年以89%的高投票率舉行了自獨立以來最自由普遍的一次選舉，但在 Hong Sen 於1997年成功發動政變並控制實際局勢後，致使該國仍籠罩在強人威權統治的陰影下。至於東北亞地區，不僅堅持「政左經右」的中國依舊強調一黨專政並表示出對民主的保留態度，甚至連經濟改革都還沒展開的北韓，更繼續維持著政治鎖國政策。

相較起來，緬甸在1988年推翻 U Ne Win 長期統治並取消黨禁後，民主程度不啻往前更進了一步；特別是在1990年大選中，儘管軍事執政當局做出種種限制措施，由反對派領袖 Aung San Sun Kyi 所領導的「民主全國聯盟」（NLD）仍然在485個議席中大舉斬獲392席，遠高於政府支持之國民團結黨的10席，或許正因此種壓倒性結果讓執政者心生恐懼，致使軍方直到2010年才重新舉行國會大選。其後，Aung San Sun Kyi 雖

---

[74] Carlyle Thayer, "Laos in 2002: Regime Maintenance through Political Stability," *Asian Survey*, 43:1 (2003), pp. 120-126.

表 5.4　第三波浪潮下東亞政治變遷大事紀

年代	重要事件
1972	群眾示威運動結束泰國26年的軍事統治時期 菲律賓 Marcos 政府宣布戒嚴，中止憲法並解散國會
1976	中國大陸發生「四五天安門事件」
1978	中國出現「北京之春」運動，魏京生提出「第五個現代化」（民主化）主張
1979	南韓總統朴正熙遇刺，隨即爆發「漢城之春」民主運動 臺灣爆發「美麗島事件」（或稱高雄事件）
1980	南韓發生「光州事件」，金大中被驅逐出境
1981	菲律賓 Marcos 政府解除戒嚴令 新加坡工黨領袖 J.B. Jeyaretnam 成為1968年以來該國首位反對派議員
1986	Corazon C. Aquino 在「二月革命」推倒 Marcos 後成為菲律賓首位女總統 第一個反對黨（民主進步黨）在臺灣正式成立
1987	菲律賓通過民主新憲法，限制總統任期並增強擴大人權條款 臺灣宣布解除自1950年以來的戒嚴令 南韓全國性群眾運動導致盧泰愚發表「六二九民主化宣言」
1988	緬甸群眾示威運動迫使獨裁者 U Ne Win 下臺，政府同時取消黨禁
1989	中國大陸發生「六四天安門事件」
1990	Aung San Sun Kyi 領導反對派贏得緬甸首次國會大選80%席次（但她個人一直遭軟禁直到1995年才表面上獲得釋放） 李光耀卸下新加坡總理職務，移交給吳作棟
1991	Aung San Sun Kyi 獲得諾貝爾和平獎 新加坡通過總統由人民直接選舉的修憲案 寮國通過第一部憲法，解除「黨禁」允許其他政治團體存在 臺灣通過修憲，廢除動員戡亂時期臨時條款
1992	泰國「五月革命」群眾運動結束最後一個軍人政權 Suchinda 政府
1993	王鼎昌當選新加坡第一屆民選總統 柬埔寨在聯合國監督下舉行全國性多黨自由選舉，投票率為89% 馬來西亞透過修憲廢除蘇丹的司法豁免權，並允許國會議員評論王室事務 日本自民黨在國會選舉中失利，交出自1955年以來的執政地位
1996	南韓前總統全斗煥以叛國、叛變和貪汙罪名被判處死刑，旋即遭到特赦 李登輝當選臺灣第一位直接民選總統
1997	泰國首度透過制憲會議通過被稱為「人民憲章」或「永久憲法」的新憲法 寮國舉行首度國會選舉 Hong Sen 在柬埔寨成功發動政變奪權
1998	印尼「五一二」群眾運動導致 Suharto 下臺 Mahathir 解除 Anwar 副總理職務引發馬來西亞社會動盪
1999	印尼舊執政黨從業集團（GOLKAR）首度失去國會第一大黨地位

表 5.4　第三波浪潮下東亞政治變遷大事紀（續）

年代	重要事件
2000	民主進步黨在總統大選中獲勝，結束中國國民黨在臺灣的一黨獨大地位 南韓1,000個民間團體發起「落選運動」，要求淘汰不適任政客
2001	Thaksin Shinawatra 的泰愛泰黨首度投入國會大選即取得過半數席次 民進黨取代國民黨在臺灣國會中的第一大黨地位 菲律賓發生大規模群眾運動，迫使醜聞纏身的總統 Estrada 宣布辭職
2002	印尼通過憲法修正案，規定總統由人民直選產生，且連任以一次為限
2004	Susilo Bambang Yudhoyono 當選印尼第一位民選總統 臺灣總統選舉爭議導致長期街頭群眾運動
2006	泰國發生大規模群眾示威運動與軍事政變，迫使總理 Thaksin 辭去職務 臺灣發生大規模要求總統下臺的反貪腐群眾運動 菲律賓發生軍事政變，總統宣布全國進入緊急狀態
2008	馬英九贏得總統選舉，臺灣完成兩次政黨輪替（two turn-over）
2009	日本民主黨在國會中壓倒性擊敗長期執政的自民黨
2010	緬甸舉行1990年以來首度國會選舉 緬甸政府取消 Aung San Sun Kyi 軟禁命令
2011	新加坡反對黨首度拿下集選區，執政黨得票率創新低 中國廣東省烏崁村因地方官盜賣土地引爆大規模示威活動 緬甸宣布大赦，釋放70名政治犯 Yinglak 成為泰國史上首位女性總理
2012	日本民主黨大敗，自民黨重新取回政權 緬甸宣布廢除出版審查制度，並再度釋放政治犯
2013	南韓朴槿惠成為該國史上首位女總統
2014	泰國軍方發動政變接管政府，解散執政黨，總理 Yinglak 流亡海外 臺灣因兩岸服貿協議爭議，爆發「太陽花三一八學運」 香港因民眾爭取「真普選」爆發群眾性「雨傘革命」與「占中」運動
2015	緬甸舉行大選，Aung San Sun Kyi 獲勝成立全國民主聯盟政府
2016	泰國公投通過新憲法，走向隱性軍人政權 Aung San Sun Kyi 以國務資政身分，成為緬甸實質領導人 蔡英文領導民進黨獲勝，成為臺灣首位女總統
2017	南韓總統朴槿惠因「閨密門」成為該國史上首位遭彈劾下臺的總統 緬甸發生羅興亞穆斯林清洗事件，Aung San Sun Kyi 隨後遭撤回一系列獎章 Halimah Yacob 依憲法規定，成為新加坡史上首位女總統
2018	馬來西亞大選，前總理 Mahathir 終結國民陣線自1957年獨立以來連續執政，迎來馬來西亞政治史上首度政黨輪替
2019	泰國舉行2014年政變以來首次國會大選 香港以「反送中」為訴求，發起大規模街頭群眾運動

資料來源：作者自行整理。

　　在2015年大選中獲勝執政，後續內政處理卻使其「民主女神」光環褪去，甚至招致國際輿論韃伐。

　　至於實施君主立憲，且有「半民主」（semi-democracy）之稱的泰國，[75] 由於患有「憲政症候群」（該國自1932年迄今已頒布過18部憲法，平均壽命僅爲4年）的關係，在憲政制度無法提供有效政治規範的情況下，雖定期進行選舉並讓反對勢力擁有一定活動空間，但政府仍可運用權力壓縮反對黨與人民的政治參與；儘管如此，1992年推翻軍人政權的「五月革命」一度成爲泰國政治重大轉捩點，由此強化的民主化力量既在1995年後奠下所謂「新政治」（New Politics）的基礎，[76] 也促使該國在1997年通過新憲法，希望經由新選舉制度來強化責任性政黨體系，[77] 但2006與2014年兩度軍事政變，加上蒲美蓬國王在2016年去世，該國政治已隱然走回軍人政權。

　　在東印度群島部分，除實施絕對君主制的汶萊外，[78] 馬來西亞與新加坡雖均實行「一黨獨大」威權統治，但因兩國原屬英國殖民地，獨立後皆承襲部分英式法律制度，致使其結構仍具有一定程度的民主內涵。其中新加坡在李光耀於1990年卸下總理職務後，執政的人民行動黨隨即在1991年大選中獲得1968年以來的最低得票率（61%），[79] 同年爲約制總理權力，也通過人民直選總統的修憲案，並於1993年選出首位民選總統。值得一提的是，雖然新加坡的一黨體制經常受到民主論者詬病，但仍擁有東

---

[75] Chai-Anan Samudananija, "Thailand: A Stable Semi-Democracy," in Larry Diamond, Juan Linz, and Seymour M. Lipset, eds., *Politics in Developing Countries* (Boulder: Lynne Rienner, 1990), pp. 286-287; see also William F. Case, "Can the Halfway House Stand? Semi-democracy and Elite Theory in Three Southeast Asian Countries," *Comparative Politics*, 29:1 (1996), pp. 436-461.

[76] See Michael H. Nelson, ed., *Thailand's New Politics* (Bangkok: King Prajadhipok's Institute, 2002).

[77] 主要改革包括禁止議員隨意轉換政黨，同時將複選區制改爲單一選區制，Srida Sornsri, et al., *Elections in Southeast Asia: Cases Studies of Indonesia, Philippines, Malaysia, and Thailand* (Bangkok: Institute of East Asian Studies, Thammasat University, 2002).

[78] 汶萊在1984年正式獨立後，隨即在1986年頒布「緊急狀態與延續與確認法令」，將原先的緊急狀態合法化且永久化，目前其立法議會成員權由蘇丹任命，同時禁止所有政黨活動。

[79] 人民行動黨在2011年國會大選得票率爲60.14%，再創新低。

南亞最公開且有秩序的選舉。相對地，Mahathir 自1984年出任馬來西亞首相後，其領導的政黨聯盟「國民陣線」雖始終維持高度優勢，但政治清廉度遠不如新加坡，再加上族群結構的特殊性（華人占32%，在東南亞僅次於新加坡），也提供其政治壓制的政策來源；值得注意的是，Mahathir 雖在2003年將政權和平轉移給 Badawi，2018年卻領導「希望聯盟」終結「國民陣線」自1957年以來長期壟斷，帶來馬來西亞史上首度政黨輪替，未來發展值得關注。

　　至於在東南亞地區最引人注目的民主化發展，還是菲律賓與印尼的案例。菲律賓在1986年推翻 Marcos 統治的「二月革命」不僅可說是東南亞在第三波浪潮中的先驅，1987年新憲法也逐步擴大人民的參政空間，特別是總統僅能擔任一屆，而參議員與眾議員任期也各以兩屆與三屆為限的設計，一般認為將可望弱化過去菲律賓遭人詬病的寡頭政治傳統；儘管具寡頭色彩的「個人式政治」依舊扮演重要角色，[80] 而該國重要家族力量的影響亦不容小覷。而印尼過去在 Suharto 時期由於缺乏總統連任限制導致他得以長期獨裁，但在1997年金融風暴的衝擊下，不僅 Suharto 被迫在翌年下臺，其所領導的長期執政黨從業集團也在同年大選中失去第一大黨地位，從而使印尼的政黨結構自此轉向多黨體系發展；緊接著，印尼在1999與2002年兩度修憲，並於2004年首度由人民選出總統，這些改革措施無疑都將對印尼的民主程度發揮正面提升作用。

　　無論如何，東亞最關鍵或看來較有實質進展的民主化表現還是得推東北亞地區，特別是臺灣與南韓這兩個國家。在臺灣，執政的中國國民黨不但在1989年立委選舉中遭逢重大挑戰，更於1992年立委選舉中僅得到約略過半選票，席次比率亦跌落至60%以下；儘管國民黨整合地方派系的能力以及中選區單記不可讓渡投票制仍有助其暫時維持權力，1996年的

---

[80] See Renato S. Velasco, "The Philippines," in Iam March, Jean Blondel, and Takashi Inoguchi, eds., *Democracy, Governance, and Economic Performance* (Tokyo: United Nations University Press, 1999), pp. 167-202.

首度總統直選終究是一個關鍵性里程碑，因為這使臺灣「完全符合民主的程序要件，亦即以公開自由方式選出最高決策者」，[81] 同時也引起國際注目，而內部政治鬥爭動力的持續醞釀，最後也帶來2000年政黨輪替的結果。相較起來，南韓同樣以1960-1970年代間的經濟發展成就作為基礎，透過長期的逐步社會結構轉型而埋下一股推動民主運動的潛在力量。[82] 特別是在朴正熙於1979年遇刺後，軍人重建政權的舉動隨即在翌年引爆超過2,000次以上的示威遊行，儘管此股浪潮一度遭到壓制，但1987年的六月抗爭仍迫使當時執政黨總統候選人盧泰愚發表了一份《民主化宣言》，這一方面既象徵了軍人態度的趨向務實，亦奠定金泳三在1992年開啟「文人政府」時期的基礎。[83] 不過，在金泳三上臺之後，雖公開針對「政經勾結、官員腐敗、拜金主義」為症狀的「韓國病」，於全國掀起反腐倡廉運動，但相關問題迄今仍是困擾南韓民主運作的重大關鍵之一，正如前段所述，迄今沒有任何南韓總統個人或家族能擺脫貪瀆陰霾糾纏。

參 東亞民主化運動的評估問題

針對東亞地區自1980年代末以來，在第三波民主化浪潮中的表現，我們可經由以下幾個問題作進一步的分析檢討：1.東亞這波政治變遷浪潮的背後原因究竟為何？2.東亞的政治改革是否可能朝向「民主鞏固」發展？3.與世界上其他地區（例如東歐或拉丁美洲）相較起來，東亞的這波政治運動是否存在所謂「亞洲式民主化」的特徵？4.所謂「亞洲價值」觀念在這波改革浪潮中究竟扮演何種角色？

---

[81] Jaushieh Joseph Wu, "Institutional Aspect of Democratic Consolidation: A Taiwan's Experience," *Issues & Studies*, 34 (1998), p. 109.

[82] 參考森山茂德，《韓國現代政治》（臺北：五南圖書公司，2005年），頁151-152；郭定平，《韓國政治轉型研究》（北京：中國社會科學出版社，2000年），頁85；See also Hagen Koo, ed., *State and Society in Contemporary Korea* (Ithaca: Cornell University Press, 1993).

[83] See James Cotton, ed., *Politics and Policy in the New Korean State: From Roh Tae-Woo to Kim Toung-Sam* (New York: St. Martin's Press, 1995).

首先，Anek Laothamatas 曾將東亞民主化運動分成「經濟快速發展下的政治轉型」（泰國、臺灣與南韓）、「經濟快速發展下的有限民主化」（馬來西亞、新加坡與印尼），與「經濟相對落後下的民主運動」（菲律賓與緬甸）等3個群組來進行比較。[84] 無論其結論爲何，很顯然地，此種分類方式不僅直接挑戰了西方傳統的現代化民主觀點，其實自1990年代以來，也有愈來愈多的分析家承認，想找到一個放諸四海而皆準的民主理論根本不太可能。[85] 換言之，或許我們無法忽視國際力量介入（例如美國的外交政策或第三波浪潮帶動的滾雪球效應）對東亞這一連串政治變遷的影響，但更重要的因素恐怕還是來自個別國家內部政治、經濟與社會結構變動所累積生成的特殊原因。

其次，自1989年東歐變局以來，對「重新民主化」（re-democratization）的討論便顯示出學者們開始注意到民主的「鞏固」問題，亦即除建構基本的制度要件外，自由性公民社會與尊重法治等「行爲」與「態度」層次的人爲環境形塑也同樣重要，例如 Juan J. Linz 便認爲所謂民主鞏固「就是民主程序必須被視爲唯一遊戲規則」的一種心理共識狀態，[86] 至於在達成民主鞏固目標的標準上，Samuel Huntington 特別強調「兩次交替執政」的程序要件，[87] 而 Timothy J. Power 和 Mark J. Gasiorowski 除了也重視行政權力的輪替（特別是政黨組成）外，同時認爲只有能持續穩定民主發展超過12年以上的政體才有鞏固的可能。[88]

無論如何，從東亞的發展現況來看，不管採取何種標準，它們離前

---

[84] Anek Laothamatas, "Development and Democratization: A Theoretical Introduction with Reference to the Southeast Asian and East Asian Cases," in Anek Laothamatas, ed., *Democratization in Southeast Asia and East Asia* (New York: St. Martin's Press, 1997), pp. 15-17.

[85] Brian Downing, *The Military Revolution and Political Change: Origins of Democracy and Autocracy in Early Modern Europe* (Princeton: Princeton University Press, 1992), p. 39.

[86] Juan J. Linz, "Transitions to Democracy," *Washington Quarterly*, 13 (1990), p. 156.

[87] Samuel P. Huntington, *op. cit.*, pp. 266-267.

[88] Timothy J. Power and Mark J. Gasiorowski, "Institutional Design and Democratic Consolidation in the Third Wave," *Comparative Political Studies*, 30 (1997), pp. 130-148.

述民主鞏固似乎還有很長一段路要走。例如在東南亞地區的東協十國中，除君主制國家汶萊，以及越南、寮國、緬甸、新加坡與馬來西亞等5個維持一黨專政或獨大的國家外，[89] 在僅餘4個採取多黨制者裡頭，柬埔寨在 Hong Sen 的強人陰影下，聯合政府其實只圖具虛名，菲律賓與印尼雖透過總統直選促成政黨輪替，但傳統政治文化（恩庇關係與家族政治）與腐敗問題依舊纏繞不去，[90] 根據國際透明組織所發布的「2018年度腐敗指數」（Corruption Perceptions Index），東協便有半數以上國家在全球180個受測單位當中名次落後，分別是印尼（89）、泰國（99）、菲律賓（99）、越南（117）、寮國（132）、緬甸（132）與柬埔寨（161），儘管此地區近年來在全球金融海嘯下逆勢上揚，但貧富差距依舊埋下社會動盪隱憂，並使其民主鞏固前景蒙上一層陰影。

以泰國為例，該國雖也處於多黨競爭狀態，但政黨過多（根據1995與1996年的國會大選結果，各有12與10個政黨擁有席次）所帶來的彼此傾軋卻也導致動盪，這正是該國在1997年新憲法中企圖透過增設政黨名單制席位來刻意營造大型政黨的緣故，目的乃希望藉此提高政治穩定性；[91] 值得注意的是，泰國媒體自由程度曾高居全亞洲之冠，卻在 Thaksin 主政下備受箝制，甚至軍方更於2006和2014年兩度發動政變，政治不穩定程度可見一斑。另外，自2000年迄今，在菲律賓遇害的記者人數甚至比伊拉克境內還多，政治暗殺更相當頻繁。至於在東北亞，除日本的民主表現尚稱穩定外（儘管該國長期一黨獨大的現象實在不甚符合所謂民主

---

[89] 根據越南在1992年修改後的新憲法，共產黨不再是領導國家與社會的「唯一」力量，而寮國也在1991年通過共黨上臺後的首部具內閣制精神的憲法，因此在本文表1中，將其與仍堅持一黨專政民主集中制的中國與北韓分開，列在一黨內閣制之列。相關發展亦請參考顧長永，《東南亞政治學》，頁143-147。

[90] Revrisond Baswir, "Structural Obstacles to the Development of Transparency in Indonesia," in Simon S. Tay and Maria Seda, eds., *The Enemy within: Combating Corruption in Asia* (Singapore: Eastern Universities Press, 2003), pp. 158-180.

[91] Ji Giles Ungpakorn, "From Tragedy to Comedy: Political Reform in Thailand," *Journal of Contemporary Asia*, 32:2 (2002), pp. 191-205.

的要求，但自1993年結束「五五體制」後，也通過許多改革方案以企圖彌平國家與社會間的長期隔閡），中國大陸與北韓仍公開堅持一黨專政制度，而南韓與臺灣雖在1990年代成為東亞少數「民主化成功」的代表典範，但近年來由於兩國政治高層頻頻傳出貪腐醜聞，民間也不斷發動反政府運動，因此目前看來，其民主前景亦未必比其他國家樂觀多少。

一般認為，東亞民主化運動所以如此顛簸，一方面是因為包括貪腐風氣、裙帶主義、選舉舞弊情況，以及以強勢領導人而非理想為基礎的利益共生體系等傳統政治文化影響所致；另方面，部分東亞國家領袖不效法西方民主模式，而以中國及新加坡為師，將經濟發展優先性置於民權之上，也發揮一定程度的民主抑制作用；至於美國當前在東亞地區仍舊以推動「反恐合作」為當急要務，未能積極推展人權至上與政策透明化的管理觀念，同樣必須為此區域民主政治進展的減緩負起部分責任。

肆 亞洲式民主的爭辯

總之，如果根據當前歐美主流觀點來看，東亞各國的民主化當然還有很大的努力空間，但或許正如 Guillermo O'Donnell 所質疑的，所謂民主鞏固其實不過是種強調西方典範論的說法罷了，[92] 由此也衍生出部分學者所討論的「亞洲式民主」（Asian-style Democracy）問題。事實上，東北亞地區的南韓與臺灣一直被視為第三波浪潮中的特殊案例，[93] 因為它們似乎始終徘徊在所謂儒家價值與西方式多元主義間，這使得它們的民主化過程由於受政治保守主義與經濟務實主義的支配，因此出現某種深化遲緩現象，[94] 亦即一方面糾纏在「秩序與民主」的選擇困境中，同時繼續著對

[92] Guillermo O'Donnell, "The Myth about Democratic Consolidation," in Larry Diamond, Marc F. Plattner, Yun-han Chu, and Hung-mao Tien, eds., *Consolidating the Third Wave Democracies* (New York: The Johns Hopkins University Press, 1997), pp. 105-129。
[93] Nicholas Eberstadt, "Taiwan and South Korea: the Democratization of Outlier States," *World Affairs*, 155 (1992), pp. 80-89.
[94] Doh C. Shin, *Mass Politics and Culture in Democratizing Korea* (Cambridge: Cambridge

「高道德性領袖」與「大政府」目標的憧憬，從而也似乎讓東亞的民主概念看來有著不同於西方的特徵。

　　例如印尼的民族主義先驅 Sutan Sjahrir 早在1930年代便指出：「民主對我們來說並非意味著某種治理途徑或公民生活方式，而主要是一個用以對抗暴政與專制的保證。」[95] 這意指民主經常只被當成是個政治工具，而非目的本身。李光耀則認爲：「與美國的政治評論家相反……我認爲一個國家在發展過程中需要紀律多於民主，而過度的民主甚至會帶來紀律鬆弛與無秩序狀態」。[96] 這種說法不僅反映出多數東亞開發中國家領袖的共同心聲，其同時企圖反映出來的現實是，東亞不僅缺乏與西方類似的政治文化基礎，甚至連政治發展過程中的經濟與社會背景都有著明顯的差異。進一步來說，無論是否眞正存在所謂「亞洲式民主」，至少許多西方民主政治學者在觀察此地區政治發展時幾乎都忽略了兩個重點：首先，在眞正實施所謂民主前，東亞國家必須有辦法逐步去建立一套用來取代傳統的新行爲模式，同時包含司法獨立、依法而治與保障公民權利等概念的政治制度，其次，它們更需要足夠的「時間」去建立新的認同與價值觀念，以便對抗反對民主的力量。[97]

　　值得注意的是，那些支持亞洲式民主者與其說他們是在推動一種新的民主路徑，還不如說只是針對西方「文化霸權」壓力下的自衛舉措。換言之，重點或許並非是「到底存不存在所謂的亞洲式民主」？而是「除了西方歷史經驗外，是否還存在其他的民主標準與路徑」？對此，答案理論上應該是肯定的：既然多元化的文化發展本來便是人類世界的歷史特徵，

University Press, 1999), pp. 259-261.

[95] Rudolph Mrazek, *Sjahrir: Politics and Exile in Indonesia* (Ithaca: Cornell University Press, 1994), p. 486.

[96] Clark Neher and Ross Marlay, *Democracy and Development in Southeast Asia: The Winds of Change* (Boulder: Westview Press, 1996), p. 25.

[97] See Edward Friedman, "Democratization: Generalizing the East Asian Experience," in Friedman, ed., *The Politics of Democratization: Generalizing East Asian Experiences* (Boulder: Westview Press, 1994), p. 3.

存在著一種以上且必須因地制宜的制度選擇也是很自然的道理。例如 C. B. Macpherson 便曾表示過，西方式自由民主也不過是民主的歷史選項之一罷了。[98] 尤其對從事比較文化研究者而言，這也引發對於「亞洲價值」（Asian values）的討論。例如 David Hitchcock 便曾經針對亞洲與美洲人民的社會性格進行比較研究並且發現，儘管兩者均重視勤奮工作與自由人權，但相較於美洲人民對自我實現與彼此互助的強調，亞洲方面則更重視學習、自律、誠信，以及整體社會秩序。[99] 不過，更重要的爭辯起自1993年，在部分東亞國家針對聯合國即將在維也納所召開「世界人權會議」而舉辦的籌備會議後，各國共同發表了一份代表亞洲國家人權觀點的「曼谷宣言」（Bangkok Declaration），強調「人權雖然具有普遍性質，但應銘記各國與各區域國家各有特點，並有各自不同的歷史、文化與宗教背景」，因此不贊成任何人利用人權「作為提供援助的條件」或「施加政治壓力的手段」。[100]

儘管如此，所謂「亞洲」本身就不過是一個相當模糊的定義名詞，甚至經常只是一個被用來與「西方」相對應的象徵性概念，這由社群倫理（相對於個人主義）、社會紀律（相較於個人自由），以及將經濟發展作為國家與社會間目的聯繫性等被作為亞洲價值的主要概念可明顯看出來。[101] 從某個角度來看，或許這些東亞領袖的說法確實不無道理，今日西方式民主被拱成思想主流，和漢武帝當初透過獨尊儒術來貫徹其政治目

---

[98] See C.B. Marpherson, *The Real World of Democracy* (Oxford: Clarendon Press, 1966).

[99] David Hitchcock, *Asian Values and the United States: How Much Conflict?* (Washington, D.C.: Center for Strategic and International Studies, 1994), pp. 38-41; see also Daniel Bell, "Democracy in Confucian Societies: The Challenge of Justification," in Bell, et al., *op. cit.*, pp. 17-40.

[100] Christine Loh, "The Vienna Process and the Importance of Universal Standard in Asia," in Michael C. David, ed., *Human Right and Chinese Values: Legal, Philosophical, and Political Perspectives* (Hong Kong: Oxford University Press, 1995), pp. 145-167. 其實李光耀早在1992年便以「過多的民主將帶來失序的社會」開啓爭辯，See *Manila Chronicle*, November 19, 1992, p. 10. 而 Mahathir 也在1993年共同發表前述宣言後進行唱和，See *Canberra Times*, May 31, 1993. 至於東協雖於2012年再度正式通過一份「人權宣言」，但内容大同小異。

[101] Kanishika Jayasuriya, "Comment: Understanding Asian Values as a Form of Reactionary Modernization," *Contemporary Politics*, 4:1 (1998), pp. 77-78.

標可謂如出一轍。但正如另一批學者所認爲的，這些東亞領袖所以提倡亞洲價值觀，不過是爲了幫國家角色介入社會活動提供正當基礎而已，其目的在捍衛某種「柔性威權主義」以對抗第三波民主化壓力；[102] 例如新加坡的李光耀雖是眾所周知的亞洲價值觀提倡者，但同樣是人民行動黨創黨元老的 Rajaratnam 卻早在1977年，便曾撰文認爲所謂亞洲的價值其實是不利於新加坡現代化發展的絆腳石；[103] 此種觀點上的對比可說清楚反映出不同時期中的理解差異。

第五節　不確定的未來

　　個人認爲，無論從哪一種觀點來看，東亞多數國家在第三波民主化浪潮中的表現，都無法符合所謂「自由民主」（liberal democracy）的基本定義（例如：具備廣泛保護人權的能力、具多元主義包容性的社會內涵，以及超黨派的司法體系……等），最多僅僅能達成 Larry Diamond 所謂重視定期選舉形式的「選舉民主」（electoral democracy）標準，[104] 或如同我們在本章第一個段落中所提及的，將它們稱爲「非自由性民主」政體國家。在本章當中，我們首先試圖由東亞地區的「傳統政治文化背景」與「個別民主化過程」著手，來理解其所以成爲「非自由性民主」國家的原因，並觀察它們在1980年代中期以來第三波民主化浪潮中的表現。更重要的是，我們也嘗試將東亞國家政治經驗與概念跟西方主流做一對比，藉此了解其中是否具備特殊性，以致有可能存在所謂亞洲模式。[105]

---

[102] See Wm. Theodore De Bary, *Asian Values and Human Right: A Confucian Communitarian Perspective* (Cambridge, Mass.: Harvard University Press, 1998); about "soft authoritarianism," see also Francis Fukuyama, *op. cit.*

[103] Michael Hill, "Asian Values as Reverse Orientalism," *Asia Pacific Viewpoint*, 41:2 (2000), p. 183.

[104] Larry Diamond, "Is the Third Wave Over?" *Journal of Democracy*, 7:2 (1996), pp. 20-37.

[105] Mark R. Thompson, "Pacific Asia after 'Asian Values': Authoritarianism, Democracy, and Good Governance," *Third World Quarterly*, 25:6 (2004), pp. 1079-1095.

　　根據前述討論結果，個人的觀點是，所謂「亞洲式民主」是既存在，但又不存在的；總之，它始終無法提供一個較清晰的論述輪廓。首先，說它存在是因為我們在邏輯上的確很難接受民主化過程具有「單一路徑」（single path）性質，亦即任何國家的政治發展都必然具有個別特色才是。但說它不存在，一方面既因為所謂「亞洲」本身不可能是一個具概念清晰性的討論名詞（即便使用「東亞」也是一樣），再者，真正以本土傳統政治文化為基礎的亞洲式民主實在也很難被相信有存在的可能性，因為東亞國家既不可能自外於資本主義世界體系，也無法免於全球化浪潮的衝擊；換句話說，在西方觀點透過幾個世紀的全球化而逐漸沉澱成今日人類文明主要組成部分的情況下，任何國家都僅能透過「融合」，而不可能在「剔除或繞越」西方影響後，完全獨立地進行自我政治演化與發展。至於所謂「亞洲價值」的說法其實和歐美世界過去企圖將西方文化等同於人類文化的做法一樣，都是刻意忽略文化多樣性，然後根據潛意識中的政治目標，透過形塑認同來建構自我正當性基礎，因此也並非可用以理解東亞國家政治發展背景的好辦法。反之，或許唯有同時拋棄西方式自由民主標準與東方式社會文化標準，從各國實際的政治發展內涵切入，觀察其人民對於民主化成果的反應與政治穩定前景，才能得出更符合現狀的結論。

　　不過，東亞各國的憲政經驗也顯示，想把「憲法」落實到「憲政」層次仍是條漫長艱困的道路。儘管多數國家在形式上都選擇了制憲的道路，但由發展歷程看來，各國政治體制依舊問題重重。在民主化浪潮與金融危機的衝擊下，部分國家的權力結構開始產生解體或改組現象，若干威權政體與獨裁者也紛紛下臺。儘管民主化進程並沒有中斷，但似乎還是前途未卜。究其原因，由於東亞國家並不具備西方民主制度所需要的生存環境（例如發達的資本市場、成熟的中產階級和自由民主的文化傳統等），因此，單純進行制度模仿的結果必然是脆弱的，而這也是軍人獨裁干政以及金錢貪腐政治普遍流行的重要原因。從某個角度看來，這也說明了西方社會的憲法理論不可能直接解決東亞的所有問題。

　　進一步言之，不僅民主制度是西方社會的歷史產物，由於所有民族和國家都擁有自己獨特的社會、經濟和歷史條件，或許彼此模仿無可避免，但選擇制度時仍應揚棄照單全收式的態度，而憲政的普遍性價值亦須沉澱在各國特殊的歷史與文化條件下，才有獲得穩定運作的可能性。

表 5.5　東亞各國憲政制度發展歷程

年代	國家	重要憲政發展
1889	日本	頒布大日本帝國憲法，採取君主立憲制
1912	中華民國	通過中華民國臨時約法，採取國會內閣制
1915	中華民國	通過中華民國約法，採取總統制
1932	泰國	先通過虛君立憲制臨時憲法，繼之通過取消對國王限制的永久憲法
1935	菲律賓	通過菲律賓自治憲法，採取美式總統制
1939	泰國	修憲將國號由「暹羅」改為泰國
1945	印尼	通過印尼共和國憲法（四五憲法），採取間接選舉總統制
1946	中華民國	通過中華民國憲法，採取準內閣制
	越南	頒布第一部憲法，採取一黨專政社會主義政體
	泰國	通過新憲法，改為兩院制，並允許政黨活動
1947	中華民國	通過動員戡亂時期臨時條款，凍結部分憲法並改採超級總統制
	日本	通過虛君立憲的日本國憲法，又被稱為和平憲法
	柬埔寨	通過憲法，實施君主立憲制
	泰國	通過新憲法，將眾議員選舉改以「省」為單位
1948	南韓	通過第一共和憲法，採取間接選舉總統制
	北韓	通過第一部憲法，實施人民民主一黨政體
	緬甸	獨立並通過憲法，採取聯邦國會內閣制
1949	印尼	與荷蘭簽署圓桌協定並通過印尼聯邦共和國憲法，印尼僅為自治邦
	泰國	通過新憲法，修改眾議員選舉人基數
	中國	通過「全國人民協商會議共同綱領」作為臨時憲法
1950	印尼	通過印尼共和國臨時憲法，採取內閣制

表 5.5 東亞各國憲政制度發展歷程（續）

年代	國家	重要憲政發展
1952	南韓	修憲改為直接選舉總統制
	泰國	通過新憲法，將兩院制改回一院制
1954	南韓	修憲延長總統任期
	中國	頒布第一部憲法，奠定共黨專政制度基礎
1957	印尼	恢復四五憲法，採取間接選舉總統制
	馬來西亞	通過馬來亞聯邦憲法，採取聯邦內閣兩院制
1959	汶萊	獲得自治地位並頒布憲法，採取君主立憲制
	越南	通過第二部憲法，增加有關經社制度與國家主席規定
	緬甸	修憲取消地方土司世襲特權
	泰國	通過新憲法，禁止政黨活動
1960	南韓	通過第二共和憲法，將總統制改為國會內閣制
	南韓	修憲增加追溯選舉舞弊、腐敗和挪用公家財產責任等內容
1963	南韓	通過第三共和憲法，將國會內閣制改回直選總統制，國會改為一院制
	馬來西亞	將憲法更名為馬來西亞聯邦憲法
1965	新加坡	通過新加坡共和國憲法
1968	泰國	通過新憲法，將一院制再改回兩院制，允許政黨活動
1969	南韓	修憲將內閣制改回總統制，總統由人民直選，國會改為一院制
	南韓	修憲解除總統僅能連選連任一次的限制
1971	汶萊	修憲將國會議員由直選改為委派產生
1972	南韓	通過第四共和憲法（維新憲法），總統由直選改由特別選舉團選出
	北韓	通過第二部憲法，實施社會主義政體
	菲律賓	通過新憲法，採取超級總統制
	泰國	通過新憲法，改回一院制並禁止政黨活動
1974	緬甸	通過新憲法，採取社會主義一黨專政制度
	泰國	通過新憲法，兩院制，允許政黨活動
1975	中國	頒布第二部憲法，反映文化大革命精神

表 5.5 東亞各國憲政制度發展歷程（續）

年代	國家	重要憲政發展
	泰國	修憲賦予總理對於國王任命參議員的副署權
1976	柬埔寨	頒布憲法實施社會主義制度，廢除君主立憲制
	菲律賓	修憲讓總統在戒嚴期間擁有立法權
	泰國	通過新憲法，一院制，禁止政黨活動
1977	泰國	通過新憲法
1978	中國	頒布第三部憲法，肯定文化大革命的過渡性憲法
	泰國	通過新憲法，恢復兩院制，允許政黨活動
1979	中國	修憲，調整地方制度
	中國	修憲，取消45條的文革精神條款
	南韓	通過第五共和憲法，總統由選舉人團選出，以一任為限，任期7年
1980	越南	通過第三部憲法，取消國家主席職位
1981	菲律賓	修憲讓總統擁有廣泛行政權力
1982	中國	頒布第四部憲法，確定改革開放方針與憲法的最高性質
1984	馬來西亞	修憲規定國家元首對議會呈遞的法案最多只能拖延30天
	汶萊	修憲停止國會運作，權力集中於國王
1987	南韓	通過第六共和憲法，總統恢復直選，任期縮為5年，增加立法權
	菲律賓	通過新憲法，恢復民主總統制
1988	中國	修憲，確立私營經濟政策
	緬甸	宣布廢除1974憲法但仍沿用其中一部分
1990	新加坡	修憲在國會中增設6名官派議員
1991	中華民國	廢除動員戡亂時期臨時條款
	新加坡	修憲將總統改為直接民選產生
	越南	修憲，恢復國家主席並刪去攻擊中國字眼
	寮國	通過首部憲法，實施社會主義一黨專政制度
	泰國	通過一院制新憲法，同年底又通過另一部兩院制新憲法
1992	中華民國	修憲將總統、省長與直轄市長均改由民選產生
	北韓	修憲增加國防一章，並將意識形態指導由馬列主義改為主體思想

表 5.5　東亞各國憲政制度發展歷程（續）

年代	國家	重要憲政發展
1993	馬來西亞	修憲廢除蘇丹個人的司法豁免權
	中國	修憲，進行字句修正
	柬埔寨	通過新憲法，恢復君主立憲制
1994	中華民國	修憲確定總統由直接民選產生
1997	中華民國	修憲凍結省級建制，增加立院倒閣權與總統解散國會設計
	泰國	通過第十六部憲法，參眾兩院均改採直接選舉產生
	新加坡	修憲，將6名官派議員增至9名
1998	北韓	修憲，廢除國家主席並進行政經制度調整
1999	中華民國	修憲將國民大會組成依附於立法院選舉
	中國	修憲，確定鄧小平理論指導地位
	柬埔寨	修憲成立參議院，議員任期6年，議長由國王任命
2000	中華民國	修憲將國民大會任務化
2001	越南	修憲保障私營企業基本權利
2002	印尼	修憲將總統改採直接選舉產生
2004	中國	修憲，將3個代表論與人權寫入憲法
	汶萊	修憲增加委派議員人數
2005	馬來西亞	修憲決定將各州供水和文化遺產管理權移交中央
	中華民國	修憲取消國民大會制度，立委席次減半且改為單一選區制
2006	泰國	泰王批准臨時憲法，成立立憲院以制定永久憲法
2007	泰國	公投通過第十八部憲法，規定總理任期最多不得超過8年
2010	緬甸	啟用新憲法，更改國名、國旗與國徽
2014	泰國	解散眾議院，獲御准頒布第十九部（臨時）憲法
2016	新加坡	修憲規定若連續5屆或30年內未由某個民族代表當選總統，第6屆將保留給該族群參選
2017	泰國	公投通過第二十部憲法，參議院完全由軍方控制
2018	中國	修憲，取消國家正副主席連任限制，並設置國家監察機關
	南韓	執政黨提案修憲將總統改為4年一任可連任一次，未獲成功

*本表所統計國家包括日本、南韓、臺灣、菲律賓、泰國、新加坡、馬來西亞、印尼、中國、汶萊、越南、緬甸、寮國、柬埔寨與北韓等15個國家，由作者自行整理。

第 六 章　整合運動

　　自從二十世紀下半葉以來，具有「超主權」性質的區域整合浪潮在全球各地風起雲湧，其結果不僅一定程度提升了國家間的合作關係，也直接衝擊了既有的國際體系行爲規範，甚至連理論上不支持此種經濟區塊性發展的美國，也一度自1990年代起大力推動美洲自由貿易區的構想。儘管如此，東亞在這波運動中卻處於相對被動消極的地位，除了東協整合、亞太經濟合作與無數的口頭倡議及研究報告外，實際行爲幾乎寥寥可數。在本章中，我們便企圖對此特殊現象進行深入的了解與觀察。

第一節　全球化浪潮下的區域主義發展

壹　全球化與區域化之源起與爭辯

　　正如第二章中所提到的，所謂「國際化」或「全球化」概念自1960年代末起便開始成爲一種流行措詞。[1] 儘管如此，我們並不擬就其源起做深入討論，而是希望將焦點放在它對當前國際環境所可能帶來的「結構性衝擊」上頭；更清楚地說，亦即它如何影響既有以「國家」爲主的全球體系現狀。例如 Alberto Melucci 早在1960年代中便以「超國家」（supranational）組織的發展爲例，說明這些新機制如何企圖掌握分配資源的管

---

[1]　See G. Modelski, *Principles of World Politics* (New York: Free Press, 1972); G. Waters, *Globalization* (London: Routledge, 1995), p. 2.

道，並削弱傳統國家的影響；[2] 時至今日，資本流動的全球化不僅日漸侵
蝕著政府的操控範圍，此種侵蝕力的超國家性也使民族國家的日趨凋零並
不完全是種幻想。[3] 不過，我們還是不能忽視擁有悠久歷史的民族國家架
構對此可能作出的反制行動。若由此進一步觀察的話，那麼「區域主義」
（regionalism）興起或「區域化」（regionalizing）現象的產生勢必成為
許多人的關注焦點。事實上就在全球化逐漸引起學界注意時，有關各種區
域主義與建制的討論也跟著甚囂塵上，其中最引人注目者可說是歐盟的轉
型與擴張，由此並引發對所謂「新區域主義」（new regionalism）的討
論。

　　Fredrik Soderbaum 認為，新區域主義的特徵在其「多面性、複雜
性、流動性與非一致性」，亦即它不僅涵蓋了國家與非國家行為者，同時
以正式與非正式形態表現出來。[4] 不過，既然有「新」區域主義，邏輯上
存在著「舊」區域主義也是當然的，至於新舊區域主義間的差別，或許得
從相關浪潮發展的歷史角度來進行理解。例如有學者認為，1930年代的
保護主義乃區域主義的濫觴，但也有人主張所謂區域主義純然是第二次大
戰後才有的現象。[5] Bjorn Hettne 則將區域主義的發展分成兩個波段來觀
察，首先是起於1940年代，因為世界大戰引爆民族主義浪潮所衍生出來
的「第一波區域主義」，它一直持續到1960年代末與1970年代初之間為
止，至於自1980年代中期迄今則出現「第二波區域主義」，也就是前述

---

[2] Alberto Melucci, *Challenging Codes: Collective Action in the Information Age* (Cambridge: Cambridge University Press, 1966), p. 150.

[3] See Vincent Cable, *The World's New Fissures: Identities in Crisis* (London: Demos, 1996), pp. 20-22; Susan Strange, *The Retreat of the State: The Diffusion of Power in the World Economy* (Cambridge: Cambridge University Press, 1996); Georg Henrik von Wright, "The Crisis of Social Science and the Withering Away of the Nation-state," *Associations*, 1 (1997), pp. 49-52.

[4] Fredrik Soderbaum and Timothy M. Shaw, eds., *Theories of New Regionalism* (Basingstoke: Palgrave Macmillan, 2003), pp. 1-2.

[5] Helge Hveem, "Explaining the Regional Phenomenon in the Age of Globalization," in Richard Stubbs and Geoffrey Underhill, eds., *Political Economy and the Changing Global Order* (Toronto: Oxford University Press of Canada, 2000), pp. 70-80.

所謂「新區域主義」。[6]

　　值得注意的是，當亞太地區、歐洲與北美洲成為眾所矚目的三個主要整合區域時，[7]人們也愈來愈關心全球化與區域主義間的互動關係。儘管有人認為在冷戰結束後，「國家集團」間的競爭正逐漸成為最醒目的一種全球場景，[8]但世界似乎尚未如新重商主義者所言，分裂成幾個相互敵對的經濟集團。正如 Bright 與 Geyer 所言：「全球整合與地方自主並非是選項的問題，而是兩個平行且彼此互動的過程。」[9]Hettne 也說：「全球化與區域化其實是在全球結構變遷浪潮中，同時並進的兩個演進過程。」[10]此外，相較於 James Mittelman 將「變化中的區域主義」視為是對「新自由主義式全球化」的反擊，亦即第三世界邊陲國家為擺脫全球體系牽引所做的努力；[11]相反地，Jagdish Bhagwati 並不認為區域主義是種反擊行為，而只是區域內國家為求生存所作出的理性自主結果，當然，這些行動必然對全球體系產生某種程度的影響。[12]

　　學者們所以無法有效釐清全球化與區域化間的關係，主要不僅是因為全球化對不同國家與地區有著不同的影響，甚至在不同國家與區域內部也經常有著不同的後續發展，這些都使得預測變得相當困難。但從前述一連串討論中，我們或許可以發現，其實國家體系、區域整合與全球化浪潮乃

[6] Soderbaum and Shaw, eds., *Theories of New Regionalism*, pp. 22-30.

[7] See Stephan Haggard, *Developing Nations and the Politics of International Integration* (Washington, D.C.: The Brookings Institution, 1995); OECD, *Documents: South-South Co-operation in a Global Perspective* (Paris: OECD, 1994).

[8] Zygmunt Bauman, *Globalization: the Human Consequences* (London: Polity Press, 1998), p. 63.

[9] Charles Bright and Michael Geyer, "For a Unified History of the World in the Twentieth Century," *Radical History Review*, 39 (1987), p. 71.

[10] Bjorn Hettne, "Globalization and the New Regionalism: The Second Great Transformation," in Bjorn Hettne, Andras Sapir, and Osvaldo Sunkel, eds., *Globalism and the New Regionalism* (New York: St. Martin Press, 1999), p. 2.

[11] James H. Mittelman, "Subregional Responses to Globalization," in James H. Mittelman, ed., *The Globalization Syndrome: Transformation and Resistance* (Princeton: Princeton University Press, 2000).

[12] Jagdish Bhagwati, *The World Trading System at Risk* (Princeton: Princeton University Press, 1991), and "Regionalism versus Multilateralism," *The World Economy*, 22 (1992), pp. 477-511.

是目前同時並存的三種影響國際環境變遷的力量，無論區域主義是否足以
闡明當下的發展主流，至少國家體系可說代表著過去，而全球化的世界則
象徵了未來。由現實面看來，儘管目前全球經濟運作仍以國家體系爲主，
而國際建制與多國公司似乎也還未取代國家作爲政策協調與主導者角色，
但全球化所帶來的跨國管理網路擴張仍勢必衝擊國際現狀，從而使傳統的
絕對主權論爲之削弱。[13] 特別從經濟角度來看，全球化似乎正侵蝕著國家
對市場的控制力量，至於經濟區域主義不僅可說是種希望促進發展的努
力，同時也想在此浪潮中反制隨全球化而來的競爭壓力。[14] 因爲相對於全
球化浪潮，區域整合一方面可增進鄰近國家間的貿易與投資關係，再者可
補救 GATT 與 WTO 的無力解決問題，同時又能創造規模經濟以刺激成
長；[15] 因此整合運動成爲許多國家趨之若鶩的方向也是可想像的。

貳 新區域主義下的多層次整合途徑

　　一般所謂「區域主義」是指：「若干單一國家經濟體在制度上結合
成更大的經濟集團或共同體」。[16] 但相對於以冷戰結構爲背景，由少數強
權藉著傳統「五大洲」地緣政治概念，由上而下進行控制的「舊」區域主
義，「新」區域主義不但形成於逐步呈現多極化格局的冷戰後期，其整
合途徑也突顯出功能主義式由下而上的外溢（spill-over）特徵。[17] 由此首

[13] Robert J. Holton, *Globalization and the Nation-State* (New York: St. Martin Press, 1998), p. 86; see also Raymond Vernon, "Sovereignty at Bay: Twenty Years after Millennium," *Journal of International Studies*, 20:2 (1991), pp. 191-196.

[14] Charles Oman, *Globalization and Regionalization: The Challenge for Developing Countries* (Paris: OECD Development Center, 1994), pp. 11, 35; see also Theodore Pelagidis and Harry Papasotiriou, "Globalization or Regionalism: States, Markets, and the Structure of International Trade," *Review of International Studies*, 28 (2002), pp. 519-523.

[15] Detlev Lorenz, "Regionalization versus Regionalism: Problems of Change in the World Economy," *Intereconomics*, Jan/Feb (1991), pp. 3-10.

[16] Peter Robson, *The Economics of International Integration* (New York: Routledge, 1998), p. 5.

[17] Bjorn Hettne, *The New Regionalism: Implications for Global Development and International Security* (Helsinki: UNU Wider, 1994), p. 4.

先帶來經由裂解五大洲而出現的新區域概念（例如東北亞、拉丁美洲、中東等），這也是次區域主義（sub-regionalism）與次區域經濟區（sub-regional economic zones, SREZs）討論出現的原因。[18] 但跟著成長三角（growth triangle）[19]、自然經濟領域（natural economic territories）[20] 或者是擴張性都會區（extended metropolitan regions）[21] 等不同名詞的逐一浮現，所謂「微區域主義」（micro-regionalism）問題也跟著進入討論範疇。[22] 其間差別可參考表6.1所示。

　　對於上述發展趨勢，「演化一制度學派」（evolutionary-institutionalist）首先將制度界定為「某種可供觀察且被遵守的人類事務安排」，至於關注焦點則是在全球化浪潮影響下，國家和地方政府如何透過獨特的多層次制度創新體系來保持其國際競爭力。其基本假定是：經濟全球化的發展已大幅降低諸如自然資源稟賦、低廉工資與削價競爭等傳統政策的重要性，至於技術創新與新國際分工結構的形成則變得愈來愈關鍵。[23] 除此之外，也有人從「多層次治理」（multi-level governance）角度來進行觀察；此種看法主要是從行為者研究途徑、新功能主義與新制度主義等理論

[18] Chia Show Yue and Lee Taso Yuan, "Sub-regional Economic Zones: A New Motive Force in Asia-Pacific Development," in C. Fred Bergsten and Marcus Noland, eds., *Pacific Dynamism and the International Economic System* (Washington: Institute of International Economics, 1993).

[19] Thant, Myo and Min Tang, eds., *Growth Triangle: Theory to Practice* (Manila: Asian Development Bank, 1996).

[20] Robert A. Scalapino, "The United States and Asia: Future Prospects," *Foreign Affairs*, Winter91/92, pp. 19-40.

[21] T. G. McGee and Scott Macleod, "Emerging Extended Metropolitan Regions in Asia-Pacific Urban System: A Case Study od the Singapore-Johor-Riau Growth Triangle," paper presented at the Workshop on Asia-Pacific Urban System, The Chinese University of Hong Kong, 1992.

[22] James Mittelman, "Reyhinking the New Regionalism in the Context of Globalization," in Bjorn Hettne, Andras Inotai, and Osvaldo Sunkel, eds., *Globalism and the New Regionalism* (London: Macmillan, 1999), pp. 25-53; Bjorn Hettne and Frederik Soderbaum, "Theorizing the Rise of Regionness," *New Political Economy*, 5:3 (2000), pp. 457-473; Michael Schultz, Frederik Soderbaum, and Joakim Ojendal, eds., *Regionalization in a Globalizing World: A Comparative Perspective on Forms, Actors and Process* (London: Zed Books, 2001), pp. 1-21.

[23] W. C. Neale, "Institutions," *Journal of Economic Issues*, 21:3 (1987), pp. 1177-1206.

表 6.1　區域主義類別及其差異

類型區分	區域主義 （Regionalism）	次區域主義 （Sub-regionalism）	微區域主義 （Micro-regionalism）
地理界定	傳統式地緣概念 ex. 五大洲	裂解式地緣概念 ex. 拉美、中東、東北亞	次國家地緣概念 ex. 成長三角
推動主角	大國	中小型國家	地方政府
行動目標	建立貿易架構 推動非歧視性措施	對抗外界（包括區域主義 與全球化）壓力	促進經濟成長 落實比較利益分工法則
發展優點	形成有效規模經濟	符合中小國家利益	最具政策彈性
發展限制	地理範圍過大導致 歧異 大國間爭霸衝突	地域界定模糊 發展計畫缺乏共識	國家體系實 市場規模有限

資料來源：作者自行整理。

架構出發，不僅更重視「次國家」或「超國家」建制的角色，[24] 亦希望透過理性抉擇角度，解釋何以國家（或決策者）會傾向將權力讓渡給區域、次區域或甚至微區域組織。[25] 而這也是本章希望透過進一步理論闡釋與不同案例整理來深入探究的焦點所在。

　　無論如何，自1980年代起，由於區域整合浪潮隨經濟發展開始席捲東亞地區，[26] 從而依照「開放主義」特色與若干新區域主義特徵，除出現亞太經濟合作（APEC）的創制外，例如美國總統 Clinton 的「太平洋經濟共同體」或馬來西亞總理 Mahathir 所謂「東亞經濟集團」等倡議也接連產生。同樣引人注意的是東亞在次區域與微區域層次的合作發展。很明顯地，在二十一世紀初，我們可發現整個世界正以多層次模式重組著

---

[24] S. Bulmer, "The Governance of the EU: A New Institutional Approach," *Journal of Public Policy*, 13:4 (1994), pp. 351-380; V. Lowndes, "Varieties of New Institutionalism: A Critical Appraisal," *Public Administration*, 74:2 (1996), pp. 181-197.

[25] G. Marks, "An Actor-centred Approach to Multilevel Governance," in C. Jeffery, ed., *The Regional Dimension of the European Union* (London: Frank Cass, 1997), p. 34.

[26] Norman Palmer, *New Regionalism in Asia and Pacific* (Lexington: Lexington Books, 1991), p. 5.

人類社會之間的互動關係，除了有最高層級的國際組織（以 WTO 為代表）外，還有代表著傳統國家利益的區域合作建制（以 EU 與 NAFTA 為例），此外便是次區域與微區域整合模式，甚至還包括國內的區塊經濟發展。在以下的篇幅當中，我們便將以此架構來觀察東亞的區域運動發展。

第二節　次區域主義層次：政經共同體的努力

正如同表6.1所示，次區域主義運動不僅是形成新區域主義概念的主要動力來源，它與舊區域主義之間所存在的差異之一，正在於推動者未必或甚至大多都並非強國，而是中小型國家。[27] 再者，相對於由大國所推動的區域主義計畫經常意涵著「劃地自限」的保護色彩，次區域主義則往往充滿「開放」特徵，亦即整合目的未必在形成集團，而僅是希望透過深化合作以便共同提升發展程度，然後藉此增加各國承受全球化或由大國所推動區域主義計畫的抵抗力。

壹 從東南亞國協到東協共同體

東南亞的次區域主義運動可說起源甚早，不僅在1967年便由新加坡、馬來西亞、印尼、泰國與菲律賓共同成立「東南亞國家協會」（ASEAN），所謂「東協模式」（ASEAN way）的運作原則也廣受注意，儘管此名詞迄今仍缺乏任何官方定義。[28] 相較於其他整合機制，東協

---

[27] Glenn Hook and Ian Kearns, eds., *Sub-regionalism and World Order* (London: MacMillan Press, 1999), p. 6.

[28] Robert Garnaut, "ASEAN and the Regionalization and Globalization of World Trade," *ASEAN Economic Bulletin*, Vol. 14, No. 3 (1998); L. Low, ASEAN as a Model for Economic Cooperation or the Art of Muddling Through? NUS Research Paper RPS No. 2000-039. 東協在1984年接納汶萊成為第6個會員國，1995年接納越南，1997年接納寮國與緬甸，1999年接納東埔寨，目前東南亞國家只有獨立不久的東帝汶尚未正式加入。

模式既缺乏組織章程導引，也沒有設置任何超國家協調機制，對於運作規範也沒有完整說明，取而代之的是一種以「互相尊重、協商一致」為基礎的鬆散結合；其中，「一致」並非意味著全體同意，而是只要「沒有反對意見」即可。正如新加坡外長 Jayakumar 所言：「東協模式所強調的是非正式性，組織最小化，廣泛性，深入細緻地協調達成一致，以便和平解決爭端。」[29]儘管此種形態確實使東協發展相當緩慢（請參考表6.2），但由於它顯然可為弱小成員提供尊重與保護，因此也讓整合進程不至於功敗垂成。進一步來說，這種運作模式其實也來自東南亞次區域發展的兩個現實：首先是由於東協各國間發展程度與社會背景差異太大，因此需要擬出一個可獲致「差異中的團結」的模式，其次是由於東協各國經濟均具有很大的對外開放性，由此則鬆散運作形態能讓各國在面對國際社會時擁有較大的因應彈性，[30]同時在透過東協此一多邊機制以阻止極端行為後，也有利於各方達成和解的目標。

　　當然，光是鬆散的「東協模式」並不能滿足實際發展需要，因此各國在東協成立10年後的1977年通過一項《優惠貿易安排協定》，規定自翌年起在加盟國家間提供優惠關稅。[31]不過，儘管優惠貿易安排的項目從1978年的71種增至1992年的16,458種，但東協區域內貿易比例卻僅從15.84%微升至18.40%，[32]顯示此種安排的貢獻相當有限。為因應全球區域整合浪潮並強化東南亞的競爭力，東協也自1990年代起加速了整合進程；首先是經濟部長會議在1991年提出設置區域性自由貿易區的計畫，

---

[29] Lee Kim Chew, "ASEAN Unity Showing Signs of Fraying," *Strait Times*, July 23, 1998, p. 30.

[30] 廖少廉等，《東盟區域經濟合作研究》（北京：中國對外經濟貿易出版社，2003年），頁25-26。

[31] 此協定主要內容有三：1.享受優惠安排的必須是東協內部產品；2.優惠貿易以3-5年為一個時程，各國政府除提供進口信貸外，在採購相關產品時也給予2.5%的關稅優惠；3.優惠商品範圍包括基本商品（大米與石油）、根據各國所提清單經談判後列入的商品，以及各國所簽署雙邊優惠協定中所包含的產品。

[32] M. Pangestu, "The ASEAN Free Trade Areas: Going Forward the ASEAN Way," in H. Soesastro, ed., *ASEAN in a Changed Regional and International Political Economy* (Jakarta: Center of Strategic and International Studies, 1995), p. 49.

表 6.2　**東亞次區域主義發展概況**

年代	重要發展
1967	東南亞國家協會（ASEAN）正式成立
1971	東協發表「和平、自由與中立區（ZOPFAN）宣言」
1976	首屆東協高峰會，通過「東協友好同盟宣言」並締結《東南亞友好合作條約》
1977	通過《優惠貿易安排協定》（ASEAN-PTA）
1992	東協高峰會通過設立「東協自由貿易區」（AFTA）構想並於翌年啟動進程
1993	世界銀行報告提出「中華經濟區」（CEA）概念
1994	成立「東協區域論壇」（ARF）
1995	東協領袖簽署《東南亞無核區公約》（SAENWFZ）
1998	通過《東協投資區框架協定》，預計在2010年正式成立
2000	日本學者提出「東亞地中海自由貿易區」倡議
2002	吳作棟提出「東協經濟共同體」（AEC）構想，「東協自由貿易區」成立
2003	中國提出「三國自由貿易區」與「東北亞自由貿易區」（NEAFTA）倡議
2003	東協通過《第二次峇里協定》，決定在2020年成立東協經濟共同體、東協安全共同體與東協社會與文化共同體，以作為「東協共同體」（AC）基礎
2004	中日韓通過《三國合作行動戰略》 東協決定效法 EU 在2020年成立「東南亞共同體」
2007	東協高峰會通過《東協憲章》，決定在2015年建成《東協經濟共同體》，同時通過第二份《東亞合作聯合聲明》與「2007-2017年合作工作計畫」，重申持續推動亞洲債券市場倡議
2009	東協高峰會通過《東協共同體2009-2015年路線圖宣言》
2010	《中國－東協自由貿易協定》正式生效 東協決定建立第二次「東亞展望小組」（EAVG）
2011	中日韓成立三國合作祕書處 東協通過《第三次峇里協定》，繼續強調加強共同體建設速度 中國與東協簽署《服務貿易協定》
2012	中日韓三國宣布正式啟動自由貿易區談判 東協十加六宣布啟動《區域全面經濟夥伴協議》（RCEP）談判
2015	東協高峰會簽署共同聲明，同年創設「東協經濟共同體」（AEC）

資料來源：作者自行整理。

接著由東協高峰會在1993年發表《新加坡宣言》，揭櫫成立「東協自由貿易區」（AFTA）的構想，為此，各國同時簽署一項《共同有效優惠關稅協定》（CEPT Scheme），希望能加速推動東南亞的次區域整合。[33] 儘管有1997年金融風暴的打擊，東協各國不僅在同年通過「東協2020年願景」，更在翌年高峰會中通過「河內行動計畫」闡述1998-2004年間的區域合作目標，並將自貿區成立時間表再提前至2002年。[34]

　　為儘早實現 AFTA 構想，東協陸續又通過了1995年的《東協服務貿易框架協定》（AFAS，消除服務業限制）、1996年的「東協工業合作計畫」（提供合作者優惠關稅服務）、1997年的《東協海關協定》（計畫並統一海關程序）、1998年提出《東協投資區（AIA）框架協定》（消除區域內投資限制）、2000年提出「東協能源網路」的建設構想，並通過《e 化東協框架協定》（提升區域電子業的國際競爭力），以及2002年的《東協旅遊協定》（共同開發觀光市場）等；[35] 根據統計資料顯示，儘管區域內貿易比重仍然有限，在1993-2001年間，東協區域內貿易仍增長了84.5%（由824億增至1,521億美元），略微高於對區域外貿易的增長幅度（由3,475億增至5,356億美元，幅度為54.1%），[36] 從而也肯定了前述一連串行動的貢獻。

　　在此基礎上，新加坡總理吳作棟進一步在2002年東協高峰會上提出於2020年建立「東協經濟共同體」（ASEAN Economic Community, AEC）的構想。接著在2003年通過的《第二次峇里宣言》（the Bali Declaration II）當中，首先確定在2020年建立「東協共同體」（ASEAN

---

[33] 此協定主要內容包括：1.各國在2008年前將區域內工業品關稅降至0-5%；2.推動快速減稅計畫，將關稅高於20%者在10年內降至0-5%；3.將快速減稅計畫清單外的產品逐步列入正常減稅計畫中；4.在5年內逐步消除非關稅壁壘；5.享受優惠關稅者必須符合40%的原產地規定。

[34] 根據原始構想是在1993年啟動自貿區進程的15年後（2008年）完成，其後東協自貿區理事會在1994年決定將時程提早5年至2003年，此為第二度決定提前進度。

[35] 王勤，〈東盟自由貿易區發展的現狀與前景〉，《南洋問題研究》，第3期（2004），頁39-40。

[36] See *ASEAN Statistical Yearbook 2003* (Jakarta: ASEAN Secretariat, 2004), p. 68-69.

Community）的目標，至於「東協安全共同體」（ASC）、「東協經濟共同體」（AEC）與「東協社會文化共同體」（ASCC）則是設計中的三大支柱。[37] 根據共同體的行動計畫，各國確定將於2010年率先實施11個領域的整合，接著將宣告「東協製造」（Made in ASEAN）品牌，至於實際合作辦法不僅被列舉在「東協整合倡議」（IAI）與「東協整合路徑圖」（RIA）裡，[38] 在稍早於《峇里宣言》前，東協便已成立商務諮詢理事會（BAC），並於高峰會通過宣言同時，舉辦首屆的東協商務暨投資高峰會（ASEAN-BIS）以聽取私人部門對當前整合進程的意見。

　　爲落實深化整合的目標，東協高峰會繼續於2004年通過《關於整合優先領域的框架協議》、「社會文化共同體行動綱領」與「安全共同體行動綱領」等進一步指導方針，並在2007年通過歷史性的《東協憲章》，解決了40年來「有組織但無章程」的奇特現象，從而一方面讓各國在2009年通過「2009-2015年共同體路線圖」，並回應泰國總理 Abhisit Ve-jjajiva 的「東協連結」（ASEAN Connectivity）概念。[39] 不過，東南亞的次區域整合發展並不僅限於經濟層面，如何透過東協平臺來建構更安全的戰略環境，也是許多人關切的焦點。[40] 東協國家除早在1971年便通過成立所謂「和平、自由與中立區域」外，1976年並由馬來西亞倡議並推動簽署《東南亞友好合作條約》，至於1994年成立的「東協區域論壇」則是

---

[37] *ASEAN Annual Report, 2003-2004* (Jakarta: ASEAN Secretariat, 2005), p. 10. 其中 ASC 已於2004年通過並簽署「行動計畫」。

[38] IAI 於2002年通過6年期工作計畫，主要目標是希望能拉高柬埔寨、寮國、緬甸與越南等東協落後國家的發展程度，在2004年共有85個項目的計畫正付諸實施當中。

[39] 泰國提出的共同體目標爲：1.行動的共同體（A Community of Action），可即時有效處理內部與外部威脅；2.連結的共同體（A Community of Connectivity），使得域內商品、人員、資金與投資流動不受限制；3.人民的共同體（A Community of People），促使人民直接參與整合並從中獲益。H.E. Abhisit Vejjajiva at the Opening Ceremony of the 15th ASEAN Summit and Related Summits, 2009；http://www.15thaseansummit-th.org/PDF/23-03PR_Opening_Statement_ENG.pdf.

[40] Kusuma Snitwongse, "Meeting the Challenges of Changing Southeast Asia," in Robert Scalapino and Sung-Joo Han, eds., *Regional Dynamics: Security, Political and Economic Issues in the Asia Pacific Region* (Jakarta: Center of Strategic and International Studies, 1990), p. 40-41; Sheldon Simon, "The Regionalization of Defense in Sotheast Asia," *Pacific Review*, 5:2 (1992), p. 122.

其主要成就之一。[41] 儘管如此，由於東協內部缺乏具足夠影響力的國家，這既使此區域被迫從屬於更高層的戰略架構，例如冷戰時期的美中蘇三角或後冷戰時期的美中日三角關係，[42] 或2009年以來美國積極「重返亞洲」的作爲等，也降低了東南亞次區域安全整合的自主性，對此，我們將在第七章中詳細敘述。

貳 東北亞自由貿易區倡議

　　儘管存在一些整合大東亞地區的創見，而東協也透過與中、日、南韓三國間的協商（ASEAN + 1與 ASEAN + 3）來搭建溝通管道，但短期間東北亞與東南亞的各自形成整合區域恐怕還是無可避免的發展；例如在東協於2003年《第二次峇里協定》中，預定在2020年前成立「東協經濟共同體」，同日東北亞的中日韓三國也跟著透過高峰會發表《推進三邊合作聯合宣言》，由此可發現東亞的經濟板塊發展跡象。[43] 儘管如何，特別是相對於東南亞而言，東北亞次區域主義發展速度的遲緩乃是個事實，主要原因在於此區複雜的政治環境。不過，一方面作爲東北亞核心國家的中、日與南韓三國，早自金融風暴後便展開了緊密合作；相關建議由日本首先提出，而日本與南韓不僅開始「日韓自由貿易區」的討論，並展開自由貿易協定的實質談判，至於中國隨後也加入協商。[44] 更重要的是，東北亞自二十世紀末以來的政治解凍也對此助益良多。[45]

---

[41] Bilveer Singh, *ZOPFAN and the New Security Order in Asia-Pacific* (Petaling Jaya: Pelanduk Publication, 1991), p. 98.

[42] 王正毅，《邊緣地帶發展論：世界體系與東南亞的發展》（上海：人民出版社，1997年），頁213。

[43] 譚瑾瑜，〈從中港簽訂 CEPA 談中國大陸區域整合進度及其對臺灣的影響〉，《國家政策論壇季刊》，2004年春季號。中國在會中建議應儘早召開「三方委員會」，以研究成立中日韓自由貿易區的可行性。同時參見陳柳欽，〈中韓日 FTA 建立的可能性與路徑選擇〉，《當代韓國》，2008年春季號，頁35-46。

[44] 中國國際經濟關係學會，《經濟全球化大潮與中國對策》（北京：時事出版社，2001年），頁403-404。

[45] 相關和解發展包括1998年中日發表《中日聯合宣言》，日俄簽署《建設性夥伴關係的莫斯科

　　中日韓三國除1999年後經常召開高峰會外，也分別指定中國的國務院發展研究中心（DRC）、日本的綜合研究發展機構（NIRA）與南韓的對外經濟政策研究院（KIEP）作爲最高學術對口單位與二軌機制，以便研究「三國自由貿易區」的可行性；由這三個智庫所組成的聯合研究小組在2004年開始「三國自貿區跨部門產業影響研究」，據此在同年召開的三國高峰會中，通過了「中日韓合作進展報告」與「中日韓三國合作行動戰略」。最後，前述三個單位在2008年12月提出「中日韓自由貿易協定可能路徑圖相關共同報告書及政策建議」的最終報告，總結長達6年的研究成果，認爲三方合作應可達到多贏效果，對中日韓 GDP 分別可增加0.4％、0.3％與2.8％。在2009年三邊高峰會宣布完成三邊 FTA 民間共同研究階段後，隨即宣布自2010年展開下一階段之產官學共同研究。研究顯示，一旦三國建成自由貿易區，將擁有15億消費人口，7兆美元的 GDP與近2兆美元的貿易額；[46]且光是中日韓三國經濟互動便占了東亞地區貿易額的80％與總投資額的70％，因此三邊合作將對東亞整體區域合作產生重大影響。[47]

　　從目前角度看來，由於中、日、韓在發展程度上的差異，[48]一旦自由貿易區正式成立，普遍認爲中國的獲利將較有限，因此後者除參與前述三國自由貿易區的討論過程外，也積極推動整個東北亞地區（包含中國、俄羅斯、蒙古、日本與南北韓共6個國家）的整合進程。相關建議例如建立

宣言》，2000年南北韓舉行首度歷史性高峰會並簽署《南北共同宣言》，俄蒙簽署《烏蘭巴托宣言》，2001年中俄簽署《睦鄰友好條約》，俄國與北韓發表《莫斯科宣言》，2002年南北韓開始拆除38度線軍事障礙，俄國與北韓簽署《友好睦鄰合作條約》，至於日俄也簽署了《雙邊合作行動計畫》。

[46] 中國商務部，《建立中日韓自由貿易區的可行性研究》（2003），http://www.mofcom.gov.cn/。

[47] 楊貴言，《中日韓自由貿易區研究》（北京：中國社會科學出版社，2005年），頁128。

[48] 何志工、安小平，《東北亞區域合作：邁向東亞共同體之路》（北京：時事出版社，2008年），頁124-126。Fukunari Kimura & Mitsuyo Ando, "Economic Obstacles to a Northeast Asian FTA," in Jehoon Park, T. J. Pempel, & Gérard Roland, eds., *Political Economy of Northeast Asian Regionalism Political Conflict and Economic Integration* (Mass.: Edward Elgar Publishing Limited, 2008), pp. 77-79.

一個類似太平洋經濟合作委員會（PECC）的「東北亞經濟合作委員會」
（NEAECC），以便邀集產官學各界一起討論，其次是建議成立「東北
亞開發銀行」（NEADB），作為此區域的融通機制。由於中國經濟發展
在進入二十一世紀後繼續維持強勁力道，而東亞各國對中國的貿易依存度
也不斷地上升，[49] 這使中國繼2003年6月與香港簽署《更緊密經貿關係安
排》（CEPA）後，預計在2004年底與澳門簽署類似協定，並計畫在2007
年完成「中國－香港－澳門自由貿易區」的具體建立。除此之外，中國不
僅自2003年起積極倡議「三國自由貿易區」，甚至認為建構「東北亞自
由貿易區」（NEAFTA）的時機也已經來臨。

　　不過，東北亞次區域合作至少迄今仍處於倡議遠多於行動的階段。事
實上自1999年起，中日韓三國領袖便藉由「10＋3」高峰會期間舉行非正
式高峰會，正式開啟三方合作進程；其後在2000年的第二次會議中更決
定此高峰會將定期每年召開一次；接著在2002年高峰會上，經貿、資訊
產業、環保、人力資源開發和文化合作則被進一步確定為重點合作領域。
不過，由於日本首相小泉純一郎不顧中韓反映而屢次參拜靖國神社，中國
一度自2005年底起表示將推遲年度例行舉辦的三國高峰會晤，不過，在
歷經8度非正式互動後，中日韓仍決定在2008年首度於東協框架外單獨召
開三邊高峰會，並於會後共同發表《三國夥伴關係聯合聲明》指出，三國
承諾將不會設置新的貿易壁壘，並支持擴大區域性貨幣互換機制以確保亞
洲金融穩定，接著並通過《中日韓三國災害管理聯合聲明》，就各自關心
的議題（例如北韓核武問題、自然災害問題與地球暖化問題等）舉行雙
邊會談。無論如何，此次高峰會具有重大的象徵意義。最後，中日韓於
2010年高峰會中宣示，將在2011年成立「三國合作祕書處」作為常設機
制（地點設於韓國，預算由三方共同分攤，實際運作工作則由三國輪流擔

---

[49] 例如2002年東亞地區國家對中國大陸（包括香港）的貿易依存度已上升至18.9%，同年中國
　　大陸對東亞的出口貢獻率更高達62.1%。

任），則不啻是下一個關鍵進展。

　　值得注意的是，由於中日與日韓之間仍存在歷史問題與領土爭端，一個完整的三邊架構短期內可能難以出現，因此有人認為，東北亞地區未來將透過制度綑綁、嵌入與互補等方式，形成一個相互交織的發散型合作體系，[50] 但在全球金融海嘯餘波未去的壓力之下，即便前述僵局未解，三國領袖仍在2012年高峰會中決定正式啟動自由貿易談判（至2019年4月已進行15輪談判），以便建立一個超越歐盟規模的區域經濟體。目前看來，由於日韓在貿易上對中國市場都極為依賴，因此中國表面上似乎握有較多的談判籌碼，[51] 更甚者，推動東北整合理論上也讓中國有更多爭取國內經濟改革空間的機會，但即便目前中國確實擁有主導東北亞經濟整合的契機，[52] 下一階段的實質進展仍有待觀察。

參　大中華經濟圈倡議

　　自1980年代以來，由於兩岸經濟關係的改善與迅速加溫，致使部分學者認為，一個以華人為主體的「大中華圈」（Great China）也正在成形當中。[53] 在過去三十餘年間，兩岸間貿易由1979年的7,700萬美元，到2011年為止，臺灣光對中國大陸出口貿易已達1,240億美元。從某個角度來看，兩岸貿易的大幅增長與臺商大舉登陸自然有關，而且逐漸從過去以勞力密集產業為主，轉移到高科技產業，例如2002年中國電子硬體產值已超過日本，躍居世界第二位，其中64%便由在大陸的臺商所生產。於此同時，香港在回歸中國後與其經貿關係亦更加緊密。例如在1997-2001年

---

[50] 戴揚，《東北亞區域合作的歷史制度分析》（北京：中國經濟出版社，2009年），頁223-224。

[51] Ka Zeng, "Multilateral versus Bilateral and Regional Trade Liberalization: Explaining China's Pursuit of Free Trade Agreements," *Journal of Contemporary China*, 19:6 (2010), pp. 647-649.

[52] 吳玲君，〈中國推動東北亞自由貿易區策略：機會與意願的研究途徑〉，《遠景基金會季刊》，第13卷第2期（2012），頁172-173。

[53] See Sujian Guo and Baogang Guo, eds., *Freater China in an Era of Globalization* (Plymouth: Lexington Books, 2010).

間，香港與大陸進出口貿易總額便達2,498億美元，而港商在中國累計投資項項目也超過5,000家，占大陸吸收外資的首位。

　　正因兩岸三地貿易關係的日趨熱絡，自1980年代末起，以華人經濟圈為概念的整合構想便開始層出不窮（請參考表6.3），一方面美國學者 Ezra Vogel 在1990年提出「粵港經濟區」等相關倡議，[54] Harry Harding 在1993年亦撰文討論「大中華圈」概念並說明它對美國帶來之潛在機會，[55] 而世界銀行在1993年有關「全球經濟展望與發展中國家」的年度報告中，也首度將中國大陸、臺灣與香港以「華人經濟區」（Chinese Eco-

表 6.3　大中華經濟圈相關倡議

提出時間	倡議者	概念性名詞
1980	黃枝連	中國人共同體、中國人經濟集團
1987	黃枝連	中華經濟系統
1987	陳坤耀	中國圈
1988	鄭竹園	大中華共同市場
1988	高希均	亞洲華人共同市場
1988	郭正昭	大中國經濟共同體
1988	陳玉璽	大中國經濟圈
1989	香港臺灣貿易促進會	大中華經濟體
1989	黃枝連	中國人經濟協作系統
1990	陳玉璽	中港臺經濟圈
1992	臺灣青創協會	大中華經濟圈
1992	蔣麗雲	中港臺自由貿易體
2016	鞠建東、魏尚進	華夏共同體

[54] Ezra Vogel, *One Step Ahead in China: Guangdong under Reform* (Cambridge, Mass.: Harvard University Press, 1990).

[55] Harry Harding, "The Concept of 'Greater China': Themes, Variations and Reservations," *The China Quarterly*, 163 (1993), pp. 660-686.

nomic Area, CEA）此一名詞加以涵蓋分析；接著，三邊委員會（Trilateral Commission）在1994年的年度報告當中，亦特別針對「大中華圈」的崛起與發展進行說明。[56] 其後，不僅 John Naisbitt 在1996年特別提出「海外華人網絡」（Overseas Chinese Network）概念，[57] Businessweek 雜誌更於2002年底將「大中華圈」作為封面主體來廣泛討論。[58] 甚至於，大中華經濟圈的經濟影響力，還成為大前研一倡言「中華聯邦」的基礎。[59]

　　儘管有關大中華經濟圈的討論迄今仍以倡議為主，但其實質內涵卻正在日益擴展當中。主要的原因是，中國的經濟發展不僅已被公認為東亞的驅動來源，其所展現的磁吸效應亦正把愈來愈多的周邊經濟體引納入進來；更甚者，倘若把中國在2003年分別與香港及澳門所簽署的「更緊密經貿夥伴安排」（CEPA）與正在中國－東盟自由貿易區協定聯繫起來，我們將可發現，在當前中國的區域經濟整合戰略中，內地、香港、澳門、臺灣將構成最緊密的核心層，東盟和東北亞國家則是緊密聯繫層。由此，所謂大中華經濟圈也在沒有公開追求的情況下，悄悄地運作起來。當然中國經濟發展的強勁成長也引發所謂「中國威脅」的討論，但目前各界對於中國的未來仍存有兩種極端的看法：[60] 其一是中國將在東亞成為經濟超強；其二則是基於中國的結構脆弱性，反而可能成為區域內不穩定因素來源之一。無論如何，如果前述經濟圈互動得以強化的話，則傾向前一種結論的可能性亦將因此隨之升高。除此之外，鞠建東和魏尚進等曾於2016年領銜提出，構建由中國大陸、臺灣、香港、澳門、蒙古、北韓、韓國、越南、新加坡等9個經濟體共組「華夏共同體」，主張以此共同體為「一

[56] 田志立，《21世紀中華經濟區》（臺北：立緒出版公司，1998年），頁22-23。

[57] John Naisbitt, *Megatrends Asia* (New York: Simon & Schuster, 1996), chapter 1.

[58] See "Greater China," *Businessweek*, December 8, 2002; http://www.businessweek.com/stories/2002-12-08/greater-china.

[59] 大前研一，《中華聯邦》（臺北：商周出版公司，2003年），頁104-107。

[60] 孫國祥，〈東亞經濟共同體與自由貿易協定政策之未來發展〉，《亞太研究通訊》，第4期（2006），頁90-91。

體」，一帶一路為「兩翼」，謀求與歐盟、北美自貿區在全球經濟治理中達成「三足鼎立」，並為東亞一體化進程邁出第一步。

第三節　微區域主義層次：地緣經濟圈的形成

微區域主義有時也被稱為「次次區域主義」（sub-sub-regionalism），事實上它與區域主義或次區域主義都是彼此相互關聯的，[61] 因為所謂「新區域主義」本來便有多種整合形式共存的意味。[62] 值得注意的是，整合進程儘管大多源自於經濟因素，但其中微區域主義特別強調以經濟現實為基礎來重塑政治空間，由此也引發諸如「跨邊界區域」（cross-border region）的討論；[63] 例如大前研一便將這種新的互動單位稱為「區域國家」（region state），並認為「其定義並非根源自其政治疆界位置，而是它們如何擁有正確的規模與範疇，以便在今日的全球經濟中成為一個真正且自然的企業單位」。[64] 當然，民族國家是否即將邁向發展終點仍是個爭辯不休的學術議題，但多數學者或許都同意以下看法：亦即國家或政府單位目前依舊是最重要的整合決策來源，但自主性公民社會與非政府組織對於傳統國家主義途徑的挑戰，卻也是個不容忽視的現象。[65]

---

[61] James Rousseau, "Governance in the Twenty-first Century," *Global Governance*, 1 (1995), p. 26.

[62] Paul Bowles, "ASEAN, AFTA, and the New Regionalism," *Pacific Affairs*, 70:2 (1997), pp. 219-233.

[63] See Olivier Kramsch and Barbara Hooper, eds., *Cross-Border Governance in the European Union* (New York: Routledge, 2004).

[64] Kenichi Ohmae, *The End of the Nation States* (London: HarperCollins, 1995), p. 6.

[65] Anthony Payne, "The New Political Economy of Area Studies," *Millenium*, 27:2 (1998), pp. 253-273; Tim Shaw, "New Regionalisms in Africa in the New Millenium," *New Political Economy*, 5:3 (2000), pp. 399-414.

表 6.4　東亞微區域主義發展概況

計畫名稱	起點	涵蓋地緣範圍
環黃海經濟圈	1988	包括南韓的南部沿海地區、中國華東各省與日本九州地區
華南經濟圈	1989	中國福建與廣東、香港、澳門與臺灣
南部成長三角	1989	新加坡、馬來西亞柔佛州、印尼廖內群島，後於1996與1997年分別擴張至馬來西亞南部4個州與印尼西部6個省
西部成長三角	1990	印尼蘇門答臘北部、馬來西亞的吉打、玻璃市、檳榔嶼與霹靂州、泰國北部的北大年、沙敦、宋卡和也拉等府
圖們江開發計畫	1990	中國大陸、俄羅斯與北韓交界處的圖們江下游三角洲地區
湄公河開發計畫	1992	包括流域所涵蓋的緬甸、泰國、柬埔寨、寮國與越南地區，1995年東協高峰會也提出湄公河流域開發合作計畫
東部經濟成長區	1992	包括蘇祿海周邊的汶萊、菲律賓的棉蘭老島和巴拉望、馬來西亞的沙巴與沙勞越、印尼的北蘇拉威西與加里曼丹
黃金四角	1993	湄公河上游包括中國、寮國、緬甸與泰國間合作計畫
中韓跨國經濟區	1995	中國琿春與北韓羅津、先鋒地區間的邊界地帶
中蒙跨國經濟區	1995	蒙古扎門烏德與中國二連浩特間的邊際地帶
環日本海經濟圈	1996	包括日本的青森、新潟與北海道等縣道，俄羅斯的遠東地區，朝鮮半島東岸，以及中國的東北地區
環東海經濟圈	1997	日本阪神地區與中國江蘇、安徽、江西與上海等3省1市
孟中印緬合作區	1999	包括四國比鄰的邊界地區
馬泰聯合發展區	1999	由馬來西亞將沿岸生產的天然氣運往泰國南部的 Sogkhla
中俄跨國經濟區	2002	中國琿春與俄羅斯哈桑間的邊界地區
中越「兩廊一圈」經濟區	2004	目標在2020年共同建立「南寧—諒山—河內—海防」、「昆明—老街—河內—海防」兩條經濟走廊和「環北部灣經濟圈」
中哈跨境經濟區	2004	中國與哈薩克共建霍爾果斯國際邊境合作中心
中俄跨國經濟區	2005	中國東寧與俄羅斯波爾塔夫卡間的邊界地區
中越跨境經濟區	2006	中國憑祥與越南同登之間的邊界地帶
中緬跨境經濟區	2007	中國瑞麗與緬甸木姐之間的邊境地區，在2013年達成共同合作構想後，雙方於2017年簽署諒解備忘錄
湄公河下游倡議	2009	美國提出，建議柬埔寨、寮國、泰國、越南加強邊境合作，並於2018年主持召開首度部長級會議
瀾滄江湄公河合作	2014	中國提出，邀請緬甸、柬埔寨、寮國、泰國、越南進行合作，隨後於2016年召開首次高峰會並發表「三亞宣言」

資料來源：作者自行整理。

　　相較於國家單位在全球化與區域化運動中所扮演的積極角色，微區域化運動主要則歸功於非國家行為者，特別是國際組織，即便有國內政治力量介入，至少未必由中央政府（其運作請參照圖6.1），而是由地方政府來推動，而類似情況在東南亞地區也有不少例證可資探討。[66] 從某個角度來看，微區域主義其實是一種透過比較利益法則，讓雖具有地緣鄰接性，但未必擁有共同政治基礎的區域，得以彼此合作以便一起提升球競爭力的經濟手段。[67]「加工出口區」（export processing zones, EPZs）的設置是個明顯例證；它既意味著國家讓其一部分地區加入國際勞務分工的行列，也暗示著這些區域將因其較高的國際化程度，而有與國內其他區域逐漸隔離甚至割裂的傾向。[68] 這或許部分呼應了大前研一對於民族國家體制轉型的看法。

壹　東南亞成長三角跨國經濟區

　　東亞微區域運動的第一個具體作為是所謂「成長三角」（growth triangle）的建構，[69] 這是種自1990年代以來盛行於東南亞地區的地緣經濟區概念。首先由新加坡在1989年向馬來西亞與印尼提出建議，希望能透過垂直分工結構，利用後兩者的廉價土地與勞力以建立起三邊互利共生的發展網絡。其後，共同開發結果不僅讓柔佛州成為馬國工業和旅遊

---

[66] Chia Siow Yue and Lee Tsao Yuan, "Sub-regional Economic Zones: A New Motive Force in Asia-Pacific Development," in Fred Bergstein and Marcus Noland, eds., *Pacific Dynamism and the International Economic System* (Washington: Institute for International Economics, 1993), p. 236.

[67] Michael Longo, "European integration: between micro-regionalism and globalism," *Journal of Common Market Studies*, 41:3 (2003), pp. 475-494.

[68] Mitchell Bernard and John Ravenhill, "Beyond Produce Cycles and Flying Geese: Regionalization, Hierarchy, and the Industrialization of East Asia," World Politics, 47:2 (1995), pp. 171-209.

[69] Thant, Myo, Min Tang and Hiroshi Kakazu, eds., *Growth Triangles in Asia: A New Approach to Regional Economic Cooperation* (New York: Oxford University Press, 1998). 亞洲開發銀行曾在1993年把所謂「成長三角」定義為「次區域經濟合作下，包括3個或3個以上國家的地理毗鄰的跨國經濟區，透過利用成員國間生產要素稟賦的不同來促進外向型的貿易和投資」，但本章則根據最新研究結果將其置於「微區域合作」層次。

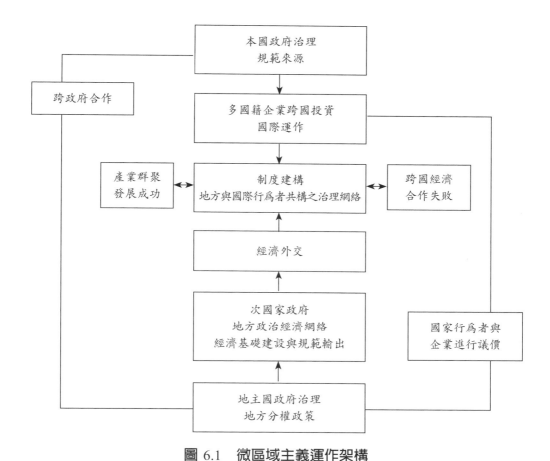

圖 6.1　微區域主義運作架構

資料來源：Katsuhiro Sasuga, *Micro regionalism and Governance in East Asia* (London: Routledge, 2004), p.15; H.W. Yeung, "Local Politics and Foreign Ventures in China's Transitional Economy: the Political Economy of Singaporean Investment in China," *Political Geography*, 19:7(2000), p. 814.

業發展最快的地區，印尼巴丹島獲得大量的外資投入，而新加坡也藉此成長更上層樓。[70] 於此幾乎同時，泰國總理 Chatichai Choonhavan 也於

---

[70] Tsao-yuan Lee, ed., *Growth Triangle: The Johor-Singapore-Riau Experience* (Singapore: Institute of Southeast Asian Studies, 1991); ASEAN Secretariat, *ASEAN Economic Cooperation: Transition and Transformation* (Singapore: Institute of Southeast Asian Studies, 1997), p. 147. 不過，受到1997金融風暴與中國吸金效應的影響，此一三角有停滯發展趨勢；例如2006年，新加坡與印

1988年提出「印支倡議」（Indochina Initiative），企圖建立「泰銖經濟圈」（Baht economic zone），使泰國成爲中南半島的區域金融中心，甚至是成爲東南亞的經濟強權，其後的 Chuan Leekpai 內閣進一步於1993年提出涵蓋泰北、緬東、寮西、中國雲南等地的「黃金四角」（Golden Growth Quadrangle, GQ）開發計畫，希望藉此開發計畫取得在中南半島與甚至中國西南區域經濟發展的主導權。

在前述計畫陸續開展後，馬來西亞也在1990年積極將同樣模式推銷給印尼與泰國，希望將馬國資本與印、泰兩國的土地與勞力結合在一起組成所謂「西部成長三角」（印馬泰三角），針對旅遊、投資貿易、農漁業、服務業、基礎建設與人力資源開發等幾個項目進行合作，於1993年正式付諸實施；目前印馬泰三角包括32個行政區，[71] 相關國家一方面共同制定了「2007-2011年發展路線團」，重點發展基礎設施，更將2008年訂爲「到訪印馬泰成長三角年」，2009年則爲「印馬泰成長三角慶祝年」。值得注意的是，儘管由於組成西部三角各國間缺乏明顯的分工結構，因此整合運動的成果也相對有限，但菲律賓仍在1992年接著提出建立東協「東部經濟成長區」的構想，然後在1994年由相關各個國家（加上汶萊、馬來西亞與印尼）簽署合作計畫，並成立東部東協商務理事會作爲彼此協調機構。不過，此區域所遭遇問題顯然跟西部三角頗爲類似，亦即由於缺乏基本發展程度與經濟互補性，也很難發揮有效的乘數效果。

除以東協核心國家爲主的成長三角框架外，孟中印緬合作發展區與中越兩廊一圈經濟區則是位於東南亞地緣邊陲的另外兩個構想。首先是由中國、印度、緬甸、孟加拉等國於1999年召開「中孟印緬區域經濟合作與發展會議」並發表「昆明倡議」，希望在加強相互交流並建立經貿架構

尼宣布在巴丹、賓丹及卡里文島開發3個「特別經濟區」，至於馬來西亞則單獨宣布將在鄰近新加坡的柔佛州成立「南柔經濟區」。

[71] 其中包括泰國南部14個府，馬來西亞8個州，以及印尼位於蘇門答臘的10個省，總面積60萬平方公里，人口共約7,000多萬。

後，提升四國邊界區域間的互動合作；[72] 其後，在2002年召開的第三次會議中，決定將會議更名爲「孟中印緬地區經濟合作論壇」以逐步朝建制化邁進，至2019年已召開13次部長級工作會議。值得注意的是，由於包括泰國、新加坡、斯里蘭卡與尼泊爾等國都表示希望加入的意願，所以該論壇不僅正由「第二軌道」朝向「第一軌道」機制發展，未來也可能由目前的微區域機制升格爲次區域機制，甚至成爲東南亞以及南亞這兩個次區域之間的連接點；爲強化彼此貿易合作，2012年正式成立「商務理事會」作爲協調機制，中國與印度也在2013年達成共同推動「孟中印緬經濟走廊」共識。

至於中越間「兩廊一圈」經濟區（包括「南寧—諒山—河內—海防」、「昆明—老街—河內—海防」兩條經濟走廊和「環北部灣經濟圈」構想）的概念，則首先由越南在2004年提出，中越兩國隨後確定合作框架及具體專案，並於10月發表聯合公報；2005年，兩國領袖進一步將完成目標擬定在2020年。同年，廣西還與相鄰的越南高平、諒山等省簽署了「關於建立邊境磋商合作機制問題的會談備忘錄」，希望加強交通運輸基礎設施等建設項目的合作，並促進雙邊貿易合作與組織企業團組參加雙方舉辦的各種展覽會，以便爲雙方貿易發展創造更有利的互動條件。隨著紅河跨國界河大橋在2009年通車，儘管近年中越兩國在南海問題上存在齟齬，交通動線貫通對於雙邊經濟合作仍有助益，兩國更於2017年簽署了關於共同推動「一帶一路」與「兩廊一圈」之合作計畫。

貳　東北亞跨國經濟區

從東南亞的經驗看來，具有微區域特徵的「多邊」倡議雖可能奠定

---

[72] 任佳，〈中印緬孟地區經濟合作的戰略意義〉，《南亞研究》，第1期（2003），頁17-22；任佳與陳利君，〈孟中印緬之間的區域經濟合作〉，《當代亞太》，第1期（2004），頁54-58。

未來東亞整合的方向，但討論面多於執行面，與執行成效有限的發展，卻也突顯出目前國際體系仍以國家政府作為基本單位的現實，以及次級（地方）政府作為整合推動機制的侷限所在。由此看來，儘管要求建立區域合作機制與擴大參與範圍規模的呼聲不斷，[73] 但國家間透過「雙邊」合作所提供的運作經驗，或許仍是更重要的第一步，特別是在大國利益糾葛不清的東北亞地區。例如在中蘇共於1989年完成「關係正常化」，而蘇聯也緊接著於1991年正式崩解後，處於後冷戰時期的中俄兩國也隨即展開另一段新的合作階段。由於改採「有限全球主義」與「全方位外交」的俄羅斯將對外關係焦點由政治轉向經濟面，[74] 該國不僅自1992年起提出「大海參崴自由經濟區」方案（內容包括海參崴、納霍德卡與哈桑等三個自由貿易區），在1995年申請加入 APEC 組織，並於1996年提出在2000年達成中俄雙邊貿易額200億美元的計畫。

　　儘管後一計畫因1997-1998年爆發金融風暴而受挫，但中俄間合作關係的加強並未受到影響，例如兩國在2001年簽訂《中俄睦鄰友好合作條約》，同年俄羅斯更加入「上海合作組織」行列，這些都使其雙邊關係更趨於緊密，一方面全面解除對峙狀態，從而也為經濟合作奠下穩定基礎。由於雙邊關係在十年間的不斷加溫，中俄兩國也有更高的意願來推動經濟合作；其中，地處圖們江下游三角洲的琿春與哈桑兩地，便成為一個重要的實驗場。自2002年起，中俄兩國計畫透過10年期間，將技術、資源、勞動力與產業部門均具有實質互補性的前述兩地建成一個比較成熟的跨國經濟區；[75] 具體步驟包括以下三個階段：第一階段先建立小範圍的跨國經濟區（2002-2005），第二階段（2005-2008）再發展到琿春與哈桑周邊的較大城鎮地區，最後，在第三階段（2008-2012）中則將琿春與哈桑全

---

[73] 戚文海，〈論東北亞區域經濟合作的機制化〉，《東北亞論壇》，第2期（2003），頁13-16。

[74] 高連福主編，前引書，頁254-258。

[75] 王勝今、王鳳玲，〈東北亞區域經濟合作新構想〉，《東北亞論壇》，第1期（2003），頁3-8。

境都包納進來。[76] 在兩國元首於2008年針對建立「琿春—哈桑跨境經濟合作區」達成共識之後，由中國吉林省琿春市通往俄羅斯卡梅紹瓦亞的鐵路在2011年終於正式開通貨運，也有助於深化合作進程。[77]

　　其次在中國與北韓之間，由於第一代領導人金日成在1994年去世，而東歐與蘇聯的共產政權也相繼垮臺，再加上自1995年起連年出現洪水與乾旱等自然災害，致使北韓的經濟成長率自1990年出現-3.7%的數據後，直到1999年才擺脫負成長的局面。國民經濟的窘境迫使該國政府必須部分改變社會主義發展政策，早在1991年與南韓同時獲准加入聯合國後，該國便加入開發圖們江流域的相關會議，並在中韓邊境建立「羅津—先鋒自由經濟貿易區」，開放清津與羅津兩個港口，以便與其最大貿易夥伴加強來往。這個自由貿易可說是北韓目前經濟開放程度最高的地區，同時由於地緣上的鄰接性，中國大陸與北韓間正就該自由貿易區與琿春的分工協調進行磋商。1995年，「羅津—先鋒自由經濟貿易區」完成鐵絲網圈隔工作，相關運輸通訊設施也紛紛開工，可說奠定了中韓「琿春—羅津、先鋒跨國經濟區」的穩固基礎。儘管如此，由於前述自貿區進展不大，因此北韓又在2002年宣布建立「新義州特別行政區」，[78] 希望引進中國改革開放經濟特區的發展經驗以突破既有困境。

　　自2005年中國與北韓確立「政府引導、企業參與、市場運作」邊境經濟合作方針後，兩國便致力於16個邊境口岸的建設，形成「丹東—新義州」、「通化—惠山」與「琿春—羅先」3個發展重點；2009年，溫家寶訪問北韓與其簽署了經濟技術合作協定，宣布由中方全額投資新建鴨綠江大橋，將羅津港合作建成中轉貿易、出口加工、保稅等國際物

---

[76] 值得注意的是，本段落所提到的中俄、中韓與中蒙等3個雙邊跨國經濟區，雖可視爲包括在圖們江開發計畫中的次項目（例如中俄間的三階段發展設計與 UNDP 主導的圖們江發展階段便有相當程度的重疊性），但也分別具有獨立發展性，因此我們將其分開來論述。

[77] 中俄琿卡口岸鐵路在1996年10月完成接軌（俄方段由金環公司投資建設），2000年2月實現國際聯運過貨，2001年10月由中國國家海關總署驗收批准，成爲全國唯一地方口岸鐵路。

[78] 新義州是北韓第四大城，位於鴨綠江下游，距河口僅40公里，與中國遼寧省丹東市隔跨江鐵橋相望，既是北韓最大紡織中心，也是電氣化鐵路「新義州—羅津」線起點。

流基地頭，並將羅津港1號碼頭交給中方使用10年；2011年，兩國正式
啟動了北韓境內的羅先經濟貿易區和「黃金坪—威化島」經濟區，翌年
（2012），兩國接著共同開發和管理前述兩個經濟區的聯合指導委員會
中宣布成立管理委員會，並簽署了農業合作、對羅先地區輸電、園區建
設、詳細規劃等相關協議。不過，由於北韓在2015-2017年間頻繁進行飛
彈與核武試驗，在遭致聯合國一連串制裁後，前述方案均陷入停頓狀態。

　　最後，在中國與蒙古之間，作為東亞地區唯一的內陸國家，由於資
源與發展程度有限，蒙古在1962年申請加入「經濟互助委員會」（COM-
ECON），希望透過共產集團內部的合作關係來推動國家建設；蘇聯瓦解
後，為因應後冷戰時期新的國際局發展，蒙古於是在1994年通過「對外
政策構想」與「國家安全戰略構想」等計畫，希望能透過中立政策來吸
引各國與其建立合作關係。[79]尤其因為中日韓等國家正漸次取代過去蘇聯
在東北亞地區的影響力，因此，如何與這些國家建立有效提升工業發展
的產業結構接軌，並參與區域體系建構過程，便成為蒙古自然的發展方
向。在具體作為上，蒙古首先與俄國在1993年簽署《俄蒙友好關係與合
作條約》，強調非結盟與互不侵犯政策，1994年與中國簽署新的《中蒙
友好合作關係條約》，1997年與日本建立「面向二十一世紀的全面夥伴
關係」並表示支持日本成為聯合國安理會常任理事國，接著在1998年又
分別簽署「中蒙聯合聲明」與「中日聯合聲明」，廣泛建立互動關係。

　　至於在參與區域經濟整合方面，蒙古先在1991年通過《外商投資
法》與《經濟特區法》等基本規範，並與中國簽署《蒙古通過中國領土
出入海洋與過境運輸協議》，[80]接著在1995年開始參與圖們江計畫，並與
中、俄及南北韓簽署《關於建立圖們江開發區及東北亞開發協商委員會協
議》，同時準備在邊境的扎門烏德與中國的二連浩特建立跨國經濟區，至

---

[79] 吳大輝，〈世界地緣政治中的蒙古〉，《參考資料》，1999年7月4日，頁2。
[80] 于學軍，〈中蒙區域經濟合作戰略分析〉，《內蒙古財經學院學報》，第4期（2007），頁
　　18。

於實施步驟則可分為以下三個階段來進行：首先是建立相關的經營開發與稅收規範，其次是提供建立跨國經濟區的法律基礎，第三則是興建各種商業服務基礎設施。[81] 目前在中蒙邊境已開放18個以上的通商口岸，而蒙古也在2002年通過《蒙古國家自由貿易區法》並決定在蒙俄邊境城市阿拉坦布拉格設立第一個自由貿易區，同時積極準備將前述中蒙跨國經濟區升格為自貿區；[82] 自2014年啟動磋商後，中蒙已於2019年簽署協議共同建立「二連浩特－扎門烏德跨境貿易區」。

參 西太平洋緣海經濟區

在東北亞地區，除以陸上互動為主的跨國經濟區建制外，在日本海、黃海與東海等西太平洋的幾個緣海區也提出不少合作構想。

首先是「環日本海經濟區」。作為全球第二大經濟體，同時也是目前東亞最重要的經濟主導國家，日本自從冷戰後期以來，便顯然有將國家發展主軸由十九世紀末的「脫亞入歐」朝「亞洲一員」方向邁進。[83] 至於主要手段則是以其經濟實力為後盾，透過雙邊或多邊合作途徑來提升日本的區域地位：例如在1991年的《外交藍皮書》中，日本政府便指出，在繼續加強與歐美國家間政策協調的同時，構築與亞太地區國家間的政策協調關係，對日本而言至關重要。

當然，從事實層面來看，該國對於東亞地區的關注或許起得更早。例如早在1965年，日本經濟學家大來佐武郎與小島清便曾建議成立一個「太平洋自由貿易區」（PFTA）；自1966年起，日本接著出資成立「亞洲開發銀行」（ADB）並負責出任行長一職迄今；1968年，日本財閥永

---

[81] 蒙古大呼拉爾議會在2003年通過「扎門烏德自由經濟區法」，中國國務院則於2010年提出研究成立「二連浩特市開發開放試驗區」的建議，目前尚無實際進展。

[82] 戚文海與趙傳君等，《東北亞經貿合作全方位研究》（北京：社會科學文獻出版社，2006年），頁26-27。

[83] 梁雲祥、應霄燕，《後冷戰時代的日本政治、經濟與外交》（北京：北京大學出版社，2000年），頁139-150。

野重雄更出面建立了一個「五國太平洋經濟委員會」，每年定期舉辦跨國性財政會議。[84] 儘管如此，日本對於東亞整合的進一步推動還是起自1980年代，主要發展包括1980年推動「太平洋經濟合作理事會」，1989年與澳洲共同創建「亞太經濟合作組織」，以及在1988年中提出的「東亞經濟環」構想，目的在確立雁行經濟結構。

　　不過，在早稻田大學教授西川潤在1987年正式提出環日本海經濟合作構想後，[85] 日本政府隨即在1992年提出一份官方研究報告。基本上，此一經濟區指的是日本海沿岸，包括日本的鳥取、青森、新潟與北海道等縣道，俄羅斯的遠東地區，朝鮮半島東岸，以及中國的東北地區等範圍，合作目的在於將俄羅斯的天然資源，中國的人力，北韓的資源與港口，南韓的工業能力與日本的資金技術等共同結合在一起。值得注意的是，此種整合方向不僅獲得周邊國家支持，甚至參與者經常也並非以中央政府或大型企業爲主；[86] 例如自1994年起，環日本海的中國吉林省、日本鳥取縣、韓國江原道、俄羅斯濱海邊疆區等地方政府領袖便已建立「環日本海地方首腦會議制度」，蒙古中央省隨後加入，並決定每年舉行一次地方高峰會，就區域內經濟合作問題進行溝通與對話；在1999年的第六次會議上，五國更進一步提出「構建環日本海國際經濟合作體系」和「建立經濟交流據點」等問題。此外，1996年在南韓慶州召開的東北亞地方政府會議，亦成立了「東北亞地方政府聯合會」（NEAR），[87] 顯示出此種整合所隱含的微區域治理層次。最後，以環日本海經濟研究所（ERINA）爲中心的

---

[84] 樊勇明、談春蘭，《日本的大國夢》（香港：三聯書店，1993年），頁169-171。

[85] 西川潤編，《開放中国国際化のゆくえ：黃渤海経済圏と日本》（東京：有信堂，1995年）。

[86] 王勝今、張東輝，〈論地方城市、地方政府在東北亞區域經濟合作中的地位與作用〉，《東北亞論壇》，第4期（1998），頁24-28。

[87] 高連福主編，《東北亞國家對外戰略》（北京：社會科學文獻出版社，2002年），頁239。至2012年爲止，會員包括中國6個省分（黑龍江、山東、河南、湖北、湖南、寧夏回族自治區）、日本10個縣（青森、鳥取、山形、新潟、富山、京都、石川、福井、兵庫、島根）、韓國15個道級單位（首爾除外）、北韓咸鏡北道與羅先市、蒙古20個省級單位、俄羅斯15個州區單位，共68個成員單位。

一個非營利性組織（位於日本新潟），目前也正在積極推動跨日本海航線，希望打開日本與中國吉林和黑龍江的海路通道，以進入圖們江流域經濟圈。

儘管如此，由日本學者所提出「環日本海經濟區」構想並非毫無爭議：[88]首先在名稱方面，南北韓都不同意所謂「日本海」的說法，因為它們向來稱此海域為「東海」；其次在參與者的發展程度差異方面，相較於日本平均國民所得超過35,000美元，南韓也超過30,000美元，但中國與俄羅斯都低於10,000美元，而北韓更不到2,000美元；由此也導引出第三個問題，亦即在發展方向上，相對於日本與南韓希望加強在資訊科技（IT）產業部分的合作，其他參與者則更重視相關合作對其全面產業升級的影響，甚至希望能建構所謂的「科技聯盟」。[89]這些爭議相信將對其後續發展產生影響。

其次，相對於日本學者提出的「環日本海經濟區」構想，南韓則相對提出所謂「環黃海經濟區」的建議。[90]正如某些學者所指出的，南韓此一想法乃是以邁入改革開放階段的中國為目標，將華東沿海吸納進南韓的經濟鈕帶，同時基於地理鄰接性，利用同樣面向黃海的九州地區將日本拉進來；由此一方面可收到制約北韓的效果，另方面亦使南韓可在重組東北亞經濟結構時扮演重要角色，[91]甚至讓其得以透過區域整合成為全球發展的「新成長軸心」。[92]從具體作為來看，首先是盧泰愚總統在1988年提出西岸開發計畫，接著該國經濟企劃院更編列140億美元規劃基金，希望在

---

[88] 中國國際經濟關係學會，前引書，頁418-419。

[89] 劉軍梅、伍華佳，〈關於建立環日本海四國科技聯盟的可行性分析〉，《東北亞論壇》，第1期（2002），頁65-68。

[90] 環黃海經濟圈概念最早由日本西南大學教授小川雄平和南韓慶北大學教授金泳鎬於1988-1999年提出，參見周志春、孫瑋琳，〈環黃渤海成長三角的理論探討〉，《改革與戰略》，第9期（2004），頁8，與倪月菊，〈環黃渤海經濟圈的地緣合作〉，《亞非縱橫》，第4期（2004），頁29。但最終以南韓學者為主。

[91] 潘世偉，《投身亞太新合縱的韓國》（香港：三聯書店，1993年），頁186-187。

[92] 金泳鎬，〈東北亞新經濟秩序與韓國的作用〉，《東北亞論壇》，第3期（1992），頁71-74。

2011年以前完成73項重要建設，以便奠定控制黃海經濟圈的基礎。於此同時，南韓也大舉投入資金來開發西岸地區，以扭轉長期以來向東傾斜的工業發展，包括建設新港口與設置高科技工業園區等。

　　值得注意的是，幾乎在南韓開始重視黃海次區域發展的同時，部分中國學者也在1985年提出「環渤海經濟圈」想法，希望將環繞渤海的遼寧、河北與山東3省與北京以及天津兩個直轄市連起來，朝長江與珠江三角洲以外第三個高速成長區域邁進，而環渤海區的15個市級單位也在1986年成立「環渤海地區經濟聯合市長聯席會議」，作為協調機制；[93]至於日本北九州市也在1991年呼應並提出了「環渤海經濟圈構想」，具體建議召開「東亞城市會議」，接著便於2004年正式設立了「東亞經濟交流推進機構」（OEAED），目前共有10個成員。[94] 除此之外，相關構想更在1996年被列入中國國務院「九五」計畫重要發展項目。[95] 可以這麼說，中國的推動「環渤海經濟圈」計畫，一方面既期盼利用經濟區塊運動來刺激成長，也希望將環黃海區的國際力量拉進改革脈動。例如1994年7月，中日韓三國學者便在天津召開針對「環黃渤海區域」之國際會議，對中國京津冀聯合、日本九洲東亞化及韓國西海岸開發等三大課題進行研討；2003年在北京召開了「中國環黃海地區與韓國西海岸地區開發戰略研討會」。2006年，東亞經濟交流推進機構會議簽署了《關於東亞經濟合作的天津宣言》，宣布將加強城市經濟合作，並就推進東亞區域金融合作、建立東亞經濟交流基金、採取環境保護政策以及擴大合作領域等達成初步共識，2010年起，更為創設地域版 FTA 而積極進行「環黃海ACTION」計畫。關於黃海地區交通開發，中國山東與韓國西南沿海岸地區計畫組織一個「跨國城市走廊」，韓國京畿道知事金文洙在2007年訪

[93] 李靖宇，《中國與東北亞區域經濟合作戰略對策》（北京：人民出版社，1999年），頁184-185。
[94] 中國的大連、青島、天津、煙臺，韓國的釜山、仁川、蔚山，日本的福岡、北九洲、下關。
[95] 陳錦華、葉青與王春正，《國民經濟與社會發展九五計畫和2010年遠景目標綱要講話》（北京：中國經濟出版社，1996年），頁322。

華時提出中國濟南、青島、煙臺、威海、濰坊、淄博、日照等，與南韓水原、富川、安養、平澤、廣州、始興、高陽、安山等共同參與的「8 + 8 共同體」。[96] 目前環黃海經濟圈的實質合作上，雙邊合作大於三邊合作也就是中韓兩方合作多於中日韓合作，目前各港口的數據是互通有無，「陸海聯運系統」則是目前規劃中的項目，構想是減少貨櫃轉運次數以減少運輸成本。

　　當然，日本在此一經濟區塊化過程中也沒有缺席。例如日本北九州市便於1989年與美國賓州大學合作設立國際東亞研究中心（ICSEAD），進行關於環黃渤海經濟圈的調查研究，並完成「環黃渤海地區經濟及社會發展方向和應採取合作方式」的研究報告。1991年底，北九州市又召開前述「東亞城市會議」，目的在推動環黃海區的跨國策略整合；此外，九州通產局還設立「擴大環黃渤海地區交流委員會」以進行相關調查。至於日本政府亦在1995年底公布的《二十一世紀國土規劃：新全國綜合開發計畫的基本設想》中，強調應充分利用並謀求開發環日本海與環黃海這兩個由地方主導的經濟合作計畫。總之，由於中日韓等周邊國家都不約而同對此區域的發展感到興趣，甚至召開多次學術研討會來進行相關課題研究，相信此區域的未來是很可期待的。甚至有人還預測成立「大連－仁川－新潟成長三角」的可能性。[97]

　　最後是「環東海經濟區」，此區曾出現一個「長江中下游－阪神區域合作計畫」。主要是在日本於1995年發生阪神大地震後，便成立「阪神－淡路震災復興委員會」，並在1997年提出與長江中下游地區進行跨國區域合作的計畫，希望藉此提供災區復甦的動力。1999年5月，中共國家計畫委員會通過決議，同意讓江蘇、安徽、江西與上海等3省1市參與此區域合作計畫；7月，兩國分別成立了合作委員會，接著在12月召開第

---

[96] 馬傳棟，〈論建設由山東半島、韓國西南海岸、日本九州地區組成的跨國城市群走廊〉，《山東經濟》，第6期（2008），頁136。
[97] 羅肇鴻，〈關於東北亞經濟合作的構想〉，《東北亞論壇》，第2期（2000），頁9-13。

一次雙邊合作會議後，簽署了交流合作協議書。[98]在此基礎上，為進一步增進兩地經貿往來，每年定期在日本神戶舉辦「中國商務良機交易會」，並在中國上海舉辦「零件加工採購商談會」與「OEM加工商談會」，使雙方可根據彼此利益（日本的資金技術與長江中下游的勞力及市場）建立起產業互補關係。合作重點擺在口岸與物流互通的發展上，對此，中國計畫以江蘇太倉港與南京祿口機場為試辦點，與日本橫濱與神戶港以及岡山機場建立合作關係。不過，由於此區域實際上並非以東海作為核心來進行整合發展，與日本間的合作也僅限於大阪神地區，未來在名稱與實際發展上仍有斟酌空間。

肆　國際河川合作開發計畫

　　相較於前述地緣經濟區的發展，東南亞的湄公河開發合作與東北亞的圖們江計畫則呈現出另一種類型。首先，自1992年以來，有關「瀾滄江－湄公河」流域開發已形成四種合作機制，包括亞洲開發銀行主導的「大湄公河次區域經濟合作」，東協主導的「東協－湄公河流域開發合作」，新湄公河委員會主導，由柬寮泰越四國參加，中緬兩國為對話國的「湄公河流域永續發展合作」，以及由泰國發起的中寮緬泰四國「經濟增長四角」機制。

　　聯合國經濟社會理事會早在1955年便提出一個共同開發水資源的「湄公計畫」，並在1957年成立了湄公河委員會；但因此區域長期陷於戰亂當中，該委員會工作也限於進行相關研究，直到1992年才重新由亞洲開發銀行建立「大湄公河次區域經濟合作」（GMS）計畫，同時由中國、寮國、泰國、緬甸、柬埔寨與越南等6國共組經濟合作部長級會

---

[98] 齊乃昌，〈中日長江下游－阪神、神戶地區區域合作〉，《東北亞論壇》，第3期（2003），頁8-11。

議。[99] 其後在2002年，更舉行了此合作計畫的首度高峰會，並發表高峰會宣言與發展規劃表等指導性文件。迄今，「大湄公河次區域經濟合作」計畫已投入超過數十億美元資金，至於航運與鐵公路網等交通建設則是目前重點所在。[100]

　　進言之，整個 GMS 的宗旨大致包含以下三項：首先是加強連接性（enhanced connectivity），亦即透過交通基礎建設與跨國公路網之開發，使區域內資源得以被順利分享與利用；其次是提高競爭力（increased competitiveness），包括經濟走廊的建設、貿易自由化、能源開發、資訊高速公路之建立等，亦即透過提倡更良好的政府治理機制，增強微區域競爭力；第三是增強社群意識（a greater sense of community），主要是解決環境保護與生態多樣性等問題。爲落實前述宗旨，GMS 在1995年建立起一套「雙層機制」，作爲規劃與執行計畫內容的架構；在涉及日常決策的第一個層次中，每年召開的「部長級會議」（Ministerial Conference）負責制定微區域合作政策、聯繫各國代表並彙整意見，至於第二層次則負責執行計畫，亦即在部長級會議做出決策方針後，便交由專家小組（experts group）、工作小組（working group）或論壇（forum）進一步討論項目與細則，除此之外，在部長級會議與執行單位之間還設有資深官員會議，作爲籌備部長級會議、協調政策與執行單位間之中介部門。發展迄今，我們大致可將 GMS 計畫之演進分爲以下幾個階段來說明：

　　1. 建立互信階段（1992-1994）：在計畫於1992年揭開序幕後，成員國便逐步在 ADB 引導下開啓信心建立過程，首先是在1993年的第二屆部長級會議中初步形成交通、能源、環境與自然資源管理、人力資源開發、

---

[99] 趙洪，〈面向21世紀的瀾滄江—湄公河次區域合作〉，《南洋問題研究》，第4期（2002），頁6-7；王勤，〈湄公河次區域合作的特點與前景〉，《南洋問題研究》，第4期（2003），頁9-10。

[100] 1995年由馬來西亞總理 Mahathir 所提出的「泛亞鐵路」構想乃其中焦點之一，並於2001年由東協高峰會正式通過，未來將建造一條長5,500公里的鐵路，由新加坡出發，經馬來西亞、泰國、柬埔寨、越南，最後抵達中國昆明，預計在10年內投資25億美元。

貿易投資和旅遊等領域的合作架構，強調經濟合作應以「交通基礎建設」為主軸，而 ADB 也在簽署相關文件中首次使用「大湄公河」一詞。

2. 建立合作架構階段（1994-1996）：在1994年的第三屆部長會議中，正式提出「大湄公河次區域合作」架構，確定「加快次區域持續經濟發展和提高次區域人民的生活水準」為計畫最終目標。[101] 接著在翌年會議中，更進一步確認合作架構和項目，加入「通訊部門」成為第7個合作領域，並將103項合作定為優先執行項目。值得注意的是，在「交通運輸」部門中，ADB 經由針對成員國進行跨境交通運輸之可行性評估調查，結果發現各國存在「極嚴重的貿易與人員流動壁壘」，從而成為後來簽訂「次區域跨境運輸協定」的開端。

3. 計畫準備階段（1996-2000）：由於 GMS 計畫援助範圍廣泛且項目繁多，導致資金募集困難，因此在1996-1997年部長級會議中便設法將「交通運輸部門」及「旅遊業部門」設定為優先發展項目。尤其在1997年東亞金融風暴發生後，各國先於1998年提出「1998-2000工作計畫指標」，倡議發展「三縱」（仰光—曼德勒—昆明、泰國—寮國—昆明、海防—河內—昆明）及「兩橫」（峴港—沙灣那吉—彭世洛—毛淡棉、胡志明市—金邊—曼谷—仰光）經濟走廊（economic corridors）目標，接著又自1999年後陸續簽署「跨境運輸協定」，[102] 希望「減少有礙貨物和人員跨邊境自由流動之非關稅性壁壘、消除複雜海關檢查與出入境手續、簡化與統一車輛和負載規格，以及降低通關費用」。

4. 全面實施階段（2000-）：在各國紛紛擺脫金融風暴影響後，2001年部長級會議乃進一步提出「十年戰略架構」作為 GMS 整體策略方針。此戰略架構有別於前述 ADB 為開發中國家制定的「國家戰略與計畫」

---

[101] 何大明、陳麗暉、泰德·查理曼，〈瀾滄江—湄公河次區域經濟：國際合作主要目標、困難和展望〉，《經濟地理》，第2期（1997），頁94-99。

[102] 1999年由寮國、泰國與越南首先簽署，2001年柬埔寨簽署，2002年中國加入，直到2003年第十二屆部長級會議上緬甸同意後，所有微區域成員才全部進入此協定架構。

及「次區域合作戰略與計畫」（Sub-regional Cooperation Strategies and Programs, RCSPs），特別著重於以下發展目標：透過跨部門途徑加強連結基礎設施、促進跨國境貿易投資、擴大私營部門的發展參與並提高其競爭力、發展人力資源及提高技術能力、保護環境並提倡自然資源永續利用；為此，GMS 又設置11項所謂「旗艦計畫」（flagship programs）以執行其構想。[103] 自2002年起，GMS 決議每3年舉辦一次高峰會以凝聚共識，中國總理溫家寶在2008年 GMS 第三次高峰會上提出成立「GMS 經濟走廊論壇」倡議後，同年便於昆明舉辦首次會議，其後每年於參與國家輪流舉辦一次。

值得注意的是，除由亞銀所推動的大湄公河計畫外，泰國、寮國、越南和柬埔寨等4國又在1995年簽署「湄公河流域永續發展合作計畫」以推動水資源開發與管理（中國與緬甸在1996年成為其對話夥伴），而1996年當時的東協7國也邀集中國、緬甸、寮國與柬埔寨等國，共同通過「東協—湄公河流域開發合作基本框架」協議，希望能強化東協與此流域國家的合作，以便儘早落實東協自由貿易區構想。[104] 其次，泰國在1993年提出「黃金四角經濟計畫」，邀請中國、緬甸和寮國以禁毒為前提，在湄公河上游的大金三角地區推動替代性種植，並共同在此區發展交通與旅遊事業。

值得注意的是，自2008年金融海嘯與2009年美國「重返亞洲」後，大國對此區域動作不斷。例如美國國務卿 Hillary 便於2009年提出所謂「湄公河下游倡議」（LMI），建議柬埔寨、寮國、泰國、越南加強邊境合作，並於2018年主持召開首度部長級會議。日本也在2009年首度與湄公河區域5國（加上緬甸）召開高峰會，此後每3年舉辦一次，投入之

---

103 宋強、周啟鵬，〈瀾滄江—湄公河開發現狀〉，《國際資料信息》，第10期（2004），頁 25-29。

104 Mya Than and Carolyn L. Gates, *ASEAN Enlargement: Impacts and Implications* (Singapore: Institute of Southeast Asian Studies, 2001), p. 142.

ODA 金額也從2009年5,000億、2012年6,000億，提高至2015年的7,500億日圓，2018年更邀請各國加入「自由開放的印太區域」並共同對抗中國在南海擴張。至於中國國務院總理李克強則在2014年提出「瀾滄江—湄公河合作倡議」，邀請緬甸、柬埔寨、寮國、泰國、越南進行合作，隨後於2016年召開首次高峰會並發表《三亞宣言》。

其次，在東北亞的圖們江開發部分，此計畫目標是位於中國、俄羅斯與北韓三國交界處的圖們江下游三角洲地區。[105] 首先由中國在1980年代末提出一個共同開發計畫，在獲得周邊國家回應後，接著由聯合國開發計畫署（UNDP）自1990年7月起針對此進行研究，並於1992年2月在漢城召開國際會議，正式決定成立所謂「圖們江開發項目管理委員會」，由UNDP 提撥200萬美元作為相關研究經費。於此同時，先是北韓在1991年12月宣布將「羅津—先鋒」地區闢為自由貿易區，接著中國在1992年3月將琿春批准為「邊境開放城市」，隨後俄羅斯也將哈桑地區列為自由貿易區。

1995年，中國、俄羅斯、南北韓與蒙古等5個國家在聯合國簽署了《關於建立圖們江經濟開發區及東北亞開發協調委員會協定》，以及《圖們江地區經濟開發區及東北亞環境諒解備忘錄》，而中、俄與北韓亦簽署了《關於建立圖們江地區開發協調委員會的協定》，這些協定可說象徵著圖們江地區國際合作開發進入了一個新的階段。一方面使本區的開發由倡議進入到實際操作階段，也讓圖們江地區成為東北亞唯一由多國進行共同開發的地緣區域。[106] 至於中國、北韓和俄羅斯三國於1998年所簽訂的《中朝俄關於確定圖們江三國國界水域分界線的協定》，也成為某種共識

---

[105] 該條河川發源於長白山地，全長516公里；其中位於上游與中游的498公里為中國與北韓間的界河，下游18公里則為俄羅斯與北韓界河。整個圖們江流域面積為33,168平方公里，中國、北韓與俄國各占66%、32%與2%。人們一般將延吉、海參崴與清津所包圍處稱為「大三角」，至於琿春、羅津與俄國札魯比諾所包圍處則為「小三角」。杜方利，《東亞經濟的崛起》（上海：上海遠東出版社，1998年），頁241。

[106] 陳才，〈圖們江地緣經濟區的發展對策研究〉，《東北亞論壇》，第3期（2002），頁19-23。

基礎。值得注意的是，開發圖們江三角洲地帶的計畫雖已付諸實施，但由於相關各國在態度與政策上的不盡一致，再加上1997-1998年間的金融風暴讓各國的經濟政策都聚焦在解決此問題上頭，致使開發進程也停滯不前，直到2000年後才重啟投資步伐，例如中國與俄羅斯都投入大量資金在兩國邊境的鐵路連結網上，甚至連 BOT 方式都被計畫引入此區域；[107]而中國也將圖們江地區的開發列入2010年的國家長程規劃，希望將琿春發展成擁有50萬以上人口，且兼具邊境經濟合作區與加工出口區身分的中等規模城市。[108]

　　根據 UNDP 的規劃，圖們江開發計畫預計分三個階段來進行推展：[109]首先在2003-2005年間，除希望落實前述3個雙邊跨國經濟合作區規劃外，也研擬將其整合成一個三邊經濟合作區，透過鐵路、港口與公路等基礎建設的銜接，更積極吸引外資；其次2005-2008年間則在前述雙邊合作基礎上，建構「圖們江次區域經濟技術貿易合作區」，由 UNDP 圖們江小組祕書處負責規劃，深化各國邊境貿易與轉口貿易活動；最後在2008-2012年透過環日本海地區高峰會與中俄等五國「圖們江地區開發協調委員會」中介，將日本引入此計畫，以便朝「圖們江自由貿易區」最終方向前進。根據實際進展，該計畫發展可概括如下內容：

　　1. 計畫構思期（1991-1996）：1991年 UNDP 曾提出相關技術合作案的援助計畫。透過該計畫，UNDP 企圖試探運行與管理共同計畫的可行性，並針對擴張或整合特別經濟區、資金籌備、組織結構等多項議題進行研討。同年10月日本和俄羅斯政府應邀為與會觀察國。[110] UNDP 承諾

[107] 鞠國華，〈BOT 融資方式與圖們江地緣經濟區開發的對策研究〉，《東北亞論壇》，第1期（2003），頁18-22。
[108] 趙東波、侯鈴，〈圖們江地區開發的新進展和存在的問題〉，《東北亞論壇》，第1期（2002），頁74-76。
[109] 崔軍，〈推進圖們江區域項目實施的目標和任務〉，《東北亞論壇》，第3期（2003），頁12-15。
[110] Ian Davies, "Regional Co-operation in Northeast Asia The Tumen River Area Development Program, 1990-2000: In Search of a Model for Regional Economic Co-operation in Northeast

斥資350萬美元，作爲1992-1994年圖們江開發計畫的技術支援費，「圖們江開發計畫」遂成爲東北亞合作構想的正式體現和名稱。[111] 隔年，計畫管理中心（program management office, PMO）於紐約成立。計畫初期，東北亞各國抱著對於區域合作的高度期待，經過3年運作後，由於具體貢獻有限，UNDP 一度於1994年考慮中止，但最終仍委託一個澳洲顧問團重新擬定發展策略，研究結果成爲往後5年（1994-1998）規範所有工作計畫及成員國活動的第一階段更新指導方針。[112] 1995年12月，所有成員國簽署協定，同意成立「圖們江地區開發協調委員會」及「圖們江經濟開發區暨東北亞發展諮詢委員會」，簽署《圖們江經濟開發區暨東北亞環境規範備忘錄》，[113] 以便朝向更完善合作前景邁進。

2. 計畫摸索期（1997-2000）：第二階段最明顯的進程是計畫組織上的轉變。UNDP 將計畫初期主導權及所有權轉給各成員國，新成立的委員會扮演跨政府組織的角色在各政府間進行斡旋，UNDP 則讓出主席身分，轉而專注於擔任主要贊助者的幕後角色。圖們江計畫執行網路主要由4個單位組成，即計畫祕書長、地區開發協調委員會、經濟開發暨諮詢委員會及各國執行團隊。同時，大圖們江計畫的具體成果呈現在此階段啓動的合作與協商機制上，尤其南韓及 UNDP 在1997年提供100萬美元的信託基金後，相關計畫接連被提出，包括投資商業論壇、TRADP/TREDA 模擬邊境區環境影響評估、成立商業服務中心及投資暨貿易籌辦中心、訓練工作坊以及蒙古投資籌備計畫等。[114] 接下來的成果包括了1997年建設羅津直升機坪、1998年正式啓用圖們江計畫網站、1999年完成琿卡鐵路連

Asia," *North Pacific Policy Papers*, No. 4, p. 8; available online at: http://www.iar.ubc.ca/programs/pastprograms/PCAPS/pubs/nppp4.pdf.

[111] Ibid., p. 8.

[112] Ibid., p. 11-12.

[113] Chan-Woo Lee, translation by Eleanor Oguma, *Ten Years of Tumen River Area Development: Evaluation and Issues* (Niigata: Economic Research Institute for Northeast Asia, 2003), pp. 25-26.

[114] Davies, *op. cit.*, p. 67.

結，與2000年中國開通琿春至全河道路等。[115]

3. 計畫發展期（2001- ）：第三階段設定了兩項目標，即強化計畫組織結構以及透過具體行動，提升投資、運輸、能源、環境和觀光等主要領域。在 UNDP 於2005年召開的協商委員會上，本項目正式更名為「大圖們江計畫」；在同年9月中國吉林舉辦的首屆「東北亞博覽會」上，各國進一步達成「2006-2015年戰略計畫」，[116]並針對各領域制定8項目標，包括：加強圖們江地區建設、提升港口物流量10-15%、遞減過境手續、增加觀光人數10-15%、增加私領域投資、增進資本的存取度、建立能源政策輔助機制、削減能源交流相關的無形障礙，以及修正和重新啟動環境戰略計畫等。[117]2007年，圖們江計畫第九次諮詢會議在海參崴舉行，計畫投資論壇與東北亞合作論壇（Northeast Asia Partnership Forum）同時舉行；成員國於會中同意調整計畫的整體發展方向，達成《海參崴宣言》，同意成立一個商業諮詢委員會，[118]由各國商業領袖及投資者組成（包括 DHL、渣打銀行、高曼集團、英中貿易協會、美國商協會等私人企業和商業代表等），[119]提供各國政府與私部門直接的溝通平臺。

---

[115] Lee, *op. cit.*, p. 49.

[116] 課題組，〈大圖們江區域合作開發戰略的思考〉，《社會科學戰線》，第3期（2006），頁76。

[117] "GTI Strategic Action Plan for the Period 2006 to 2015," http://www.tumenprogramme.org/news.php?id=502.

[118] See "2007 Vladivostok Declaration," http://www.tumenprogramme.org/news.php?id=503.

[119] See "Business and Private Sector," http://www.tumenprogramme.org/index.php?id=120.

第四節　區域主義層次：大東亞體系的建構

壹　東亞區域主義的發展

　　所謂「區域主義」傳統上被認爲是指由鄰近國家間所進行的一種「國家間合作關係」，[120] 至於建立區域組織則可能來自某個領導國家的野心所致；[121] 但這種強調政治考量的解釋今日已不再能適用於所有情況，因爲政治菁英的想法與影響力固然重要，但區域主義更可能來自經濟全球化所帶來的邊陲化壓力，這也正是所謂新區域主義的主要觀點。例如Walter Mattli 便強調，商業領袖在推動區域整合過程中的決定性地位未必低於各國政治家；他以歐盟和北美自由貿易區爲例，說明商業領袖對於整合與競爭力間關係的想法。[122] 至於區域性貿易協定（regional trade agreements, RTAs）的締結，則不啻是新區域主義在推動整合過程中的主要實質結果之一。

　　值得注意的是，儘管東亞部分國家在過去半個多世紀以來創造了快速發展的經濟成就，但其政治領袖們在區域主義發展方面卻似乎相對沉默；[123] 其中，東南亞國協在1977年所締結的優惠貿易協定，象徵著東亞在次區域整合方面的首度突破。由於十九世紀末至二十世紀初歐洲與日本的帝國主義擴張，再加上二十世紀後半葉的經濟奇蹟發展，東亞地區內部看來似乎長期存在著高度的經濟聯繫與互賴性。[124] 在這個基礎上，

---

[120] See Howard Riggins, *Dynamics of Regional Politics: Four Systems on the Indian Ocean Rim* (New York: Columbia University Press, 1992).

[121] Edward D. Mansfield and Helen V. Milner, "The New Wave of Regionalism," *International Organization*, 53 (1999), pp. 589-627.

[122] Walter Mattli, *The Logic of Regional Integration: Europe and Beyond* (New York: Cambridge University Press, 1999).

[123] Joshua Kurlatzick, "Is East Asia Integrating?" *The Washington Quarterly*, 24:4 (2001), p. 21.

[124] Wei Kiat Yip, "Prospects for Closer Economic Integration in East Asia," *Stanford Journal of East Asian Affairs*, 1 (2001), p. 106.

自冷戰時期迄今，東亞確實也陸續出現過不少區域主義整合構想，但如同表6.4所示，其中多數僅存在於研究階段或口頭倡議，真正運作者並不多。對部分學者而言，主要理由乃因區域外強權美國介入所帶來的政治影響，亦即由於美國企圖阻止任何單一國家崛起，或甚至抵制任何將美國排除在外的整合倡議，以便保護其在此區域的戰略與經濟利益，導致東亞整合遲遲未能出現。[125] 當然，除東亞經濟仍未達穩定發展程度外，進一步整合共識的不存在或許也是應注意的。不僅「新亞洲主義」（Neo-Asianism）、「太平洋路線」（Pacific Way）與「亞洲觀點」（Asian View）等眾說紛紜，[126] 事實上美國、日本與若干主要東亞國家由於「各懷鬼胎」，因此對未來整合架構的想法也不盡一致；[127] 換句話說，由於無法解決「認同」（identity）問題以便凝聚必要共識，因而深化或提高互動層次自然也成為一項難以突破的障礙。

貳　亞太經濟合作

無論如何，由於外來直接投資（FDI）與貿易活動愈來愈區域化，以及北美與西歐地區紛紛深化其經濟合作程度的刺激，再加上新自由主義與全球化浪潮的影響，[128] 因此在1989年出現的 APEC 機制可說是東亞區域主義發展的第一個重要轉捩點。至於其初期成就則包括在1991年《漢城宣言》中確立「開放、平等與演進」原則；在1992年《曼谷宣言》中

---

[125] Ted G. Carpenter, "From Intervenor of First Resort to Balancer of Last Resort," in Selig Harrison ad Clyde Prestowitz, eds., *Asia after the Miracle* (Washington: Brookings Institute Press, 1998), pp. 294.

[126] See K. Mahbubani, "The Pacific Way," *Foreign Affairs*, 74 (1995), pp. 100-111, and L. Low, "The East Asian Economic Grouping," *The Pacific Review*, 4 (1995), pp. 375-382.

[127] Ngai-Ling Sum, "The NICs and Competing Strategies of East Asian Regionalism," in Anthony Payne and Andrew Gamble, eds., *op. cit.,* pp. 207-245.

[128] Richard Stubbs, "Asia-Pacific Regionalism versus Globalization," in William Coleman and Geoffrey Underhill, eds., *Regionalism and Global Economic Integration* (London: Routledge, 1998), pp. 68-69.

表 6.5　東亞區域主義相關倡議與發展

年代	倡議或參與者	主要內容
1961	聯合國	提出「亞洲經濟合作組織」（OAEC）倡議
1965	日本	提出「太平洋自由貿易區」（PFTA）倡議
1967	澳、紐、日	倡議並成立太平洋盆地經濟理事會（PBEC）
1975	美國總統 Ford	提出「新太平洋主義」（Neo-Pacifism）倡議
1977	日本首相福田糾夫	提出「太平洋主義」（Pacifism）倡議
1979	美國參議院	提出「關於建立亞太地區經濟組織研究報告」
1980	日本	提出「環太平洋合作構想」報告書與「環太平洋經濟圈」倡議
1980	美、澳、日	倡議並成立太平洋經濟合作會議（PECC）成立
1981	東協	提出「東協與太平洋共同體研究報告」
1988	日本	提出「東亞經濟環」（EAER）倡議
1989	美國	提出「太平洋經濟共同體」（PEC）倡議
1989	澳、紐、日	倡議並成立亞太經濟合作組織（APEC）
1990	馬來西亞	提出「東亞經濟集團」（EAEG）倡議
1991	馬來西亞	將「東亞經濟集團」改稱「東亞經濟核心會議」（EAEC）
1991	美國總統 Bush	提出「太平洋共同體」（PC）倡議
1993	美國總統 Clinton	提出「新太平洋共同體」（NPC）倡議
1997	日本財相宮澤喜一	提出建立「亞洲貨幣基金」（AMF）倡議
1998	東協	開始召開「東協加三」（APT）非正式高峰會
2001	東亞展望小組	提出「東亞共同體」（EAC）倡議
2001	菲、澳、日、中	倡議並成立博鰲亞洲論壇（BFA）
2002	東亞展望小組	提出「東亞自貿區」、「東亞投資區」與「東亞高峰會」倡議
2003	日本、東協	簽署「東京宣言」確定邁向「東亞共同體」目標
2004	中國、東協	簽署成立「中國—東協自由貿易區」（CAFTA）協定
2004	東協加三	建議並決定於2005年召開首屆「東亞高峰會」

表 6.5　東亞區域主義相關倡議與發展（續）

年代	倡議或參與者	主要內容
2005	十加六	召開首屆「東亞高峰會」
2005	馬來西亞	提出「亞盟」（AU）倡議
2006	日本	提出「十六國亞洲自由貿易區」倡議
2006	美國	提出「亞太自由貿易區」（FTAAP）與亞太公約倡議
2009	日本首相鳩山由紀夫	再度倡議「東亞共同體」
2009	東亞高峰會	提出建構「東亞自由貿易區」（EAFTA）倡議
2010	美國	推動《跨太平洋夥伴協定》（TPP）的擴大參與
2011	東協	推動《區域全面經濟夥伴協議》（RCEP）
2016	美國	邀集12國簽署《跨太平洋夥伴協定》（TPP）
2018	日本	邀集11國簽署《跨太平洋夥伴全面進步協定》（CPTPP）

資料來源：作者自行整理。

確立進一步建制化目標：在1993年《西雅圖宣言》中提出建立經濟共同
體的願景；在1994年《茂物宣言》中宣告將在2020年完成全面貿易自由
化；在1996年《馬尼拉宣言》中宣布將於2000年完全取消或降低資訊產
品關稅等。[129] 在此成功經驗刺激下，馬來西亞也在1990年提出所謂「東
亞經濟集團」（EAEG）的倡議。[130] 儘管如此，由於這個建議明顯具有排
除美國的潛在企圖，由此也引發後者的疑慮與反彈；[131] 加上倡議者馬來
西亞在東亞地區所擁有的影響力相當有限，所以其無疾而終也可以想見。

---

[129] 林欽明，〈APEC 十年的回顧與展望〉，《臺灣經濟研究月刊》，第22卷第12期
（1999），頁13-16；左峻德與劉孔中，〈亞太經濟合作之回顧與前瞻〉，http://www.moea.
gov.tw/~ecobook/season/sa232.htm。

[130] 此建議頗類似日本外相在1988年所提出的「東亞經濟環」概念，參考 Susumu Awanohara,
ed., *Japan's Economic Role in the Asian Pacific Region: Policy Implementation and Responses*
(Hong Kong: Center for Asian and Pacific Studies, 1990), pp. 24-25.

[131] Mark T. Berger, "APEC and Its Enemies: the Failure of the New Regionalism in the Asia-Pacific,"
Third World Quarterly, 20:5 (1999), pp. 1013-1030.

　　根據 APEC 的自由化目標描述與推進方式，其所謂「開放性區域主義」大致具有以下幾個特徵：[132] 首先是對非成員的開放性（此亦即其最主要的特徵），亦即其內部推動自由化政策的成果也適用外部的非成員國家；其次是對於次區域集團（例如 NAFTA 與東協自貿區）的包容性；再者是賦予成員單邊行動的靈活性與以自願性為基礎的協調合作；最後則是以漸進途徑來推動其自由化目標。值得注意的是，儘管「開放性」或許確實是 APEC 機制的特徵，但此種與眾不同的運作方式同時也直接突顯出，APEC 不過是個符合並用以落實美國全球利益的代理性組織而已；正因此種途徑無法有效滿足東亞各國的發展需求，因此在後來東亞高峰會發展過程中的展現排美傾向，也就成為不可避免的結果了。[133]

參　東亞主義與亞太主義的拉鋸

　　無論如何，相較於歐洲與美洲發展迅速的區域主義運動，東亞迄今可說既缺乏任何明確的共識與目標，而包含太多區域外實體的 APEC 似乎也難成為未來主導東亞整合的推手。儘管 ASEAN 乃目前東亞發展較成熟的次區域建制，但在謀求從「次區域」升格到「區域」的過程中，或許「權力」因素要比「共識」重要的多，而這並非普遍缺乏國際影響力的東南亞國家所能提供的。進言之，就算東南亞國家可藉既存的 ASEAN 機制參與未來的整合進程，但主導東亞區域主義發展的恐怕還是東北亞的日本、中國或南韓。例如南韓總統金大中便在2000年召開的「10＋3」高峰會中，提出建構「東亞共同體」的主張，隨後並由「東亞展望小組」（EAVG）的專家們在2001年報告中建議列為東亞整合目標。[134]

---

[132] 張伯偉，《APEC 貿易自由化及其影響》（北京：經濟科學出版社，2001年），頁50-52。
[133] 陳勇，《新區域主義與東亞經濟一體化》（北京：社會科學文獻出版社，2006年），頁71。
[134] 曾永賢等，〈現階段「東亞共同體」之倡議與展望〉，中華歐亞基金會政策報告 No. 930002，2004年6月，頁4。

接著在2002年，東亞展望小組進一步在「10＋3」高峰會中提出將建立「東亞自由貿易區」、「東亞投資區」與舉辦「東亞高峰會」，作爲推動東亞共同體的中、長程目標，而日本也在2003年的「10＋1（日本）」高峰會中，與東協共同聲明將致力於擘建東亞共同體。於此同時，由13個東亞國家官員組成的東亞研究集團（EASG）也向「10＋3」高峰會議提交一份研究報告；[135] 該報告評估了由東亞展望小組於2001年提交的報告，並從中挑選了26項「可以貫徹的實際措施」，[136] 包括：17條短期措施（組成東亞商務理事會、爲東亞低度開發國家設立普遍優惠制、爲增加外國投資而培育有吸引力的投資環境、建立東亞投資資訊網路、聯合開發資源與基礎設施、在基礎設施、資訊技術、人力資源開發和東協地區整合方面等領域進行合作、進行技術轉讓和聯合技術開發、聯合開發資訊技術、建設東亞研究網路、設立東亞論壇、貫徹東亞綜合人力資源開發專案、建立濟貧專案、採取協調步驟使人民獲得基本醫療、加強在非傳統安全領域的合作機制、共同促進東亞意識與認同、加強交流對藝術、工藝和文化遺產的保護、促進東亞研究），與8項中長期具體措施（組成東亞自貿區、促進中小企業投資、把東協投資區擴大成東亞投資區、建立地區融資便利性、追求更協調的區域匯率機制、促進海洋環境合作、建立能源政策和戰略框架以及制定行動計畫、在政策諮詢與協調方面與非政府組織合作，鼓勵公民參與，以及在解決社會問題上形成國家—社會之間的夥伴關係）等。

更重要的進展出現在2004年。在當年的「10＋3」會議中，各國決定在2005年底召開由「10＋3」架構擴大的「東亞高峰會」（East Asian Summit, EAS），但與此同時也存在著幾個衝突點：首先是主導性問題，亦即東協國家擔心東北亞的中日韓反客爲主；其次是參與國問題，新加坡

---

[135] http://www.aseansec.org/viewpdf.asp?file=/pdf/easg.pdf.
[136] http://www.aseansec.org/pdf/east_asia_vision.pdf.

與日本主張邀請紐澳，但馬來西亞與中國反對，但東協希望邀請印度加入，中國也不表贊成，至於更尷尬的是美國的地位，例如馬來西亞前總理Mahathir 便指出，即便日本出席，也將不會代表東亞而是代表美國的立場，事實上，對於美國未獲邀請的處境，唯一公開表示關心的也是日本。為解決參與國問題，東協外長在2005年初決定並宣布參加峰會的三個條件：必須是東協完全對話夥伴國、與東協有實質關係、認可和簽署《東南亞友好合作條約》。由於這些條件明顯針對澳洲和紐西蘭，也迫使兩國為參加峰會而儘速批准了《東南亞友好合作條約》。

　　無論如何，首屆東亞高峰會終於在2005年底閉幕並發表《吉隆坡宣言》，決定採納東協與中國的立場，確認在東亞經濟整合的目標下，東協將是現階段峰會的主導力量所在。此結論既顯示出中國與日本爭奪領導權的陷入僵局，為解決日本阻撓中國成為東亞主導者的政策，中國總理溫家寶也具體提出對東協各國的資金、技術與市場等援助項目，包括自2006年7月起貨物貿易全面降稅，簽署總額155億美元的貨幣互換協議，對柬埔寨、寮國、緬甸提供950種產品的特殊優惠關稅待遇，免除亞洲部分國家到期政府債務，以及每年向東協國家提供近500人次的人才培訓等。對於美國遭排擠問題，中國表示它既歡迎俄羅斯參加東亞高峰會，也歡迎美國、歐盟等其他區域國家和組織與東亞合作「建立聯繫」，而俄羅斯也表達希望在2007年加入峰會的願望。值得一提的是，本次高峰會最終雖未決議將「10＋3」擴大為「10＋6」（正式納入印度、澳洲與紐西蘭），同時由東協擔任主導者角色的結果，恐怕將推遲東亞共同體產生的速度，但其規模已成為僅次於 APEC 的亞洲區域論壇，參與的16個國家共擁有世界約半數人口，GDP 總值高達9.2兆美元，實力可說不容小覷。

　　就在東亞高峰會蘊釀與召開似乎象徵「東亞主義」影響上升的同時，由美國主導的「亞太主義」也不甘示弱，首先在2004年由 APEC 工商諮詢理事會（ABAC）提出建構亞太自由貿易區（FTAAP）的建議，在 Bush 親自敦促下，2006年 APEC 高峰會宣言也從善如流地將 FTAAP

列爲 APEC 長期目標；不過，在東協於2007年通過東協憲章並再度揭櫫於2015年完成建構「東協經濟共同體」目標，以及中國－東協自貿協定將於2010年正式生效的夾擊下，再加上 Obama 政府決定以所謂「重返亞洲」作爲新戰略目標，爲加速鞏固對東亞地區的影響力，美國於是在2010年加入原先僅由紐西蘭、新加坡、汶萊、智利在2005年形成的《跨太平洋夥伴協定》（TPP），一方面陸續邀請澳洲、越南、馬來西亞、秘魯與日本等加入談判，也希望藉此彌補 FTAAP 延宕不前的缺憾。[137]

　　值得注意的是，TPP 希望在2015年達成成員之間零關稅的時程，正好與東協經濟共同體目標重疊，也可能架空原先的 APEC 框架，[138] 在2016年一度成功邀集12國共同簽署後，[139] 確實爲亞太合作發展帶來正面前景，但 Trump 在2017年上臺後旋即宣布退出，致使生效成爲不可能，日本則邀集剩餘國家在2018年另行簽署《跨太平洋夥伴全面進步協定》（CPTPP），依據條款內容，只要過半成員國完成法規修改，此協定即可生效，據此則 CPTPP 已於2018年12月正式生效。已批准國家除撤銷和下調工業品及農產品的關稅外，還將啓動有關貿易及投資的共同規則。

肆　東協加 N 自由貿易區

　　儘管如此，相較於區域主義發展最後層次的共同體建構，中國與東協在2004年底所簽署包括《中國與東協全面經濟合作框架協議貨物貿易協議》與《中國與東協爭端解決機制協議》在內的「自由貿易協定」，仍舊是東亞區域主義發展的另一個重要轉捩點。根據協定內容，雙方將在

---

[137] 林碧炤，〈從東協到跨太平洋夥伴協定〉，收於徐遵慈主編，《東南亞經濟整合：臺灣觀點》（臺北：中華經濟研究院臺灣東南亞國家協會研究中心，2012年），頁136-137。

[138] 參見〈美國強推 TPP 協議，亞太或分裂成兩大陣營〉，《大紀元》：http://www.epochtimes.com/b5/11/11/13/n3428934.htm%e7%be%8e%e5%9c%8b%e5%bc%b7%e6%8e%a8TPP%e5%8d%94%e8%ad%b0-%e4%ba%9e%e5%a4%aa%e6%88%96%e5%88%86%e8%a3%82%e6%88%90%e5%85%a9%e5%a4%a7%e9%99%a3%e7%87%9f.

[139] 除美國之外，其餘參與國家包括：澳洲、汶萊、加拿大、智利、日本、馬來西亞、墨西哥、紐西蘭、秘魯、新加坡及越南。

2010年前廢除區域內所有關稅限制，並謀求政治、安全、軍事、運輸和觀光等的全面合作，估計將導致廢除總值超過1,000億美元的關稅；在該自由貿易區建成後，預估將擁有20億人口與2.4兆美元的 GDP，按人口規模估計是全球最大經濟區，按經濟規模估計則僅僅次於 NAFTA 與 EU 而已。更重要的是，在此行動刺激下，包括日本、南韓、澳洲與紐西蘭也隨即表態願與東協談判 FTA，這一系列談判亦在2008-2010年間陸續被完成，從而形成一個以東協為核心的自由貿易網路。

除了前述以「東協加一」為主的 FTA 網路之外，東協國家與日本在2006年8月亦同意研究建立一個龐大的「亞洲十六國自由貿易區」（亦即前述10＋6框架）的構想，東協經濟部長會議也同意日方計畫，將由16國學者共同研究成立東亞自由貿易區的可能性，日本也投入100億日圓（8,600萬美元）成立區域智庫「經濟研究所」。2009年，東亞高峰會根據前述研究，同意推動「東亞全面經濟夥伴關係」（CEPEA），並以建構「東亞自由貿易區」（East Asia Free Trade Area，不包括印度與紐澳）作為目標。在此背景下，相較於美國力推 TPP 協定，東協經濟部長會議在2011年提出「東協區域全球經濟夥伴」（ASEAN Framework on Regional Comprehensive Economic Partnership, RCEP）倡議，並迅速在東協高峰會背書下，取得與 TPP 並駕齊驅的地位，目前參與討論者正是前述「十六國自貿區」的預定成員。2012年11月，各國領袖在東協高峰會上簽署了 RCEP 框架並且宣布談判開始，原先目標設定於2015年，雖然截至2019年2月的25回合談判並無進展，各國仍自2017年起每年召開高峰會，希望凝聚加快進程之共識。

伍 雙邊自由貿易協定

不過，固然區域整合運動在東亞已蔚為風潮，但正如前述，由於目前整合力量依舊有限，因此部分國家乃轉而將重心先放到雙邊自由貿易協定

（FTA）的談判當中（請參考表6.6），以便累積未來在整合運動中的能量。一般來說，各國締結 FTA 的原因在經濟因素方面，主要是期望其帶來的貿易創造或加速貿易自由化效果，但有時也著眼於為減低其他 FTA 帶來的貿易轉移效果，因此必須事先採取此類防衛性措施。[140] 不過，我們也不能排除的非經濟動因，例如締約國間可藉由 FTA 的訂立來增加彼此政治整合程度，進而增加對其他參與成員的政策影響力，例如美國與加拿大及墨西哥締結 FTA 的考量便是。總之，在東亞邁向真正整合前，顯現雙邊自由貿易協定談判浪潮，將是在短期間可預期並應給予關注的發展。[141]

　　正如前述，自二十一世紀初以來，東亞地區國家幾乎陷入某種「自由貿易協定競賽」中；究其原委，一方面既與回應全球日益蓬勃的貿易互動

表 6.6　東亞國家已簽署雙邊自由貿易協定統計

年度	FTA 名稱
1983	澳大利亞－紐西蘭更緊密經貿關係（CPA）
1991	寮國－泰國自由貿易協定（FTA）
2000	新加坡－紐西蘭自由貿易協定（CEPA）
2002	新加坡－日本新時代經濟合作協定（EPA） 新加坡－澳大利亞自由貿易協定（FTA） 新加坡－歐洲自貿協會（EFTA）自由貿易協定（FTA）
2003	新加坡－美國自由貿易協定（FTA） 中國－香港緊密經貿關係安排（CEPA） 中國－澳門緊密經貿關係安排（CEPA） 中國－泰國夥伴貿易協定（PTA） 臺灣－巴拿馬自由貿易協定（FTA） 南韓－智利自由貿易協定（FTA） 泰國－印度自由貿易協定（FTA）

[140] Richard E. Baldwin, "The Causes of Regionalism," World Economy, 20:7 (1997), pp. 865-888.
[141] See Shujiro Urata, "East Asian FTA: Benefits, Obstacles, and a Roadmap," in Zhang Yunling, ed., *Emerging East Asian Regionalism: Trend and Response* (Peking: World Affairs Press, 2005), pp. 137-160.

表 6.6 東亞國家已簽署雙邊自由貿易協定統計（續）

年度	FTA 名稱
2004	泰國－澳大利亞自由貿易協定（FTA） 美國－澳大利亞自由貿易協定（FTA） 新加坡－約旦自由貿易協定（FTA） 中國－東協（ASEAN）自由貿易協定（FTA） 中國－紐西蘭貿易與經濟合作框架
2005	日本－墨西哥經濟夥伴協定（EPA） 泰國－紐西蘭自由貿易協定（FTA） 新加坡－南韓自由貿易協定（FTA） 臺灣－瓜地馬拉自由貿易協定（FTA） 新加坡－印度全面經濟合作協定（FTA） 泰國－秘魯自由貿易協定（FTA） 南韓－歐洲自貿協會（EFTA）自由貿易協定（FTA） 日本－馬來西亞經濟夥伴協定（EPA） 中國－智利自由貿易協定（FTA）
2006	新加坡－巴拿馬自由貿易協定（FTA） 美國－越南自由貿易協定（FTA） 南韓－東協商品自由貿易協定（FTA） 日本－菲律賓經濟夥伴協定（EPA） 中國－巴基斯坦自由貿易協定（FTA）
2007	南韓－美國自由貿易協定（FTA） 臺灣－薩爾瓦多－宏都拉斯自由貿易協定（FTA） 日本－智利經濟夥伴協定（EPA） 日本－泰國經濟夥伴協定（EPA） 日本－印尼經濟夥伴協定（EPA） 日本－汶萊經濟夥伴協定（EPA） 馬來西亞－巴基斯坦自由貿易協定（FTA）
2008	中國－紐西蘭自由貿易協定（FTA） 日本－東協經濟夥伴協定（EPA） 日本－越南經濟夥伴協定（EPA） 中國－秘魯自由貿易協定（FTA） 中國－新加坡自由貿易協定（FTA）
2009	南韓－印度全面經濟夥伴協定（EPA） 印度－東協自由貿易協定（FTA） 日本－瑞士經濟夥伴協定（EPA） 日本－秘魯經濟夥伴協定（EPA） 南韓－歐盟自由貿易協定（FTA） 印尼－巴基斯坦特惠貿易協定（FTA） 馬來西亞－紐西蘭自由貿易協定（FTA）

表 6.6　東亞國家已簽署雙邊自由貿易協定統計（續）

年度	FTA 名稱
2010	南韓－秘魯自由貿易協定（FTA） 海峽兩岸經濟合作框架協議（ECFA） 中國－哥斯大黎加自由貿易協定（FTA） 新加坡－哥斯大黎加自由貿易協定（FTA） 南韓－歐盟自由貿易協定（FTA） 南韓－美國自由貿易協定（FTA） 馬來西亞－智利自由貿易協定（FTA）
2011	日本－印度經濟夥伴協定（EPA） 馬來西亞－印度自由貿易協定（FTA）
2012	馬來西亞－澳大利亞自由貿易協定（FTA） 泰國－智利自由貿易協定（FTA） 印尼－巴基斯坦自由貿易協定（FTA）
2013	中國－冰島自由貿易協定（FTA） 中國－瑞士自由貿易協定（FTA） 新加坡－歐盟自由貿易協定（FTA） 泰國－歐盟自由貿易協定（FTA） 南韓－澳大利亞自由貿易協定（FTA） 南韓－哥倫比亞自由貿易協定（FTA） 緬甸－美國自由貿易協定（FTA） 臺灣－紐西蘭自由貿易協定（FTA） 臺灣－新加坡自由貿易協定（FTA）
2014	南韓－加拿大自由貿易協定（FTA） 南韓－越南自由貿易協定（FTA） 馬來西亞－土耳其自由貿易協定（FTA）
2015	日本－蒙古經濟夥伴協定（EPA） 中國－南韓自由貿易協定（FTA） 中國－澳大利亞自由貿易協定（FTA） 新加坡－土耳其自由貿易協定（FTA）
2016	日本－玻利維亞經濟夥伴協定（EPA） 越南－歐盟自由貿易協定（FTA）
2017	印尼－智利自由貿易協定（FTA） 中國－馬爾地夫自由貿易協定（FTA） 中國－格魯吉亞自由貿易協定（FTA）
2018	日本－歐盟夥伴貿易協定（EPA） 新加坡－斯里蘭卡自由貿易協定（FTA）
2019	印尼－澳大利亞自由貿易協定（FTA）

資料來源：作者自行整理，以簽署時間為準。

有關，更重要的，這也與廣泛東亞區域主義發展的頓挫有關，換言之，在無法獲得大規模經濟整合機制保護的情況下，與主要貿易夥伴簽署雙邊自由貿易協定，自然是必然的階段性自救途徑。

第五節　東亞區域整合的檢討與展望

從前述討論可以發現，東亞地區正身處區域主義、次區域主義與微區域主義等三種整合途徑所交織而成的複合多層次網絡中。更甚者，每一種途徑其實都有自己所設定的動力來源與發展目標；例如區域主義試圖透過超國家互動來建構一個更具全球競爭力的經濟規模，次區域主義希望在提升競爭力與維繫國家認同間尋找一個平衡點，至於微區域主義則不啻是種「向下發展」的超國家互動，其目的在重新找回地緣環境與人類活動間的正常關係，然後由此依循古典經濟法則來建構理性的國際分工環境。無論對於各層次目標設定的此一理解是否正確，正如 Etel Solingen 所言，非正式性、共識導向與開放式區域主義乃是當前東亞區域整合的三個特徵。[142] 所謂非正式性是指一種將合作障礙極小化的設計，[143] 例如「東協模式」與 APEC 所推動的非正式談判都屬此類；事實上，強調「不反對」而非全體一致的東協模式也說明了，追求「共識」而非「決議」乃機制追求的主要目標；至於所謂開放式區域主義更是東亞有異於西歐或北美的整合方式，[144] 其目的是為了能吸納更多具異質性的新成員。

---

[142] Etel Solingen, "East Asian Regional Institutions: Characteristics, Resources, and Distinctiveness," in T. J. Pempel, ed., *Remapping East Asia: the Construction of a Region* (Ithaca: Cornell University Press, 2005), pp. 32-38.

[143] Charles Lipson, "Why Are Some International Agreements Informal," *International Organization*, 45:2 (1991), pp. 495-538.

[144] See Peter Drysdale, "Open Regionalism: A Key to East Asia's Economic Future," Pacific Economic Paper 197, Australia-Japan Research Center, 1991; Rose Garnaut, *Open Regionalism and Trade Liberalization* (Singapore: Institute of Southeast Asian Studies, 1996).

　　當然，東亞整合所具備的開放性特徵並非一成不變的。[145] 其原因是，東亞過去所以採取開放性區域主義途徑，乃是由於其所擁有的特殊時間（美蘇對抗與冷戰爆發）、地理環境（位居冷戰圍堵圈前線）、發展條件（多數國家處於解殖民初期發展階段）與成員性質（異質性高）等因素所導致，一旦這些前提情況有所改變，再加上1980年代以來「東亞奇蹟」經驗刺激，至少自1990年代起，無論是東亞經濟集團、東協加 N 高峰會、東亞共同體倡議，或各國間一連串的雙邊與多邊自由貿易協定談判，都可明顯看出區域自主性上升與開放性退卻的跡象。在此，有兩個問題是必須深入探究的：首先，當前東亞整合運動是否存在著某種路徑方向性？再者，前述的性質變遷過程與目前所存在的整合網路，究竟會對東亞區域發展帶來何種影響？

　　針對第一個問題，首先是「倡議多於實質整合行動」的現象；亦即無論是多邊途徑、雙邊途徑，還是透過國際協調來進行監督或提供溝通平臺的概念，東亞各國政府與學界可說「想像力」相當豐富，但均只能停留在各自表述的階段。其次是「以微區域合作為基礎」的趨勢；儘管各國政府甚至包括聯合國在內的國際組織，都提供了大量的資源與人力投入研究，甚至各國間也簽署了相當多的協議，並擁有定期集會（包括元首高峰會）的習慣，但或許是由於東亞各國間的異質性實在太大，致使各國既無法在短期間內獲致共識，又不想放棄進一步整合的希望，因此便退而求其次，由政治敏感度較低，且因地緣關係而較易找到共同利益的地方單位來負責相關事宜，這也是目前明顯可見的成就所在。再者是「領導核心逐漸由日本挪移至中國」的現象；作為全球第二大經濟體與東亞雁行結構的領導者，日本在1980年代中期以前擔任整合主要倡議者的角色雖毋庸置疑，但泡沫經濟時代的來臨加上東亞經濟結構的轉型，先是南韓自1980年代

---

[145] Richard A. Higgott, "The Political Economy of Globalization in East Asia: the Salience of Region Building," in Kris Olds et al. eds., *Globalization and the Asia-Pacific: Contested Territories* (New York: Routledge, 1999), pp. 91-106.

未承辦奧運會後相對開始增加該國在東亞地區的發言機會,更重要的是,在歷經20餘年的改革開放後,擁有豐厚基本條件的中國也順利由社會主義國家朝資本主義體系轉型,從而成為當前最動見觀瞻的力量。

至於在東亞未來整合發展前瞻部分,首先從短期發展來看,儘管缺乏具足夠國際影響力的國家(無論中國或日本),但因 ASEAN 仍是東亞或東南亞地區發展較成熟的多邊機制,因此包括東協機制、東協高峰會與東協區域論壇等,仍將是東亞未來最重要的政策溝通管道,甚至從目前情勢看來,它還有機會扮演「議題設定者」的關鍵角色。其次,從中期發展來看,包括次區域與微區域途徑在內的複雜整合網路,一方面既可能提供更彈性的決策空間,但超國家平臺與非政府網路的活躍,也可能影響甚至重塑東南亞地區的認同基礎,從而帶來某種政治效應。最後,在長期展望方面,如果當前全球化浪潮與全球區域化運動的趨勢繼續下去,美國對東亞政策趨於穩定,而東北亞主要大國之間也終於能夠達成某種權力平衡共識的話,那麼,東南亞銷融於更宏觀的整合浪潮中,或許也是可預期的結果。

第 ⑦ 章　區域安全

　　儘管東亞部分國家自1980年代以來經歷了快速的經濟增長，並從而締造出奇蹟似的結果；但正如前一章所述，此區域在整合運動方面其實進展有限。其原因除了各國存在程度不一的政治轉型問題外，國際權力結構長期未趨穩定也是根由之一，至於導致此種潛在衝突性的則是東亞地區到處存在的安全問題。可以這麼說，正是充斥一連串懸而未定的問題，致使各國既無法完成澈底的政經結構轉型，也很難擺脫國際力量介入對其獨立自主性的影響；至於美國自2005年起在五角大廈中增設主管亞太安全事務的副助理部長，並在2009年後力推「重返亞洲」政策，亦可由此一窺此區域之地緣戰略重要性。

第一節　權力政治、新安全觀與多軌外交

壹 大國政治框架下的新安全觀

　　對於結構現實主義者來說，除了國家個別擁有的權力要素外，國際環境乃影響國家行為及國際關係的最重要變數之一。特別是由於國家間互動日趨頻繁，從而也反映出帶有某種具有結構性特徵的體系現象；例如自1940年代末以來的世界就被稱之為「兩極體系」。[1] 值得注意的是，兩極

---

[1] Joshua S. Goldstein, *International Relations* (New York: Haper Collins Publishers, 1999), p. 76.

時期的國際體系與歷史上相較起來具有兩個特色：首先是「超強」（super power）國家的存在，特別是美國不僅在冷戰初期幾乎擁有核武壟斷權，軍事預算亦占全球50%左右；其次是體系內涵的「全球化」（globalization），亦即範圍幾乎遍及全世界。

雖未必如霸權穩定論者所言，超強的存在將保障世界體系的穩定，[2]但霸權衰落仍必然帶來一定程度的不穩定或至少是體系內涵的轉變。就短期而言，目前所存在的後冷戰國際體系可說是種趨近「單極多邊」或「一超多強」的格局；至於長期來看，由於軍備管制概念逐漸成為共識，而合作性國際組織也如雨後春筍般出現，未來似乎有機會是個「最好的時代」，不過，從後冷戰時期以來民族紛爭對抗不斷，南北經濟對抗日趨惡化，以及全球性糧食、人口與環保等問題至少就目前看來似乎亦沒有任何解決跡象的發展來看，未來也很可能是個「最壞的時代」。無論如何，冷戰體系的轉型不僅將國際權力現狀由霸權結構推回到傳統的大國格局中，並牽動著幾個主要強國的相對地位，對若干蠢蠢欲動的中等國家而言，也不啻提供了些突破現狀的機會。

值得注意的是，國際現象雖表面上重回傳統大國互動格局，但這未必就代表著傳統的大國外交將跟著重新獲得重要影響力。正如拿破崙戰爭結束後的「權力平衡」與冷戰時期所出現的「核子嚇阻」般，國際環境的變化總能連帶創造出一些新的國際安全觀念來；當下所謂「新安全觀」也是如此。例如源自冷戰時期歐洲的「一般性安全」（common security）概念便是一例；[3]當1982年前瑞典外長 Olof Palme 在「裁軍與安全議題獨立委員會」（又稱「Palme Commission」）的報告中首次提出此種概念時

---

[2] Charles P. Kindleberger, "Dominance and Leadership in the International Economy," *International Studies Quarterly*, 25 (1981), pp. 242-259, and Robert O. Keohane, "The Theory of Hegemonic Stability and Changes in International Economic Regime, 1967-1977," in Ole Holsti, Randolph Siverson and Alexander George, eds., *Change in the International System* (Boulder: Westview Press, 1980), pp. 131-162.

[3] See Palme Commission, *Common Security: A Blueprint for Survival* (New York: Simon & Schuster, 1982).

便強調，由於安全絕非是種零和競賽，因此不能以嚇阻形式為之，只有透過國際合作而非強權競爭，才能真正獲致和平。該委員會同時提出所謂一般性安全的六大原則：[4] 所有國家都擁有安全的合法權利、軍事力量並非解決國家間爭端的合法工具、國家政策的表達必須有所限制、安全不能透過軍事優勢來維持、強調裁軍與限武的重要、必須避免軍備談判與政治事件間的連結性等。根據 Geoffrey Wiseman 的說法：「……所謂一般性安全乃是種長期且務實的設計，目的是希望能改變過去導致強權軍備競賽與高度競爭的舊思維，以便獲致和平與裁軍的結果。」[5] 在亞太地區，此概念首先由前蘇聯領袖 Gorbachev 在1986年歐安會議中提出，但遭到美國及其盟邦反對，直到1990年才由澳洲外長 Gareth Evans 再度提出。

　　相較於一般性安全，「綜合性安全」（comprehensive security）或許是亞太地區使用更為廣泛的一種觀念。根據 Muthiah Alagappa 的說法，這個名詞首先由1970年代末日本大平正芳（Ohira）內閣提倡，其後則有印尼、馬來西亞與新加坡等東南亞國家的支持。[6] 此種觀念的重點是，由於威脅具有多層次的性質，所謂安全其實包含軍事與非軍事層面，光靠軍力是無法保障的；例如日本便仰賴其經濟實力，透過官方發展援助（ODA）來確保國家安全，[7] 並使其在1986年成立新的「國家安全委員會」來主導相關政策，而 ASEAN 國家隨即也發展了類似的安全概念；[8] 不同之處在於，相對於日本重視外部威脅，東南亞國家則關注來自內部的威脅挑戰。

---

[4] Ibid, pp. 8-11.

[5] Geoffrey Wiseman, *Common Security and Non-Provocative Defence: Alternative Approach to the Security Dilemma* (Canberra: Peace Research Center, 1989), p. 7.

[6] Muthiah Alagappa, "Comprehensive Security: Interpretations in ASEAN Countries," Research Paper and Policy Studies No. 26, Institute of East Asian Studies, University of California, Berkeley.

[7] Anny Wong, "Japan's Comprehensive National Security Strategy and Its Economic Cooperation with ASEAN Countries," Research Monograph No.6, Hong Kong Institute of Asia-Pacific Studies, Chinese University of Hong Kong, 1991, pp. 54-70.

[8] David B. Dewitt, "Common, Comprehensive, and Cooperative Security," *Pacific Review*, 7:1 (1991), pp. 3-4.

　　到了後冷戰時代，亞太安全合作理事會（CSCAP）更在1995年成立「綜合性與合作性安全工作小組」，隨即於次年提出「第三號備忘錄」，認為：「……無論是集體安全或權力平衡，都不是適合用來解決區域問題的辦法，因為以重大利益與核心價值為基礎的安全遠超過軍事範圍，而綜合性安全僅能透過合作途徑來完成。」[9] 備忘錄同時設定了綜合性原則、多邊互賴原則、合作性和平與分享式安全原則、自賴原則、概括性原則、和平介入原則與良善公民原則等綜合性安全的七大原則，幾乎涵蓋了信心建立措施、預防性外交與和平解決爭端等相關概念。從這個角度來看，CSCAP 所定義的綜合性安全其實非常類似前述一般性安全概念。

　　值得注意的是，前述小組也點出了「合作性安全」（cooperative security）的概念：其實這個概念在亞太地區的起源並不清楚，使用上也相當分歧；最早一次可能出現在1988年「太平洋盆地研討會」的名稱上，但 John Steinbruner 仍企圖區隔合作性與一般性安全，並強調應創造某種戰略穩定態勢。[10] 加拿大接著在1990-1993年間推出「北太平洋合作性安全對話」（NPCSD）計畫，可說是此區域首度出現的第二軌道機制，目的是想為後冷戰時期提供一個新的區域性戰略構想。[11] 無論如何，根據 Dewitt 與 Acharya 的說法，所謂合作性安全具有三個核心概念：首先是所謂「涵括性」，亦即涵蓋甚至不具共識的參與者，同時將國家以外的 NGO 包括進來；其次是希望能「建立對話習慣」，最後則是「提供合作模式」。[12] 至於澳洲外長 Evans 在1993年聯合國大會演說中，則提出了

---

[9]　David Dickens, ed., *No Better Alternative: Towards Comprehensive and Cooperative Security in the Asia-Pacific* (Wellington: Center for Strategic Studies, 1997), p. 163.

[10]　John D. Steinbruner, "The Prospect of Cooperative Security," *Brookings Review*, Winter (1988/89), pp. 53-62.

[11]　See David Dewitt and Paul M. Evans, eds., *The Agenda for Cooperative Security in the North Pacific: Conference Report* (Toronto: York University, NPCSD, 1993).

[12]　David Dewitt and Amitav Acharya, "Cooperative Security and Development Assistance: The Relationship between Security and Development with Reference to Eastern Asia," Eastern Asia Policy Papers No. 16, University of Toronto-York University Joint Center for Asia Pacific Studies, 1994, pp. 9-10.

「互信而非嚇阻、涵括而非排除、多邊而非單邊」等行動原則。

貳 多軌外交下的國際安全機制發展

　　總的來說，相較於一般性安全企圖區隔「傳統性」安全觀（亦即以個別國家利益來定義安全），綜合性安全希望由「定義面」來重新詮釋安全內涵（強調安全不僅限於軍事層面），合作性安全則直接訴諸「操作面」的差異（以合作代替對抗）。儘管如此，所謂安全觀不過是種指導性觀念，其落實還是必須藉由實際外交互動完成，對此，既然安全觀已因為國際環境變遷而有不同，互動管道當然也發展出不同於以往的形態，此即「多軌外交」。[13]

　　其中，所謂「一軌外交」（Track-One Diplomacy）是指透過政府官方形式所進行的政治與安全對話，也就是由各國政府派出代表來進行會談（這也是最傳統的一種互動模式）；[14]例如 ASEAN、ASEAN + 3 與 APEC 等，以及美日韓三邊會談等，至於在亞太地區最重要的乃是成立於1994年的東協區域論壇（ARF）機制。接著，所謂「一軌半外交」（Track One-and-a-Half Diplomacy）是由澳洲國立大學戰略暨國防研究中心（SDSC）主任 Paul Dibb 在1998年提出的，[15]不過相關定義卻因強調「議題」與「參與者身分」而有不同；將焦點放在議題上者所重視的是「誰設定議題」，也就是在官員設定議題後召開一個非官方的討論會，例如東北亞安全對話（NEASD）與 CSCAP（後者也有人認為是個二軌機制）；至於第二個定義則強調參與者的官方或準官方性質。

---

[13] Charles Boehmer, Erik Gartzke and Timothy Nordstrom, "Do Intergovernmental Organizations Promote Peace?" *World Politics*, 57:1 (2004), pp. 1-38; see also Tobias Bohmelt, "The Effectiveness of Tracks of Diplomacy Strategies in Third-party Interventions," *Journal of Peace Research*, 47:2 (2010), pp. 167-178.

[14] David Capie and Paul Evans, *The Asia-Pacific Security Lexicon* (Singapore: Institute of Southeast Asian Studies, 2002), p. 209.

[15] Ibid, p. 211.

　　相較於前兩種軌道的趨近傳統性質，Diamond 與 McDonald 認為所謂「二軌外交」（Track-Two Diplomacy）乃由 Joseph Montville 在1982年所提出，意指某種政府體系外的外交活動；[16] 其成員除具官方性質者（多半來自於外交與國防系統），還包括民間學者（通常擁有政府顧問角色）與非政府組織（特別是學術研究單位）成員。[17] 此種外交形態如今不僅愈來愈受關注，[18] 至於其主要目的則是為了讓成員在非官方環境下暢所欲言，以便溝通某些具敏感性的爭議話題，例如由東協戰略與國際研究中心（ISIS）每年主辦的「亞太圓桌論壇」與亞太安全合作理事會（CS-CAP），而後者可說是最具野心的二軌機制。[19] 不過，此種會議雖常由大學或研究中心主辦，但因多半與政府單位淵源頗深，也讓其染上不少的官方色彩。[20]

　　最後，所謂「三軌外交」（Track-Three Diplomacy）特別意指那些在 NGO 與跨國網路間舉辦的活動與會議，它們與權力核心間的關係通常較淺，有時甚至公開反對以政府為首之主流解決途徑。[21] 主要例證包括亞洲人權暨開發論壇（亞洲論壇）、亞太安全前景理事會（CACAP）與亞太東帝汶聯合會（APCET），另外還有人民高峰會（People's Summits）。儘管許多三軌成員對於參加一軌或二軌機制相當遲疑，但不同軌

---

[16] William D. Davidson and Joseph V. Montville, "Foreign Policy According to Freud," *Foreign Policy*, 45 (1981-82), pp. 145-157; see also Louise Diamond and John McDonald, *Multi-Track Diplomacy: A Systems Approach to Peace* (West Hartford: Kumarian Press, 1996), pp. 1-2.

[17] Pauline Kerr, "The Security Dialogue in the Asia-Pacific," *Pacific Review*, 7:4 (1994), p. 399.

[18] Joseph V. Montville, "Moving Right Along: RAND Embraces Track Two Diplomacy," *Peace and Conflict*, 13 (2009), pp. 313-316; Dalia Dassa Kaye, *Talking to the Enemy: Track Two Diplomacy in the Middle East and South Asia* (Santa Monica: RAND, 2007); Heidi Burgess abd Guy Burgess, *Conducting Track II: Peacemaking* (Washington, D.C.: US Institute of Peace, 2010).

[19] Paul Evans, "Building Security: The Council for Security Cooperation in Asia Pacific," *Pacific Review*, 7:2 (1994), p. 125.

[20] Herman Joseph Kratt, "The Autonomy Dilemma of Track Two Diplomacy in Southeast Asia," *Security Dialogue*, 31:3 (2000), p. 346.

[21] Herman Joseph Kratt, "Track Three Diplomacy and Human Rights in Southeast Asia: the Case of the Asia Pacific Coalition in East Timor," paper presented at the Global Development Network 2000 Conference, Tokyo, December 13, 2000, p. 2.

道間還是逐漸建立起聯繫管道，其中最重要的是2000年召開的 ASEAN 人民議會（APA），相關概念由 ASEAN 部長級會議在1995年所提出，其目的是想建立一個與公民社會溝通的管道。

　　從前述新安全觀與多軌外交模式看來，當前國際環境的互動內涵正經歷著某種深層的變遷過程，尤其是由「直接」走向「間接」途徑，[22] 其結果當然會刺激國際安全機制的發展。正如 Gareth Evans 所指出的，所謂國際安全機制指的是一套全球性、區域性或雙邊性的規範與安排，其目的在縮小對安全的威脅程度，增進彼此信賴，並因此導出一系列的對話與合作性框架。[23] 從某個角度看來，由於國家主權觀念目前依舊具有相當大的影響力，這既使目前的國際安全機制普遍存在著模糊性與不確定性的特徵，也讓部分學者繼續強調大國在形成安全機制過程中的關鍵性；[24] 不過，就算大國態度確實在機制形成過程中扮演重要角色，但更實際的推動力，或許還是來自於環境中存在著現實問題，於是帶來解決問題壓力的結果。在本章當中，我們便試圖了解：在東亞究竟存在著哪些衝突問題？其性質與根源各自為何？東亞國家如何回應這些問題？新安全觀與多軌外交等新途徑是否在其中扮演重要角色？最後，東亞地區是否有可能發展出一套有效率的國際安全機制來解決問題？

第二節　東亞結構中的傳統安全問題

　　相較於1970-1980年代間，由於區域內部分國家邁向經濟高速發展，

---

[22] Scott S. Gartner and Jacob Bercovitch, "Overcoming Obstacles to Peace: The Contribution of Meditation to Short-lived Conflict Settlements," *International Studies Quarterly*, 50:4 (2006), pp. 819-840; Tobias Bohmelt, "International Mediation and Social Networks: The Importance of Indirect Ties," *International Interactions*, 35:3 (2009), pp. 298-319.

[23] Gareth Evans, *Cooperating for Peace: the Global Agenda for the 1990s and Beyond* (Australia: Allen & Unwin, 1993), p. 40.

[24] Robert Jervis, "Security Regime," *International Organization*, 36:1 (1982), pp. 360-362.

東北亞或甚至是整個東亞地區因此在安全環境上維持著一定的穩定情勢；但到了1990年代，在後冷戰時期多極格局所突顯結構複雜性的暗示下，東亞地區若干既有的熱點問題也出現明顯升溫現象。可以這麼說，東亞既是當前具全球影響力大國最密集的區域，[25] 「大國關係」亦是牽動東亞地區穩定與否最關鍵的因素，至於其結構形態則基本上突顯於美中日三角互動的發展，[26] 以及俄羅斯所扮演的隱形大國角色。此種關係在冷戰結束後曾維持一段期間的穩定狀態，但在東亞金融風暴餘波盪漾的情況下，由於北韓在1998年進行飛彈試射的關係，也讓前述大國關係在1999年出現複雜的變化趨勢：首先，儘管俄國與中國反對，美國與日本還是在1999年加強了飛彈共同防禦計畫；同年5月，美國於參與 NATO 的干預科索沃行動中誤炸中國駐南斯拉夫大使館，兩個月後，臺灣的李登輝總統提出所謂「兩國論」的說法，從而開啓海峽兩岸至今未解的對峙僵局；接著，日本通過有關美日安保新防衛指針的《有事三法》（周邊事態法、自衛隊法修正案、美日物品役務相互提供協定），中國認為此舉針對的是臺灣而非北韓問題。[27] 總的來說，進入新世紀前夕的東亞安全環境可說呈現出高度的不確定性；以下便針對幾個重要衝突點分別說明其發展現象。

壹　朝鮮半島核武危機

在1950年代開始民生用核能發電後，北韓於1960年代初便開始在蘇聯援助下擴大研發計畫，[28] 並自1980年代起與巴基斯坦接觸討論核武技術

[25] 倪峰，〈論東亞地區的政治、安全結構〉，《美國研究》，第3期（2001），頁8。

[26] Robert A. Manning, "Security in East Asia," in William M. Carpenter and David G. Wiencek, eds., *Asian Security Handbook: An Assessment of Political-Security Issues in the Asia-Pacific Region* (New York: M.E. Sharpe, 1996), pp. 26-29.

[27] David M. Lampton, "Introduction: Thinking Trilaterally about Big Power Relations in Asia," in Lampton ed., *Major Power Relations in Northeast Asia: Win-Win or Zero-Sum Game* (Tokyo: Japan Center for International Exchange, 2001), pp. 10-11.

[28] Georgiy Kaurov, " A Technical History of Soviet-North Korea Nuclear Relations," in James C. Moltz and Alexander Y. Mansourov, eds., *The North Korean Nuclear Program: Security, Strategy*

問題。為有效控制北韓，蘇聯曾在1985年與其簽署有關建設核能裝置的《經濟與技術合作協議》並提供經費與燃料，條件是後者須加入《核子不擴散條約》（NPT）。[29] 儘管如此，由於北韓不斷阻撓國際原子能總署（IAEA）的檢查工作，並於1992年廢除兩韓間有關半島無核化的協議，於是在1993年爆發了第一次核武危機；後來美國雖與北韓間達成《框架協議》來解決相關爭議，但因北韓在2002年趁美國發動伊拉克戰爭之際，片面宣布廢除1994年協議並聲稱擁有核武，於是再度引發危機。[30]

　　值得注意的是，東北亞各主要國家也紛紛圍繞前述問題，自2000年以來逐步調整與北韓間的關係。例如，由於北韓希望引進外資來改善經濟，而南韓總統金大中也希望透過所謂「陽光政策」提升兩韓關係，於是促成了2000年的高峰會，其結果既成功重啟兩韓貿易，也使對南韓貿易在2002年迅速達到北韓對外貿易總值25%；[31] 在此期間，兩韓間定期召開部長級經濟合作會議，包括鐵公路網聯繫與電力及石油輸送管線計畫等都在討論之列。其次，在蘇聯於1990年與南韓建交後，其後俄羅斯亦在1993年正式終止前蘇聯時期與北韓簽署的《共同防禦協定》，[32] 並於2000年以《友好合作條約》取代。再者，北韓在1998年發射的大浦洞火箭雖未能達成將衛星送上軌道的目標，但已迫使日本修改國防政策，建立監控範圍涵蓋整個朝鮮半島的早期預警系統，日本首相小泉純一郎更在2002年訪問平壤，對過去日本時期殖民統治過程表示道歉，以交換金正日承諾

---

and New Perspectives from Russia (New York: Routledge, 2000), pp. 15-20.

[29] 此協議因北韓後來拒絕償還蘇聯貸款而終止，見于迎麗，〈朝核問題與東北亞安全合作〉，《國際觀察》，第6期（2004），頁35。

[30] 根據1994年美國與北韓在日內瓦簽訂的《框架協定》，南韓、日本、歐盟將共同出資，美國負責提供抒解北韓能源匱乏的燃料油，並為北韓建造兩座發電用輕水式核能反應器；但相關計畫在2002年北韓核武危機爆發後便形同停擺，2006年1月，最後一批外籍人員撤離位於咸鏡南道錦湖地區的工地，6月，負責這項計畫的「朝鮮半島能源開發組織」決定正式終止計畫，將責任歸咎於北韓未忠實履行相關協議，並要求平壤當局賠償財務損失。

[31] Chien-Peng Chung, "Democratization in South Korea and Inter-Korean Relations," *Pacific Affairs*, 76:1 (2003), p. 28.

[32] Michael Mazarr, *North Korea and the Bomb: A Case Study in Nonproliferation* (London: Macmillan Press, 1997), p. 96.

暫時終止其發射飛彈計畫。

　　不過，在朝鮮問題中扮演更重要角色的顯然是中國和美國。其中，中國雖在1961年與北韓簽署具「攻守同盟」性質的《友好、合作與共同援助條約》；[33] 不過，由於中國在1980年代後改採改革開放政策，致使其希望提升與美國經濟互動關係，這也讓後者設法藉由中國力量來壓迫北韓解決核武問題。不僅 Bush 總統在2002年國情咨文中，將北韓與伊朗及伊拉克並稱為所謂「邪惡軸心」（axis of evil），對北韓利用核武進行政經勒索的企圖，表面上雖軟硬兼施，立場其實頗為強硬，例如2005年第4回合六方會談雖獲致部分進展，但因美國同時指控澳門「匯業銀行」涉嫌為平壤當局洗錢，導致澳門政府接管銀行並凍結北韓資金達2,400萬美元，此舉也讓談判再度終止。

　　無論如何，由於希望藉由發展核武以落實獨立自主國防政策、透過發展核子設施解決長期民生供電短缺、落實金正日「先軍政治」之威望性口號、突破蘇聯崩解後外交空間陷於孤立之窘境、累積對美國談判籌碼⋯⋯等因素，[34] 北韓不僅在2006年進行首度核試，使其躋身全球第9個擁核國家，一部分由於美國未能確切履行2007年六方會談承諾的緣故，北韓於是在2009年初宣布退出會談並重新啟動寧邊核子設施，接著更以激進的核試舉動，繼2003與2006年後引爆了第三次半島核武危機；[35] 此次試爆威力非但遠勝過2006年首次試驗，大約是後者的20倍左右，甚至相當1945年美國在日本長崎所投下原子彈爆炸能量，隨即引發國際社會譴責，聯合國安理會也馬上召開緊急會議以研商對策。

　　若由狹義的核武危機問題切入，藉由2004年第4輪第2次六方會談所發布的《919共同聲明》（北韓承諾放棄一切核武及核子計畫，美方則確

---

[33] 效期基本設定為20年，若雙方無異議則自動延長；據此，本條約於1981與2001年兩度自動延長，目前最新截止期限是2021年。

[34] 朱松柏，〈北韓核試與東亞區域安全〉，收於金榮勇編，《東亞區域意識下的亞太戰略發展》（臺北：政治大學國際關係研究中心，2007年），頁173-175。

[35] 蔡東杰，〈北韓核試，引爆第三次朝鮮半島危機〉，《青年日報》，2009年6月12日，7版。

認無意攻擊或入侵北韓），以及2007年第5輪第3次會談通過的《213共同文件》（以經濟援助交換北韓的無核化承諾），乃目前僅有共識基礎；由此勾勒出來的路徑圖可歸納爲「三步走」概念，亦即以美國與北韓關係正常化爲起點，透過建構和平機制以維持現狀，最後邁向朝鮮半島無核化的目標。[36]但在前述一度趨於緩和的背景下，相較於第4輪至第5輪會談之間雖曾延宕1年2個月之久，六方會談停滯迄今已超過10年，且復談之路遙遙無期；更甚者，由北韓發起的核武危機既與其高層繼承問題相關，[37]也和北韓近年低迷的經濟發展情勢脫離不了關係，[38]北韓在短期間出現躁進式外交政策既不無可能，事實上，自金正恩於2011年底上臺至2018年4月宣布將停止核試與飛彈試射前，北韓在6年半內共進行84次飛彈試射與4次核試，[39]一度讓半島局勢在2017年迫近戰爭邊緣。

　　不過，自2018年1月初，南、北韓開始針對參與冬奧議題展開破冰接觸，[40]到2月底賽事結束，乃至3月初南韓派遣代表團前往平壤獲金正恩接見後，半島情勢出現峰迴路轉姿態。[41]總計自2018年3月至2019年6月之間，共進行了5次習金會、2次川金會、3次文金會、1次普金會，外加一次美國與兩韓之間的三邊即與峰會，儘管如此，前述接連召開之雙邊高峰會雖更爲相關議題之未來發展平添不少想像空間，但暫無實質進展。

[36] 參考李敦球，《戰後朝韓關係與東北亞格局》（北京：新華出版社，2007年），頁404。
[37] 金日成於1994年去世，但金正日直到1997年才眞除勞動黨總書記，其子金正恩於2010年出任中央軍委副委員長，隨即在金正日於2011年底猝逝後繼任。
[38] 北韓在1990年代蘇聯崩解後便失去援助來源，緊接著爆發糧荒，2010年的貨幣改革也澈底失敗，此次乃1992年以來，事隔17年後再度推動貨幣改革，目標是100：1比例進行兌換。
[39] 林志豪，〈金正恩時期北韓核武戰略展望〉，《歐亞研究》，第2期（2018），頁67-70。
[40] Christine Kim, "North and South Korea begin talks as Winter Olympics help break ice," *Reuters*, January 8, 2018; http://www.businessinsider.com/north-korea-talks-winter-olympics-2018-1.
[41] Tung-Chieh Tsai, "Northeast Asian Security after North Korea's Joining the Winter Olympics," *Prospects & Perspectives*, No. 5 (2018), pp. 1-4.

貳 中日對抗問題

　　或許由於受到波斯灣戰爭影響，中國在海權方面轉向「質量建軍」目標，甚至希望建立遠洋打擊能力。[42] 值得注意的是，此種戰略改變也影響了中日關係發展，特別是在前者積極介入南海事務，並以軍事演習恫嚇臺灣後；由於從東海經過臺灣海峽再穿越南海的航道，長期以來可說是日本經濟發展的生命線，爲確保航路暢通與安全，勢必得強化對此區問題的發言權，[43] 至於反制之道則是強化與美國的關係，特別是兩國在1996年簽署被稱爲《新安保宣言》的《美日安全聯合宣言：邁向二十一世紀的同盟》，最大的突破點是使日本取得比過去更大的彈性防衛空間，甚至派自衛隊出國協同美軍進行作戰；當然，中國乃是其主要的假想敵之一。[44]

　　值得注意的是，儘管中國自2004年起取代美國成爲日本最大貿易夥伴，但因後者右翼勢力擴張，兩國不但領袖在2001-2006年間長期未曾互訪，在軍事行動與戰略上也呈現對峙局面。例如日本在2004年公布「新防衛計畫大綱」與「中程防衛力整備計畫」綱要，計畫在2005-2009年間研發長程地對地飛彈，儘管聲明其目標「不在攻擊他國，而是充當反制措施，以備敵人侵略距離日本本島數百公里外偏遠島嶼時使用」，但由於此舉將使其擁有攻擊能力，可說直接牴觸「除非本土遭受攻擊，否則不能動用軍力」的「非戰憲法」精神；於此同時，由於日本發現中國潛艦航行到釣魚臺附近海域，迫使其在2005年制訂新的「應對外國潛艇侵犯日本領海的對策方針」，並與美國制定「共同戰略目標」，明確將「中國加強軍備」與「北韓發展核武」列爲亞太地區的不穩定因素。接著，防衛廳

---

[42] 此亦即江澤民在1997年要求海軍「建立國家海上長城」時的目標，關於其海軍概念演變，可參考 Bernard D. Cole，〈中國的海軍戰略〉，收於浦淑蘭（Susan M. Puska）編，《未來的中國人民解放軍》（臺北：玉山社，2001年），頁281-327。

[43] 何思慎，《擺盪在兩岸之間：戰後日本對華政策》（臺北：東大圖書公司，1999年），頁192。

[44] 楊錚，《1999之後：21世紀中國與世界的關係》（北京：中國廣播電視出版社，1998年），頁159-160。

2006年公布的報告既指出中國日益增強軍備與軍事優勢逐漸凌駕臺灣的現實，將對臺海局勢帶來新的緊張，美日在同年「2 + 2」會談後，也共同發表了駐日美軍「再整編最終報告」，重新定義雙邊同盟關係，將日本視為戰略前線基地，顯示其雙邊互動反而更趨緊密。

　　儘管在經濟（泡沫困局）與政治（政黨輪替）因素牽絆下，日本在中美之間的戰略選擇一度有所遲疑，同樣如防衛研究所自1997年起逐年發布《東亞戰略概觀》（East Asian Strategic Review）自我形塑的戰略概念走向，日本最終仍選擇了強化美日同盟的道路，例如2012年版報告便強調，日本應設法實現「動態日美防衛合作」，一方面加強自衛隊在西南諸島的力量，推進並構築日美韓和日美澳安保同盟網絡，同時應修改「武器出口三原則」等。[45] 尤其在釣魚臺爭議激化下，兩國軍備競賽似乎有升溫跡象。例如中國早自2008年底起，便以前往亞丁灣護航為由來提升遠洋海軍能力，一方面擺脫近海防禦概念，每年上半年都例行實施經過沖繩南部海域進入西太平洋的定期演習，更重要的是，航母平臺（遼寧號）在2011年下水與公開大型隱形戰鬥機「殲20」試飛訊息等，既讓日本緊張不已，亦迫使後者向美國購買最新型 F-35 戰鬥機，並讓美國在2012年將 F-22 隱形戰鬥機布署到沖繩嘉手納空軍基地。

　　大體言之，在美國積極「重返亞洲」之引導下，相較於冷戰時期的美日同盟互動，現階段此一雙邊關係則隱然呈現3個新特徵：首先是「假想敵」轉換，亦即由蘇聯轉為中國；其次是「行動層次由保守防禦轉而略趨積極，甚至暗示先制打擊之可能」，這由日本通過解禁集體自衛權，及雙方終於在2015年4月繼1997年後再度通過「新防衛指針」可明顯看出，事實上，美國設定之目標未必僅在於重構美日同盟而已，無論是積極拉攏日韓簽訂情報交換協定，或推動在澳大利亞駐軍等，或許「4 + 1」（美、

---

[45] The National Institute of Strategic Studies, *East Asian Strategic Review 2012*, http://www.nids.go.jp/english/publication/east-asian/pdf/2012/east-asian_e2012_07.pdf.

日、韓、澳加上印度）更是其理想中的布局結果；第三則是「互動更趨於平等」，這一方面回應了日本透過「普通國家化」所長期追求的「平行外交」目標，也反映出美國在金融海嘯與國內財政懸崖壓力下能量有限的現實。

值得注意的是，在中國「遼寧號」航母於2012年正式服役，首艘國產航母於2017年下水（第二艘正建造中），以及航母編隊於2019年首度穿越宮古海峽進入西太平洋的壓力下，日本兩艘「準航母」（出雲號與加賀號）也分別於2015和2017年服役，可搭載 12-16 架 F-35B 垂直起降戰機，甚至正研擬建造更大噸位之「翔鶴級」航母，從而使雙方軍備競賽呈現隱然升級趨勢。

參 島嶼爭奪問題

首先在釣魚臺問題方面，先是1988年日本右翼組織「日本青年社」在島上設立燈塔，日本海上保安廳在1990年底原預備承認此一燈塔並標上海圖，但未成功，其後日本青年社再度於1996年在島上建立無人燈塔，引發海外華人大規模保釣運動。儘管如此，日本政府仍自2002年起租賃釣魚臺列嶼中的3個無人島，於2005年公開接管燈塔並重申擁有主權。[46] 對此，儘管相較日本的積極主動作為，中國方面一度消極且缺乏對策，但自2010年9月日本海上保安廳船艦與中國「閩晉漁5179號」漁船在釣魚臺周邊海域發生碰撞事件，石垣市繼之於同年12月宣布將1月14日訂為「尖閣諸島開拓日」以來，不僅兩國關係日趨惡化，日本政府在2012年透過購島以推行「國有化」政策，中國也逐步落實在釣魚臺周邊海上與空中巡邏的「機制化、常態化」後，兩國關係在1972年建交的40年後亦陷入冰點狀態。

---

[46] 請參考國家政策研究基金會國家安全組，〈釣魚臺主權爭議與護漁問題〉，2005年7月6日，
http://www.npf.org.tw/Symposium/s94/940714-NS.htm.

於此同時，獨島（日本稱為竹島）紛爭也存在一觸即發的態勢。日本雖曾於1905年宣稱竹島是島根縣的一部分，但該島現由南韓實際控制。由於日本島根縣議會在2005年通過條例將2月22日定為「竹島日」，日本在《2005年度防衛白皮書》中也宣示對於該島嶼的主權地位，隨即引起南韓強烈反對，至於日本片面預定在2007年度教科書上標明島礁主權，更讓南韓無法接受。事實上，獨島（竹島）衝突除涉及兩國政治角力外，經濟利益角度更為重要；該島四周不僅是豐饒漁場，海底還蘊藏著油氣田，在1994年聯合國《海洋法》生效後，兩國幾乎在1996年同時宣布建立各自的專屬經濟區，於是埋下島嶼爭奪伏筆。至於在2006年初，由於南韓打算以韓國式地名向國際航道組織申請註冊獨島附近的海底地名，藉此宣示並鞏固主權，而日本海上保安廳也通報同一組織，將派出勘察船在日本海（包括竹島周邊）進行海道測量活動，於是進一步引發兩國的外交大戰。南韓在2008年推動獨島永續發展計畫並設置管理辦公室，李明博總統在2012年的登島舉動更進一步激化糾紛。其後，隨著南韓在2018年於獨島周邊展開軍事演習，日本文部科學省也於2018-2019年宣布新版中小學教科書教材將把尖閣諸島（釣魚臺列嶼）與竹島（獨島）列為固有領土，爭議乃繼續持續下去。

其次，日本與俄羅斯在北方四島歸屬問題上一直存在嚴重分歧。[47] 兩國曾在1993年發表《東京宣言》，同意只要島嶼主權歸屬獲得澄清，雙方將簽署和平協議。其後，根據2001年俄國總統 Putin 和日本首相森喜朗在伊爾庫次克高峰會中簽署的宣言，儘管只具有象徵性的意義，仍確定將以1956年宣言作為解決方針，亦即一旦兩國簽署和平協議，俄國便歸還其中2個島嶼。不過，由於後來日本又堅持俄方必須一次歸還所有島嶼，致使談判陷入僵局；日本為片面宣稱主權地位，首相森喜朗與小泉

---

[47] 俄羅斯稱之為「南千島群島」，指日本北海道以北的國後、擇捉、色丹、齒舞四個島及周圍近百個珊瑚礁，方圓近5,000平方公里。根據俄方觀點，這些島嶼是他們在十七世紀發現的，後來在1855年透過《下田條約》移交給日本，又於1945年二戰結束後收回。

純一郎曾分別在2001與2004年乘坐直升機或坐船視察北方四島（第一次是1981年鈴木善幸首相）。儘管如此，爲打破長期困境，外相麻生太郎曾在2005年向俄國非正式地提出合作開發建議，但未獲正面回應，結果則是日本政府在2006年3月所通過，將無限期推遲小泉首相訪問俄羅斯的決定。2009年，日本參議院通過《促進北方領土問題解決特別法》，首度在法案中將北方領土明定爲「固有領土」，爲加以反制，俄羅斯總統Medvedev在2010與2012年登上國後島，這也是該國元首在新世紀首次視察該群島。日本首相安倍晉三於2013與2016年兩度訪俄雖一度使問題出現曙光，2015年俄國宣布將強化國後與澤捉兩島軍事工程，仍引發糾紛。

　　最後是南海問題。此地區自1967年聯合國遠東經濟委員會勘察報告指出海底蘊藏豐富石油後，沿海國家便開始爆發主權爭端，牽涉問題包括海域界定、海疆重疊、海域漁業維護與開採石油和天然氣等。[48] 由於南海爲國際航線交通孔道並控制亞太海域重心，戰略地位極爲重要，因此南沙群島主權歸屬對附近海域石油探勘與開採具關鍵影響。[49] 目前聲稱擁有南沙群島全部主權的國家有中國、菲律賓、越南和臺灣，[50] 聲索部分主權者則有馬來西亞及汶萊；在激烈競爭下，例如1988年3月中國與越南海軍便在赤瓜礁發生海戰。

　　爲解決問題，中國一方面在1992年公布《領海及鄰接區法》，同時要求東協針對南沙問題「擱置爭議，共同開發」；對此，東協於同年通過要求各國自我克制的《南海宣言》作爲回應。[51] 事實上，早自1990年起，便由加拿大國際開發署贊助，印尼政府主導召開具二軌性質的「處理南海

[48] Seling S. Harrison, "The Time Bomb in East China," *Foreign Policy*, 20 (1975), pp. 7-8.

[49] 陳鴻瑜，《南海諸島主權與國際衝突》（臺北：幼獅文化公司，1987年），頁12-25。

[50] 臺灣於1993年4月13日由行政院核定公布「南海政策綱領」，明確指出：「南海歷史性水域界線內之海域爲我國管轄之海域」，但爲表示和平解決爭端立場，2000年2月1日宣布以海岸巡防署接替原由海軍陸戰隊駐守的東南沙任務。

[51] Bob Catley and Makmur Keiliat, *Spratlys: The Dispute in the South China Sea* (London: Ashgate Publishing Ltd., 1999), pp. 161-162.

潛在衝突研討會」，直到2001年爲止均每年開會一次，對於凝聚和平解決共識貢獻良多。尤其自1995年開始構思的方針，終於由中國與東協在2002年「10＋1」高峰會中正式通過《南海各方行爲宣言》，未來各國將針對南海各種爭議共同磋商；據此，中國、菲律賓與越南的石油公司在2005年簽署協定共同勘探南海石油資源，被認爲是落實前述行爲宣言的重要進展之一。至於繼前述宣言後，中國更著手以「新方式」處理南海爭端，目的在達成一項新的「更強」行爲準則，在中國與東協共同於2007年以來連續舉辦的「落實南海各方行爲宣言」高官會議的溝通下，各方於2015年初步形成「重要和複雜問題清單」與「南海行爲準則框架草案要素清單」兩份開放性文件，並於2018年形成單一磋商文本草案，並設定2021年爲目標。

值得注意的是，中國除了自2008年起在海南島建設地下核子潛艇基地並強化西沙群島軍事設施外，於2010年由海南、廣東與廣西三省海事局共同簽署一份《海事管理業務合作協議》，並自2013年起陸續完成7個主要島嶼陸地擴張和島上基礎設施建設，面積排名前三依次是美濟島（6平方公里）、渚碧島（4.3平方公里）、永暑島（2.8平方公里），島上民生設施齊全，部分還有自然淡水以容納數千人居住，既被形容是在南海的「不沉航空母艦」，也爲此一議題發展埋下變數。

肆　臺海兩岸對峙衝突

由於臺灣自1990年代起採取「拉寬談判縱深」的策略，亦即在中國占有主權競賽優勢的情況下，迴避或甚至放棄「一個中國」問題，以增加交涉籌碼，再加上部分領導者被認爲具有分離主義傾向，讓兩岸關係在1999-2008年進入「寒冬期」。[52] 可預見的是，中國仍將以「一國兩制」

---

52 蔡東杰，《兩岸外交策略與對外關係》（臺北：高立圖書公司，2001年），頁236-237。

政策主軸，「全面封鎖」的外交政策，「以商圍政」統戰策略，與「拉攏美國」的最後手段來對付臺灣，後者則僅能在劣勢下愈發依賴美國保護，繼續堅持「透過民主制度下的全民公決以選擇未來」的消極政策主張。

　　總之，美國在兩岸關係中扮演關鍵角色乃毋庸置疑的。[53] 在1995-1996年間美國一方面協助臺灣推動軍事改革（包括出售愛國者飛彈系統），另方面則扮演兩岸促談者角色；2000年後，由於 Bush 政府提倡建構單極性全球權力結構，一度將中國重新設定為「戰略競爭者」，但2001年911事件與2002年北韓危機相繼爆發，既使美國政策跟著出現調整趨勢，臺灣方面也在不安全感與內部政治發展因素的激盪下出現「失控」趨勢，結果不僅讓美國國務卿 Powell 發表「臺灣並非主權國家」的直接說法，對臺灣在2004年選舉中的「正名」訴求也罕見地在第一時間表達不支持態度，同年底，副國務卿 Armitage 甚至在接受媒體訪問時強調，根據《臺灣關係法》，美國義務並不包括出兵協防在內。無論如何，在馬英九政府自2008年起推動兩岸外交和解休兵，雙方陸續於2008-2015年間舉辦11次高層會談，並陸續簽署了28項協議，其中包括2010年簽署的《經濟合作框架協議》（ECFA），大體上維持和平發展態勢；不過，由於東亞地區局勢日趨複雜化，加上2016年臺灣再度政黨輪替後，兩岸政治交流陷入全面中斷狀態，未來發展仍有待觀察。

伍　中美影響消長與美國重返亞洲

　　在新世紀來臨之後，中美在區域結構中的相對位置似乎出現了微妙的鐘擺式發展軌跡（參見表7.1），我們有必要進一步觀察其可能之象徵意義。

---

[53] Robert A. Scalapino, "Economics, Security, and Northeast Asia," in Stuart Harris and Andrew Mack, eds., *Asia-Pacific Security: the Economics-Politics Nexus* (Australia: Allen & Unwin, 1997), p. 146.

表 7.1　中美影響消長與東亞權力平衡變化

傾向中國	傾向美國
2000-2003 簽署南海各方行爲宣言 中國—東協經濟合作框架協定 六方會談啓動	2003-2005 美國發動伊拉克戰爭 嚴重急性呼吸道症候群（SARS） 美越關係進展
2006-2008 日本首相小泉純一郎下臺 美韓軍事指揮權爭議 全球金融海嘯衝擊	2009-2012 美國推動重返亞洲政策 南韓天安艦事件 美國加入東亞高峰會運作

資料來源：作者自行整理。

隨著美國自新世紀初以來逐漸加強對東亞地區的戰略力道，於此同時，中國的外交政策目標也隨著其經濟崛起態勢愈發明顯，而從1982年「十二大」到1997年「十五大」宣示的「反對霸權主義，維護世界和平」，自2002年「十六大」起開始轉爲「維護世界和平，促進共同發展」，[54] 充分顯示出由消極愈趨積極主動的政策走向。大體言之，自2000年左右迄今，中美兩國在東亞地區的影響力消長出現了約有4個變化階段。在第一階段（2000-2003）中，延續1997年亞洲金融危機期間，中國由於其人民幣政策，致使其對東南亞地區影響力出現明顯之提升跡象，[55] 首先在1999-2000年間推動中日韓三方合作進程，決定每年召開領導人高峰會，[56] 也在同一時間連續與東南亞地區泰國、馬來西亞、新加坡、印尼、菲律賓、緬甸與寮國等簽署雙邊聯合聲明，接著更以此爲基礎，在2002年與東協各國共同簽署了《南海各方行爲宣言》，以及《中國—東協全面經濟合作框架協議》、《農業合作諒解備忘錄》與《非傳統安全領域合作宣言》等具政治宣示性質文件，從而將中國與東南亞關係推升至某

---

54 楚樹龍、金威主編，《中國外交戰略和政策》（北京：時事出版社，2008年），頁108。

55 Thomas Lum et al, *China's "Soft Power" in Southeast Asia* (Washington D.C.: U.S. Senate Committee of Foreign Relations, 2008), p. 2.

56 蔡東杰，《當代中國外交政策》（臺北：五南圖書公司，2011年），頁95。

種高點。其後，中國一方面打鐵趁熱地在2003年加入《東南亞和平友好條約》，成爲區域外第一個加入該條約的主要國家，在東北亞部分，同年8月召開的第一輪「六方會談」，亦不啻暗示各方默認中國在半島問題上擁有某種優先發言權。

　　儘管如此，前述有利於中國的區域環境氛圍，仍隨著美國發動伊拉克戰爭並在初期獲得勢如破竹的進展，從而開啓了中美消長的第二階段（2003-2005）。在此期間，一方面由於中國企圖隱匿 SARS 疫情，引發國內外輿論大加韃伐，從而也重創其國際形象；此時，美國則積極介入並拉攏被它視爲全球反恐戰爭「第二戰線」的東南亞地區，[57] 不僅與傳統盟友新加坡的互動大爲提升，更關鍵的發展是和越南關係的實質突破，例如在2002年首次以軍事觀察員身分參與「金色眼鏡蛇聯合軍演」後，2004年，美國軍艦也在越戰結束後首次訪問越南，接著，潘文凱更於2005年成爲自1975年以來首次訪問美國的越南領導人，顯見雙方交流的密切程度。

　　不過，美國在2005年終究在首屆東亞高峰會中缺席，仍透露出某種重要警訊，[58] 並跟著將中美東亞影響力消長帶入第三階段（2006-2008）；尤其在堅實盟友日本首相小泉純一郎於2006年下臺後，[59] 整體情勢開始對美國不利。值得一提的是，儘管美國早在1990年便制訂了分批自朝鮮半島逐步撤軍的方案，[60] 但在南韓總統盧武鉉於2005年提出以「自主國防、自主外交、勢力均衡者外交」等爲口號的「盧武鉉主義」新政策

---

[57] Rommel C. Banlaoi, "Southeast Asian Perspectives on the Rise of China: Regional Security after 9/11," *Parameters*, Summer 2003, pp. 102-103.

[58] Joseph S. Nye, Jr., "The Allure of Asia and America's Role," *PacNet*, No. 51 (2005/11/29), pp. 1-2.

[59] Gavan McCormack 著，于占杰、許春山譯，《附庸國：美國懷抱中的日本》（北京：社會科學文獻出版社，2008年），頁239-240；有關美日互動在小泉時期的發展，同時參見黃大慧，《日本大國化趨勢與中日關係》（北京：社會科學文獻出版社，2008年），頁169-173。

[60] Hoyt H. Purvis and Yu-Nam Kim, *Seoul and Washington: New Government, New Leadership, New Objectives* (Seoul: Seoul Press, 1993), p. 27.

後，[61] 南韓既於同年正式向美國提出收回戰時指揮權問題，[62] 美韓同盟關係也自此產生質變，從而也影響美國對東亞的政策。更甚者，不僅小泉的繼任者如安倍、福田與麻生等紛紛選擇與中國改善關係，中日韓三國決定自2008年起，於東協框架外單獨召開三邊正式高峰會，對區域合作進程而言亦不啻是一大轉捩點，再加上同年底爆發的全球金融海嘯重創作為世界體系核心的美國與西歐地區；由此，無論是 Niall Ferguson 在2007年創造的「中美國」（Chimerica）新詞彙，還是 Fred Bergstan 於2008年提出的「G2」概念，都有助於中國提升其區域與甚至全球性地位。

正因中國崛起對美國霸權地位之威脅愈發明顯，Hillary Clinton 在就任新國務卿後不但於2009年將東亞作為出訪海外首站（這也是1960年代以來，美國國務卿將首次出訪地選在亞洲），同年底高調宣布美國將「重返亞洲」，[63] 且決定簽署《東南亞友好合作條約》，從而讓美中互動進入了第四階段（2009-2016）。利用2010年初南韓「天安艦事件」作為契機，美國啟動大規模的「演習外交」；根據統計，美國在2010年6-12月間至少與其亞太盟國進行了30次以上雙邊或多邊演習，其中，若干具例行性質的活動都創下史上最大規模。以此為背景，2010年底召開的東協高峰會又進一步通過讓美國與俄羅斯加入東亞高峰會的決議，從而使美國有機會填補自2005年以來的參與真空，亦象徵其「重返亞洲」政策獲得正面肯定。

由於西太平洋地區對美國的戰略與經濟利益而言都愈來愈重要，中國又為它能否保障自身利益的關鍵，甚至是負面因素，因此，聯合盟邦共同強化對中國的戰略壓力，也就成為相當自然的結果。儘管中美爆發軍事衝

[61] 李敦球，《戰後朝韓關係與東北亞格局》（北京：新華出版社，2007年），頁312-320。

[62] 兩國於2007年2月24日確定於2012年4月17日移交指揮權的協議，但因2010年天安艦事件影響，南韓總統李明博於同年6月同意將移交時間推遲至2015年12月1日。

[63] 參考〈柯林頓國務卿出席在泰國舉行的東南亞地區論壇〉，《美國參考》；http://usinfo.americancorner.org.tw/st/peacesec-chinese/2009/July/20090722121052ALllewdlaC0.3341028.html?CP.rss=true.

突的機率遠低於冷戰時期，但雙方在經濟與政治等層面的激烈對抗，卻將遠遠超過熱戰，日本媒體甚至以「尖銳化的美中攻防」來形容此一雙邊關係。[64] 正如英國國際戰略研究所報告指出，海軍發展將成為中國未來10年外交和防務政策中心，[65] 美國也相當關注中國從「近海防禦」逐步往「遠海防禦」戰略過渡之趨勢，例如國防部長 Leon Panetta 於2012年「香格里拉對話」（亞洲安全會議）中便公開表示，雖「無意遏制中國，甚至希望加強雙方軍事合作」，美國艦隊仍將於2020年前將主力移轉至太平洋地區，以遂行「再平衡」（re-balance）的亞太新戰略；[66] 屆時美國駐太平洋與大西洋的艦隊數比例將由5：5調整成為6：4，至少有6艘航空母艦會在太平洋地區巡弋。至於繼中俄在2012年4月於黃海進行擴大軍事演習後，[67] 美國聯合日本與南韓在同年6月推動的三國首次聯合軍事演習，[68] 在強化東北亞安全同盟之餘，壓制中國的意味也顯而亦見。[69]

　　儘管 Susan Shirk（謝淑麗）在2007年指出，「中美經濟日趨相互依賴，扭轉了中國領導人對雙邊關係的思考方向」，尤其「中國經濟對美國的依賴，更使中國必須小心維護與美國這位大買家的關係」，[70] 不過，日益惡化的伊拉克戰略負擔，再加上2008年底由次級房貸危機衍生引爆的全球金融海嘯，顯然正修正著前述關係，其結果首先是讓中美地位更加

---

[64] 見〈中国総局長—山本勲　先鋭化する米中の攻防〉，《MSN 產經新聞網》；http://sankei.jp.msn.com/world/news/111016/chn11101603370001-n1.htm.

[65] See "China's Three-Point Naval Strategy," IISS, 18/10/2010; http://www.iiss.org/publications/strategic-comments/past-issues/volume-16-2010/october/chinas-three-point-naval-strategy/.

[66] See "Panetta says rising US military presence in Asia-Pacific region not intended to threaten China," *Washington Post*, June 2, 2012: http://www.washingtonpost.com/world/asia_pacific/panetta-pentagon-to-shift-warships-to-pacific-60-percent-of-fleet-will-base-there-by-2020/2012/06/01/gJQAMQp07U_story.html.

[67] 此次軍演代號為「海上聯合—2012」，4月22-27日在青島附近黃海海域舉行，雙方共派出23艘主力艦艇及2艘潛艇參與，是2005年以來規模最大、參演艦艇最多的海上聯合軍演。

[68] Steve Herman, "South Korea, Japan, US Hold Military Drills," *Voice of America*, http://www.voanews.com/content/various-drills-underway-involving-south-korean-military/1216300.html.

[69] 事實上，日本早在2010年7月便首度以觀察員為名參與了美韓軍事演習。

[70] Susan L. Shirk 著，溫洽溢譯，《脆弱的強權：在中國崛起背後》（臺北：遠流出版公司，2008年），頁300-301。

「平等化」，由此，中國對美國霸權的威脅也愈發明顯。正是在此邏輯下，特別自2010年以來，美國對華戰略似乎透露出「硬的更硬，軟的也硬」的走向。在硬戰略方面，無論各種強化軍事布署措施或不斷擴大演習規模等，針對中國而來的「敵對性」已不言可喻，至於透過自2002年起逐年發布的《中國軍力報告》，透過超強話語權在東亞地區乃至於全球形塑「中國威脅論」氛圍，亦確實一定程度地達到預期效果。

　　值得注意的是，無論是正面回應自身崛起或反制美國圍堵，中國大陸在2015年召開「一帶一路建設工作會議」並通過《推動共建絲綢之路經濟帶和二十一世紀海上絲綢之路的願景與行動》白皮書，加上年底亞洲基礎設施投資銀行（AIIB）正式生效，既進一步推升了雙邊互動的熱度，隨著川普於2017年正式就任新總統，也讓美中區域互動進入第五階段拉鋸戰，至於2018年爆發之貿易戰則無疑是雙方對峙之某種「直球對決」，後續發展值得審慎觀察。

第三節　東南亞恐怖主義之源起及其發展

壹 全球恐怖主義浪潮下的東南亞

　　自從1970年代以來，儘管缺乏統一定義，所謂恐怖主義（terrorism）仍舊成為最重要的國際衝突形式之一。Audrey Kurth Cronin 認為，恐怖主義的基本定義可以是「非國家行為者為遂行其政治目的，對無辜者一種近乎隨機的使用暴力或威脅使用暴力。」[71] 此種界定方式顯示恐怖主義擁有以下三個特性：首先是政治性本質，亦即特定的政治動機與意涵；

---

[71] Audrey Kurth Cronin, "Behind the Curve: Globalization and International Terrorism," *International Security*, 27:3 (2003), pp. 30-58.

其次是非國家特質，亦即國家擁有公權力和合法暴力可說是與恐怖主義最大的差異；第三是濫傷無辜特質，相對於國家在國際間具有合法的倫常道德，恐怖主義則不擇手段。

在2001年的911事件發生後，不僅全球恐怖活動到處蔓延，東南亞的恐怖主義也呈現上升趨勢，從印尼、菲律賓、新加坡、馬來西亞，延伸到泰國、緬甸和柬埔寨，已隱約形成一個「恐怖新月地帶」（Crescent of Terrorism），並存在著三個特徵：首先是跨國網路愈來愈活躍，與區域外組織（尤其是基地組織）聯繫相當密切且互相支援；其次，來自中東地區的恐怖分子紛紛利用這個「新月地帶」作為互動與溝通管道，使其成為過境和資金轉移的主要區域；最後，由於東南亞各國邊界地區尚未形成有效的監管與預防機制，再加上此地區海岸線甚長且島嶼眾多，管理可謂非常困難。在這種情況下，西方各國也警告其國民暫時避免到此區域旅遊，以免遭到恐怖襲擊，至於國際政經風險顧問公司調查報告同樣認為，除越南與香港機會較低之外，亞太地區的危機指數依舊偏高；而這既衝擊了東南亞國家的旅遊業，也迫使其調低預估的經濟發展數字。事實上，基地組織東南亞分支機構的舉動確實變得更加活躍，恐怖分子近來甚至更注意所謂的「軟目標」，例如學校與修道院等。值得注意的是，自從911事件以來，國際恐怖主義襲擊目標顯然主要集中在 APEC 成員身上，這也讓 APEC 領袖高峰會承諾採行一連串反恐措施以確保經濟安全。但反恐活動是否會影響東南亞地區的投資、旅遊及金融市場發展，仍值得進一步關注。

根據部分專家的意見，亞太地區的經濟恐難避免受到反恐活動的衝擊。在這種情況下，極端依賴美國市場並正在「反恐經濟」中掙扎的東南亞國家有可能再度陷入衰退，導致其出口業雪上加霜。據估計，亞太地區2005年的經濟增長率將徘徊在3%左右，這將是1999年東亞經濟危機開始進入復甦階段後，增長率最低的一年，其中以印尼所受到的衝擊最大，甚至連鄰近的新加坡也擔心必須調低經濟增長預測；其次，東南亞各國所採

取的反恐措施，也可能成爲貿易與投資自由化的新障礙。

貳　東南亞恐怖活動背景分析

　　在東南亞恐怖活動的發展背景方面，大致可分成以下幾個方面來說明，首先是在宗教意識形態影響下伊斯蘭極端派的長期發展結果。宗教哲學中本來就充滿了意識迷思，而多數迷思處理的都是如何透過共同努力與奮鬥以達成最終目標的問題；此外，迷思也經常被用來處理認同問題，[72]例如有人認爲在東南亞地區並不存在著「眞的穆斯林」（santri），只有「名義上的穆斯林」（abangan），亦即他們僅處於以中東爲主的伊斯蘭世界的邊緣位置。[73]事實上，東南亞地區雖是伊斯蘭傳教運動最後到達的地方，但伊斯蘭教確實對此區域的文化與社會生活發生重大影響，至於由埃及所領導的泛伊斯蘭主義或伊斯蘭現代主義對東南亞地區也發揮極關鍵的作用。[74]當然，部分學者也認爲，東南亞激進主義的起因固然有其宗教背景，但政治因素也同樣重要（特別是對殖民獨立後發展的不滿），至於其目標則是建立所謂「伊斯蘭國家」。[75]

　　值得注意的是，相對於位居伊斯蘭世界核心的阿拉伯地區，僻處邊陲的東南亞所著重者未必是崇高的伊斯蘭秩序，而是穆斯林所遭遇的不公平待遇，爲求突破此種困境，他們必須挑戰現代性與西方的束縛。在冷戰時期裡，它們多半由種族主義者與宗教基本教義派推動；1990年代以來，由於部分東南亞國家積極推展現代化運動，在導致城鄉差距與族群衝突等問題後，再加上「文化全球化」帶來的傳統斷裂現象，這些都挑戰著原本

[72] Azyumardi Azra, "Bali and Southeast Asia Islam: Debunking the Myths," in Kumar Ramakrishna and See Seng Tan, eds., *After Bali: the Threat of Terrorism in Southeast Asia* (Singapore: Institute of Defense and Strategic Studies, 2003), pp. 39-43.
[73] See Clifford Geertz, *The Religion of Java* (New York: The Free Press, 1968).
[74] Johan Meuleman, ed., *Islam in the Era of Globalization: Muslim Attitudes towards Modernity and Identity* (London: Routledge, 2002), pp. 31-50.
[75] Azyumardi Azra, *op. cit.,* pp. 49-50.

就相當複雜的東南亞社會結構，[76] 由此也讓重視傳統的「伊斯蘭極端派」勢力迅速發展開來。[77]

除了前述的宗教意識形態因素外，後冷戰時期以來特殊的國際衝突特性也構成東南亞恐怖活動發展的另一個重要背景。

事實上，對某些學者來說，911事件可說暗示著非國家行為者已具備了挑戰國家壟斷有組織武力的傳統特性。[78] 同時由於這些新行為者所擁有的高度行動彈性，也讓跨國性安全議題從原來的邊陲位置變成了核心考量，特別是對發展中國家而言更是如此。[79] 正如 P. J. Simmons 所指出的，非國家行為者正改變著社會規範，挑戰著國家政府，並逐步地侵入高層政治（high politics）領域。[80] 至於它們的行為除涉及經濟層面外，也經常與國家安全有關。更甚者，跨國性威脅力量通常彼此間互有關聯，例如恐怖主義者與分離主義叛亂分子經常便很難被區隔開來，因為它們常與毒品走私和國際犯罪有關。在二十世紀末，由於許多主要跨國犯罪組織（TCOs）所擁有的財務與人力資源甚至比部分國家還要多，[81] 再加上傳統疆界不再是阻隔犯罪擴散的有效屏障，致使跨國犯罪者經常利用主權觀念與國際法力量薄弱的現實不斷地進行國際整合。

至於基地組織（Al-Qaeda）全球擴散的影響，則或許是影響東南亞地區恐怖活動發展的最後一個重要背景。根據目前所得資料，儘管基地組織不斷地在各國活動，但與其有聯繫的組織並非因此被納入基地組織，而

[76] Adam Schwarz, *A Nation in Waiting: Indonesia in the 1990s* (St. Leonards: Allen & Unwin, 1994).

[77] Peter Chalk, "Militant Islamic Extremism in Southeast Asia," in Paul J. Smith, ed., *Terrorism and Violence in Southeast Asia: Transnational Challenges to States and Regional Stability* (New York: M.E. Sharpe, 2005), p. 19.

[78] Alan Dupont, "Transnational Violence in the Asia-Pacific: An Overview of Current Trends," in Paul J. Smith, ed., *Terrorism and Violence in Southeast Asia: Transnational Challenges to States and Regional Stability* (New York: M.E. Sharpe, 2005), p. 3.

[79] Indra de Soysa and Nils p. Gleditsch, *To Cultivate Peace: Agriculture in a World of Conflict* (Oslo: International Peace Research Institute, 1999), pp. 13-15.

[80] P.J. Simmons, "Learning to Live with NGOs," *Foreign Policy*, 112 (1998), p. 84.

[81] See UN International Drug Control Program, *World Drug Report* (Oxford: Oxford University Press, 1997), p. 31.

是跟它保持密切合作，並讓其擴大在當地國的影響力，在東南亞地區也是如此。[82]

參　當前東南亞主要恐怖組織分析

就發展情況看來，目前存在於東南亞地區的主要恐怖組織儘管大多與伊斯蘭極端派有關，但仍可進一步區分爲兩大類別，亦即分離主義組織（主要在菲律賓南部與泰國南部地區）以及基本教義組織（散布於馬來西亞與印尼）；以下便分別擇要加以介紹。

在分離主義組織方面，首先是莫洛民族解放陣線（Moro National Liberation Front, MNLF）。莫洛一詞源自摩爾（Moor），亦即西班牙人對原居北非地區穆斯林的稱呼。爲突顯民答那峨地區穆斯林的少數困境，Nur Misuari 在1972年創設此組織，但因體認到缺乏長期抗爭力量，於是在爭取伊斯蘭會議組織（OIC）與利比亞總統 al-Khadafi 斡旋後，與政府在1976年底締結《的黎波里協定》，讓民答那峨13個穆斯林省分取得自治地位，但 Marcos 總統隨即撕毀該協議。[83] 值得注意的是，由於 MNLF 在1977年後傾向談判而非追求民答那峨徹底獨立（1996年與政府簽署和平協議後成立民答那峨伊斯蘭自治區），結果導致莫洛伊斯蘭解放陣線（Moro Islamic Liberation Front, MILF）於1981年成立，目標是在菲律賓南部所有回教徒曾存在的地區建立伊斯蘭國家。組織領袖 Hashim Salamat 雖聲稱反對與國際極端派掛勾，[84] 但仍成立一個特別小組負責城市活動並與基地組織取得聯繫。菲律賓政府已在2012年與 MILF 達成框架性和平協議，國會也於2018年通過《莫洛國（Bangsamoro，菲律賓語；

---

[82] Peter Ford, "Al Qaeda's Veil Begins to Lift," *Christian Science Monitor*, December 20, 2001.

[83] al-Rashid I. Cayongcat, *Bangsa Moro People in search of Peace* (Manila: Foundation for the Advancement of Islam in the Philippines, 1986), pp. 91-95.

[84] Tony Davis, "Attention Shifts to Moro Islamic Liberation Front," *Jane's Intelligence Review* (April 2000), p. 22; Peter Chalk, "Separatism in Southeast Asia: The Islamic Factor in Southern Thailand, Mindanao and Aceh," *Studies in Conflict and Terrorism*, 24:4 (2001), p. 247.

Bangsa 意即國家）組織法》，目標在成立一個具「國中國」性質之新政治實體（類似梵諦岡），據此，菲律賓政府於2019年在北蘭佬省（Lanao del Norte）和北可塔巴托省（North Cotabato）舉辦兩階段的「穆斯林民答那峨莫洛國自治區」（BARMM）公投，預計此自治區將自2020年起設置獨立議會與伊斯蘭律法組織，從而終結長期動亂。

在泰國方面，北大年聯合解放組織（Pattani United Liberation Organization, PULO）則為最重要的分離組織。自1950年代起，北大年聯合解放陣線與巴桑全國革命組織（Barisan Revolusi Nasional, BRN）便都打著「復興北大年國」旗幟進行活動；1960-1970年代，PULO 的2萬名武裝游擊隊在泰國南部鄰近馬來西亞的省分（也拉、北大年、宋卡和納拉瑟瓦）開始大規模進行分離主義運動，目標是建立伊斯蘭國家，不受泰國學校強調佛教教義的教育。[85] 1980年代末，由於曼谷當局採取懷柔政策，分離主義運動平息下來。然而2001年底再度爆發的暴力事件讓此分離運動再度死灰復燃，直到2005年才重啟和平談判；不過，此地區在2004-2015年各種暴力事件共導致逾15,000人喪生，迫使泰國政府自2005年7月起實施緊急狀態法令，2017年以來動盪情勢略有趨緩。

其次在基本教義組織方面，首先在菲律賓南部，除 MNLF 與 MILF 這兩個組織外，在1989年由 Adburajak Janjalani 所成立的阿布薩耶夫集團（Abu Sayyaf Group, ASG）目的雖也在推動獨立的「民答那峨伊斯蘭國」，但具有較濃厚的基本教義色彩，因此經常攻擊菲律賓南部的基督徒。有人認為它們乃是由 MILF 脫離出來的一個武裝派系，但與前兩者不同處在於它們也支持透過武裝鬥爭來擴大伊斯蘭教的全球影響力。[86] 該組織的第一個行動開始於1991年，為獲取更多支援與物資，ASG 自1990年

[85] Peter Chalk, "Thailand," in Jason Isaacson and Colin Rubestein, eds., *Islam in Asia: Changing Political Reality* (Washington, DC: AJC & AIJAC, 1999), p. 166.

[86] Concepcion Clamor, "Seperatist Rebellion in the Southern Philippines," *IISS Strategic Comments*, May 4, 2000, p. 2.

代起開始與伊斯蘭極端派掛勾；但因所接受外部援助的萎縮，[87]迫使後者轉而以綁架觀光客爲主。2011年，該組織在菲南蘇祿省向海軍陸戰隊發起了一次襲擊行動。2016年後與中東「伊斯蘭國」合流並進，仍在持續發展當中。

其次是馬來西亞聖戰組織（Kumpulan Militan Malaysia, KMM）。該組織領導者之一的 Nik Adli，父親爲激進派馬來伊斯蘭黨（PAS）精神領袖。馬來西亞當局迄今已逮捕了數十名涉嫌恐怖活動和罪行的 KMM 組織成員，其中數人或也是伊斯蘭祈禱團成員。此外，多達200名組織成員潛逃中，很可能獲得本區伊斯蘭祈禱團網絡的支持和協助。KMM 精神領袖爲 Abu Jibril，同時爲基地組織在東南亞地區的主要訓練人，2002年遭馬來西亞拘留，2003年因涉及峇里島爆炸案被引渡到印尼受審。

最引人注目的基本教義組織仍屬伊斯蘭祈禱團（Jemaah Islamiya, JI），其歷史根源可追溯到1940年代崛起與印尼革命軍並肩反抗殖民統治的組織「伊斯蘭教之家」（Darul Islam）。但在印尼獨立後，該組織仍繼續爲建立伊斯蘭國家而主張武裝鬥爭。主要領袖 Abu Bakar Bashir 和 Abdullah Sungkar 曾在1978年因違反戒嚴法被判刑，1982年潛逃入馬來西亞後開始重新整編，並於1985年將組織改名爲「伊斯蘭祈禱團」，[88]Sungkar 更在1994年接受基地組織經援並成爲其重點援助對象。一般認爲，爲支持組織活動發展，JI 建立了一個資金結構以確保收入來源。在1999-2000年間，JI 高層爲招募更多成員而在1999年成立了「戰士聯盟」（Rabitatul Mujahidin），希望藉此使東南亞地區各聖戰組織強化其資源共通性。在新加坡與馬來西亞分部於2001年底遭兩國政府安全部門破獲後，主要領袖 Hambali 於是開始籌劃2002年的峇里島爆炸案。儘

---

[87] Anthony Davis, "Resilient Abu Sayyaf Resists Military Pressure," *Jane's Intelligence Review*, September 1, 2003, Internet edition.
[88] 新加坡分部由 Ibrahim Maidin 在1993年建立，馬來西亞分部由 Hambali 與 Abu Jibril 在1994年建立，至於整個 JI 的組織發展則於1999-2001年間達到高峰。

管該起爆炸案讓 JI 聲名大噪並成為東南亞最重要的恐怖組織，一般認為它是基地組織的分支，但基本上它還是個獨立的區域性組織。[89] 值得注意的是，由 JI 主導在2018年印尼泗水發生的家庭式自殺炸彈攻擊，被認為是恐怖活動轉型象徵之一。

除伊斯蘭祈禱團外，「印尼戰士理事會」（Majelis Mujahidin Indo-nesia, MMI）與所謂「聖戰軍」（Laskar Jihad, LJ）也是印尼重要的基本教義組織。前者在1999年由 Bashir 領導成立，宗旨是延續伊斯蘭之家的目標；至於後者在 Habib Rizieq Syihab 於1998年創設伊斯蘭保衛者陣線（Front Pembela, FPI）後由 Ja'afar Umar Thalib 繼之在日惹創立，曾是印尼境內規模最大且組織最完善的激進組織，直到2001年才被政府壓制並遭到解散。

第四節　東亞區域安全機制的發展趨勢

儘管如前兩個段落所述，東亞存在著包括傳統與非傳統性質在內許多複雜的安全爭議，但由於此區域國家間存在著相當大的發展差異性，新安全觀尚未普遍被接受，區域外力量（尤其是美國）持續進行干預，再加上傳統大國心態與利益碰撞，[90] 不僅多數問題的最終解決可能遙遙無期，[91] Gilbert Rozman 甚至以「發育不良的區域主義」（stunted region-alism）來形容東北亞地區的狀況；[92] 他認為東北亞的區域主義只有在四

---

[89] See Clive Williams, "Keeping Tabs on the War Against Terrorism," *Canberra Times*, May 14, 2003, p. 15; Raymond Boer, "Officials Fear New Attacks by Militants in Southeast Asia," *New York Times*, November 22, 2003.

[90] 王帆，〈東亞安全模式：共存、並行，還是置換？〉，《世界經濟與政治》，第11期（2005），頁16-17。

[91] Nick Bisley, "The End of East Asian Regionalism?" *The Journal of East Asian Affairs*, 17:1(2003), pp. 148-172.

[92] See Gilbert Rozman, *Northeast Asia's Stunted Regionalism: Bilateral Distrust in the Shadow of Globalization* (Cambridge: Cambridge University Press, 2004).

種情況下才可能有所突破：首先是由於中國沿海地區經濟迅速發展而帶動區域內的投資與貿易行動；其次是對美國企圖貫徹單邊政策的強烈反彈；再者是在解決北韓危機與中日對立問題上達成共識；最後，則是了解到只有結合所有國家才能發揮最大的經濟競爭力。[93] 無論如何，這些都絕非此地區短期間所能夠達到的目標。至於在東南亞地區方面，儘管正如前述，具非傳統性質的恐怖主義問題似乎是當前眾人關注焦點，但我們或許也可以發現到，許多表面上看似恐怖活動的事件，其根源其實與傳統的主權或民族主義爭議有關。總的來說，當前制約東亞安全情勢的最主要因素，一方面還是在於冷戰兩極結構崩解後所形成的大國多極格局，[94] 但起自冷戰後期的「多邊主義」概念不僅透過全球化浪潮而慢慢地影響著這個區域，同時亦開始發揮某種積極性的作用。[95] 以下我們便試圖透過雙邊與多邊對話合作以及國際建制發展等三個角度，來了解當前東亞地區關於安全治理問題的倡議與進展。

壹 雙邊性對話與合作

一、美國主導的「2＋2」安保諮商

首先是日本，為了因應中國崛起所可能帶來的問題，美國於是和日本在2002年召開首度「2＋2」安保諮商（由雙方外交與國防首長出席）會議，陸續針對反恐問題、安保條約範圍擴張（例如2005年首度提及臺海問題，2006年更將對象從北韓與中國擴至全球反恐項目，甚至包括從東北亞到中東、非洲等「不安定的弧形」區域）、駐日美軍重新布署（例

---

[93] *Ibid*, p. 351.

[94] Guangyao Jin, "The Security Situation and Co-operative Security in Northeast Asia," in Christopher M. Dent and David W.F. Huang, eds., *Northeast Asian Regionalism: Learning from the European Experience* (London: Routledge Curzon, 2002), pp. 188-190.

[95] See John Gerard Ruggie, "Multilateralism: the Anatomy of an Institution," *International Organization*, 46:3 (1992), pp. 561-598; Amitav Acharya, "Ideas, Identity and Institution-Building: from the ASEAN Way to the Asia-Pacific Way?" *The Pacific Review*, 10:3 (1997), p. 325.

如2005年日本首度同意讓核子動力航母進駐，[96] 2006年提出實施整編之美日路線圖）等進行溝通，儘管因小泉下臺導致日本政局動盪，自2007年後一度中止諮商，隨著美國在2009年後力推「重返亞洲」，又於2011年後恢復，並將中國戰略威脅列為主要討論重點。其次是南韓，在2010年天安艦事件之後，美國隨即順勢與其召開首度「2 + 2」安保諮商，主要是以反擊北韓軍事恫嚇為名，決定擴大黃海周邊地區聯合軍演，但「意在沛公」（中國）意味相當明顯。第三是中菲黃岩島對峙事件後，美國在2012年首度與菲律賓召開的「2 + 2」諮商，雙方對於和平解決主權爭端及維護南海航行自由達成共識。接著是在2012年底的美國與澳洲「2 + 2」會談，雙方決定在澳洲建置 C 波段太空雷達與太空望遠鏡以強化監控中國太空發射等能力，不啻是美軍將戰略重心轉移至亞洲以及在亞太地區「擴大參與」的一部分。最後則是2018年美國與印度首次舉辦的「2 + 2」會談，雙方宣稱將進行聯合演習並強化在西印度洋地區之安全合作。

二、兩韓互動

隨著後冷戰時期來臨，南北韓也在1990-1992年間舉行8次高層會談，[97] 並簽署了《關於北南和解、互不侵犯及合作交流協議書》與《關於朝鮮半島無核化共同宣言》等文件，2000年6月，南北韓領導人舉行了分裂以來的首度歷史性高峰會，並發表了所謂《北南共同宣言》（615宣言），9月間雙方又舉行首度的國防部長會談，就建立軍事互信議題交換意見，[98] 至2006年初為止，雙方已舉行過4輪的將領級會談；同時為避免

---

[96] 日本前首相佐藤榮作於1967年在國會答詢時提出「非核三原則」（不擁有、不製造、也不引進核武），其後在1971年底有關「琉球歸還日本協定」的議程上，經眾院表決通過後成為日本基本國策 。不過，依據美國海軍方面的統計資料顯示，從1964年以來，美國核子動力軍艦泊靠日本港口的次數超過1,200次。

[97] 南北韓在1971-2004年間共舉行478次雙邊會談，其中2000-2004年間便有119次，約占四分之一左右，會後共達成過143項協議。

[98] 夏立平，〈朝鮮半島和平統一進程與東北亞安全機制〉，《國際觀察》，第5期（2002），頁1-6。

在黃海海域發生突發性武裝衝突，連接南北韓的前線軍事熱線電話（連接南韓平澤第二艦隊司令部和北韓南浦西海艦隊令司部），也在2005年完成測試。爲解決天安艦與延坪島等爭議問題，兩韓曾於2011年在板門店舉行高層軍事會談預備工作會議，但最後無疾而終。隨著半島情勢在2018年趨緩，南韓統一部在同年初正式提出「韓半島新經濟地圖構想」之具體方案，爭取於2020年訂立《南北韓統一國民公約》，同時在不牴觸對北韓制裁之範圍內，在南韓境內推進合作項目，例如京元線（首爾至元山）鐵路南韓路段修復項目、DMZ 生態和平安全旅遊區開發等；[99] 據此，文在寅提議兩韓政府對話並舉行領袖峰會，至於2018年4月雙方召開「文金會」宣布《板門店宣言》則爲其具體實踐。其後，兩韓自同年6月起積極且廣泛推動包括軍事、經濟、外交、人道、交通、體育等多元化會談，9月平壤高峰會後又決議共組2020年東京奧運代表團，共同申辦2032年奧運，同時由國防部長負責簽署《9.19軍事協議書》，雙方達成以下幾項共識：首先，兩韓軍方決定自11月開始，全面中止在陸海空的敵對行爲，同時在半島西部海域規劃和平水域及共同漁撈水域，隨後，兩韓於年底撤離非軍事區（DMZ）崗哨人員與設施，完全拆除崗哨，並在12月進行共同驗證。

三、中印戰略對話

在中印於2005年1月舉行第一輪戰略對話後，兩國在4月同意將雙邊互動升級爲「戰略合作夥伴」關係。在2006年被訂爲「中印友好年」後，同年2月雙方舉行第二輪會談，議題包括邊境和經濟合作等問題。基於雙方發展經貿聯繫的共同利益，中印在2005年建立了雙邊「聯合經濟

---

[99] 文在寅早在2015年8月便以在野之「新政治民主聯合黨」名義公布了一份同名文件，主要思路是強化兩韓經濟合作，並通過與俄羅斯、日本、中國等周邊國家合作，構建 H 型經濟發展布局（環東海經濟帶＋環西海經濟帶＋貫通半島東西兩側經濟帶），至於緩和南北關係並推動兩韓經濟合作乃核心所在。

研究工作組」與「財金對話機制」，並於2011年啓動首次中印戰略經濟
對話機制，同時將2012年定爲「中印友好合作年」。

四、中俄戰略對話

　　爲溝通雙邊問題，中俄間的戰略安全磋商機制於2005年2月正式啓
動；與中美和中日戰略對話相比，中俄副總理級磋商機制具有對話層次
高、綜合性強、內容廣泛的特點，涵蓋政治、經濟、國防等衆多領域的各
類常規問題和其他溝通機制所不涉及的問題。[100] 隨著歐盟東擴和中亞地
區「顏色革命」接連爆發，爲維護地區安全與穩定，中俄合作層次也顯著
提升。事實上，兩國年度例行互動還包括元首與總理互訪在內，關係相當
密切。

五、中日戰略對話

　　基於中國方面在2005年4月出席亞非峰會期間所提出的建議，迄2012
年爲止先後舉行了13輪戰略對話（2009-2011年間，雙方對話曾因釣魚臺
爭議中斷長達20個月之久）。在前兩輪會談中，兩國均談及日本首相小
泉參拜靖國神社問題、日本遺棄在中國境內的化學武器問題、東海油田開
發問題等，此外雙方還談到了北韓核武問題和日本加入安理會等問題。
在2007年溫家寶訪日達成召開「經濟高層對話」共識後，中日先後在
2007、2009、2010、2018與2019年進行5次對話，雙方在2019年特別針
對日本參與「一帶一路」、日本企業利用中歐班列運輸、共同推動 RCEP
在2019年內簽署等議題，進行廣泛討論。除此之外，中日一方面自2015
年以來持續推動「高級別政治對話」，至2019年亦共進行過6次對話；最
後，繼2017年在東京舉行以來，2019年雙方再度於北京推動2+2副部長級
「安全對話」。[101]

---

[100] http://news.sohu.com/20051024/n227287785.shtml.
[101] 中日安全對話始於1993年12月，由兩國輪流舉辦，2011-2015年曾因關係緊張停辦。

六、中美戰略對話

在2004年聖地亞哥 APEC 高峰會期間，由於中國主動提出加強雙邊對話的建議，據此，兩國在2005年8月於北京舉行了首次中美戰略對話，就中美關係和共同關心的重大國際與地區問題交換意見。同年12月兩國進行第二次對話，針對雙邊經貿、知識產權保護、能源戰略、朝鮮半島六方會談、中國和平發展、國際安全等問題繼續進行討論。2006年11月，雙方再度進行第三次對話，有關北韓核試與六方會談問題依舊是對話焦點。為共同因應由於全球金融海嘯所帶來的全球效應，中美兩國在2009年4月同意整合先前的「戰略對話」與「戰略經濟對話」機制，成立中美「戰略與經濟對話」機制，並預計於7月間進行該機制的首輪會談。與先前相比，儘管似乎僅在字面上多了一個「與」字，但更重要的是新對話機制的代表層級顯著升高，被提升到元首「特別代表」層次，與以前的副部長或部長層級不同。兩國元首將各自任命2名特別代表，分別主持「戰略」與「經濟」對話；雖然對話頻率從每年2次降至1次，但在層級提升的情況下，雙方應有更深入且有效的溝通。有關兩國重要對話機制及其發展，請參見表7.2所列。

表 7.2　中美兩國間主要之對話管道發展

對話名稱	等級	起始點	主要議題與進展
中美防務磋商	副部長級	1997.10	每年定期進行軍事關係會談
中美安全對話	二軌性	1998	美國外交政策委員會牽線進行的智囊對談
中美海上軍事安全磋商	少將級	1998.07	每年定期進行海上軍事安全問題會談
中美能源政策對話	副部長級	2005.06	磋商雙邊能源問題
中美戰略對話	副外長級	2005.08	就共同關心重大國際與地區問題交換意見
中美戰略經濟對話	部長級	2006.09	就加強中美雙邊經貿合作交換意見
中美戰略與經濟對話	準元首級	2009.07	針對雙邊經貿與全球金融體系穩定討論

七、東南亞雙邊反恐合作

由於恐怖活動的跨國性質，因此國家間透過雙邊協議進行情報交流與引渡受審合作也就相當重要，例如在菲律賓、泰國、新加坡與馬來西亞之間便都存在雙邊合作協議。

八、美國與東南亞國家的雙邊反恐合作

值得注意的是，東南亞最重要的雙邊合作乃是由美國策劃推動的；儘管911事件並未根本動搖美國的國際影響力，[102] 但它仍希望借題發揮以鞏固其單邊體系勢力與在東亞地區的影響。例如在2002年與菲律賓共同舉辦「肩併肩」（Balitatan）演習，2003年又予其「非北約成員的主要盟國」地位，目的在提升雙方的軍事研究合作發展；其次，美國在2003年獲得泰國同意租借土地建立反恐基地，同時也賦予其跟菲國一樣的「非北約成員的主要盟國」地位；再者，透過提高經濟援助，美國在2001年後宣布將在印尼建立軍事港口，2002年並首次舉辦雙邊國防安全對話；此外，美國也為了反恐而提高與越南間的關係，雙方在2002-2003年間數度進行軍事高層互訪行動，美國並於2002年提出租借金蘭灣的要求。最後，由於馬來西亞也希望利用反恐行動修補其反美形象與美國間的關係，據此，兩國首先在2002年簽署一份雙邊《合作對抗國際恐怖主義宣言》，宣布將加強情報合作關係，接著在美國支持與贊助下，馬來西亞在2003年成立「東南亞區域反恐中心」，並於2004年立法通過禁止製造並儲存化學武器（該國在2000年加入禁止化學武器公約），以防止恐怖分子取得並使用化武攻擊該國。美國國防部長 Rumsfeld 在2004年「亞洲安全會議」上也表示，美國將加強在東亞駐軍以追捕恐怖分子；前美國太平洋艦隊司令 Thomas Fargo 亦表示美軍已制定一份「區域海事安全計畫」

---

[102] Fred Halliday, *Two Hours Shook the World: September 11, 2001: Causes and Consequences* (London: Saqi Books, 2002), p. 215.

的新反恐方案，準備向麻六甲海峽布署陸戰隊與特種部隊來防止恐怖襲擊。[103]

貳 多邊性對話與合作

一、六方會談

　　針對朝鮮半島問題，北韓雖在1984年表示同意加入由美國與南北韓共組的「三方會談」，但因各方對其動機存疑，對此，美國主張將中國拉進來進行所謂「四方會談」，日本建議加上日蘇兩國變成「六方會談」，至於南韓則乾脆拒絕加入。[104] 不過在奧運熱潮激勵下，南韓又在1988年提出類似前述日本建議的「4＋2方案」，希望能藉此簽署最終停止戰爭的和平協議。其後，由於核武危機在1993年爆發，美國在1996年重提「四方會談」建議，並於次年在日內瓦正式召開；會中雖曾就「建立半島和平機制」議題成立工作小組，但整個會談仍在1999年無疾而終。在此期間，一方面日本由於不甘被排除在外而在1998年重申「六方會談」建議，而1999年南韓與俄國在高峰會後的聯合聲明中，也呼應類似要求。最後，由於2002年爆發第二次北韓核武危機的刺激，在中國穿梭斡旋下，「六方會談」終於在2003年正式召開。[105] 值得注意的是，儘管與會各國提出相當多有關和平解決問題的建議，但始終未獲結論；其中，不僅第二與第三次會談間曾中斷達13個月，北韓更於2005年2月以外交部聲明發布「擁有核武宣言」，企圖提高其談判籌碼，但因美國揚言不會停止經

---

[103] Admiral Thomas Fargo, "Press Conference with Thai National Media, Commander, U.S. Pacific Command, Bangkok," Transcripts Speech and Testimony, 2004.06.25.

[104] 美國早在1970年代初便在聯合國提出過由中、美與南北韓共同組成「四方會談」的建議，Carter 政府在1979年也繼續提出由美國與南北韓共組「三方會談」，但均未成功，參考石源華，〈六方會談的機制化：東北亞安全合作的努力方向〉，《國際觀察》，第2期（2005），頁15。

[105] 在會談於8月召開前，中、美與北韓曾於4月透過「三方會談」進行接觸，見程紹海，〈朝鮮核問題與東北亞安全〉，《和平與發展》，第2期（2004），頁23。迄今為止，已舉行過5輪「六方會談」（2003.8、2004.2、2004.6、2005.7、2005.11）。

表 7.3 朝鮮半島六方會談歷次進展

	時間	主要進展
第一輪	2003.08.27-29	此次會談的階段性成果包括：建立透過階段性和平對話方式解決問題的模式、在主張半島無核化時兼顧北韓安全問題。中國由此首度展示「負責任大國」的形象，至於日本拋出將核武問題、綁架問題、彈道飛彈問題三合一式的「捆綁方案」，受到北韓以外各國默認。
第二輪	2004.02.25-28	此次會談有五項重要進展：就核武問題進行實質討論、採取協調一致步驟解決相關問題、發表首份文件、設立工作小組、確定第三輪談判的時間和地點。美國與北韓雖各有堅持，但北韓仍明確提出放棄核武的計畫，但排除將「用於和平目標的開發」。總之會談並未取得突破，只是由各方發表一個折衷的主席聲明。
第三輪	2004.06.23-26	此輪會談已進入解決實質性問題階段。美國要求北韓凍結核設施，並以默許其他國家向北韓提供重油與美國給予北韓暫時性安全保證，將北韓從援助恐怖主義國家名單中刪除作為回報，北韓則表示條件是美國接受「凍結換補償」要求。總之，各國提出解決核武問題的新方案、共同認為核凍結是棄核的前提、同意分階段和平解決問題，並就舉行第四輪會談達成共識。
第四輪	2004.7.27-8.07	由於北韓堅持擁有和平使用核能權利，致使目的在朝鮮半島無核化的共同聲明無法獲致共識。
	2004.09.13-19	在會後的共同聲明中，北韓宣布放棄核武計畫，美國則宣布與北韓恢復正常關係，並承諾不以核武或傳統武器攻擊北韓，由此可說基本解決了北韓的安全問題，而美方實際亦認可北韓和平利用核能的權利。不過，聲明並未設定棄核期限，而北韓對輕水反應堆的要求也成為下一階段會談重點。
第五輪	2005.11.09-11	根據主席聲明指出，在第一階段會談期間，各方就如何落實前一輪會談共同聲明進行了務實和建設性討論，各方重申將根據「承諾對承諾、行動對行動」原則，早日實現半島無核化目標，維護半島及東北亞地區和平穩定。
	2006.12.18-22	安理會於同年10月14日通過對北韓核試制裁案而促使第五輪第二階段會議召開。各方回顧了過去會談形勢的發展和變化，重申透過對話和平實現半島無核化的共同目標，但因美國與北韓間歧見未解導致此度復會又匆匆結束。
	2007.02.08-13	中國宣布會談達成協議，北韓將關閉主要核子設施，並允許聯合國檢查人員重返；如果協議落實，北韓將獲得100萬噸的燃料援助，並自美國的恐怖國家名單中除名，美國也承諾與平壤展開建外進程。

表 7.3　朝鮮半島六方會談歷次進展（續）

	時間	主要進展
第六輪	2007.03.19-20	因北韓堅持先確定2,500萬資金解除凍結，導致流會；北韓指責是日本從中作梗阻礙復會。
	2007.9.27-10.3	制定並通過「落實共同聲明第二階段行動」共同文件，北韓同意對現有核子設施以廢棄爲目標去功能化，並於2007年12月31日前對其核子計畫進行完整準確申報，相對地，各國則同意提供相當100萬噸重油的經濟、能源與人道主義援助。
	2008.07.10-12	召開六方團長會議，同意在六方會談框架内建立驗證機制，以保證朝鮮半島無核化。
非正式	2008.07.23	利用在新加坡召開 APR 會議，六國外長首度會晤。
第七輪	2008.12.08-10	討論制定北韓核子驗證草案、結束無核化第二階段及成立「東北亞和平安保機制」等三大議題，但無進展。

濟制裁，導致北韓方面再度於2005年12月片面宣布延後會談。其後，各方雖一度在第六輪會談中達成共識，但在2008年底最後一次晤面後便一直延宕至今，甚至有人宣告此一會談機制「已經死亡」。

二、美中日三邊對話

由於美國憂心中日兩國近來對峙升高態勢，爲確保其國家利益，在美方主動提議下，美日中三方2005年夏天首度在北京舉行二軌三邊戰略對話，重點討論東海、能源及臺海問題，三國主管戰略官員亦均列席會議。前述二軌對話在2006年除繼續舉辦外，美國也表達希望將對話管道提升至一軌層次的願望。針對當前東亞局勢日趨緊張，David Shambaugh 曾於2009年建議舉辦三邊高峰會，但未獲各方回應。

三、美日澳三邊對話

由美國在2006年啓動的美日澳三邊安全對話，其目的雖主要針對近年來中國的擴軍問題，但澳洲其實並不支持遏制中國的政策，甚至認爲對中國實力增長做出過分反應是「非常錯誤的」。儘管如此，美國仍希望繼

續鞏固與澳洲的安全關係，持續鎖定中國的軍事擴張和經濟崛起議題，甚至推動三邊軍事演習，在2007-2011年間，三國曾分別在日本九州西部海域、沖繩群島近海與南海舉行3次聯合海上軍事演習。

四、美日印三邊對話

此一局長級對話機制於2011年12月在美國華盛頓啓動，在2012年4月與10月又分別召開兩次會談。美印日認為，三方在西起波斯灣、經由印度洋與麻六甲海峽直至南海的國際航道上擁有共同利益，隨著美國重返亞洲戰略的推進，三國互動日趨頻繁，海上安全合作不僅為此對話的重要焦點，議題亦逐步延伸至阿富汗問題及中亞事務等，至於圍堵牽制中國則為隱形之共同戰略目標。

五、美日印澳四邊對話（QUAD）

此對話最早構想可追溯回2004年的南亞海嘯時期，主要目標是協調共同防災，其後隨著美國「重返亞洲」，以及2005年美日澳對話、2011年美日印對話、2015年印日澳對話陸續啓動推展，美日印澳也在2017年召開首度四邊對話，既聚焦安全議題，也配合 Trump 政府的「印太戰略」發展，甚至2018年還以「QUAD＋」形式邀請臺灣參與。

六、第二軌道對話

在目前東北亞地區的二軌對話機制中，除了北太平洋安全保障三級論壇、中美日三邊學術研討會、[106] 亞太安全合作理事會（CSCAP）的北太平洋工作小組，[107] 與東北亞有限無核武器區研討會外，[108]「東北亞合作對話會」（NEACD）可說相當具有代表性。1993年10月，來自中、美、

---

[106] 由美國學者於1997年發起，1998年起進行三國學者間的多邊安全對話。
[107] 該小組成立於1994年11月，目標在致力於東北亞安全問題之對話與安全合作。
[108] 所謂「有限無核武器區」是指區域和限制範圍均有限的觀念，由美國喬治亞理工大學自1995年起每年召開研討會，其中亦曾提出過多項建議方案。

日、俄及南韓代表共同參與了由美國加州大學聖地牙哥分校（UCSD）全球衝突與合作研究所舉辦的研討會，由此也促成 NEACD 的首度會議，[109] 直到2012年9月爲止已召開過23次會議，同時也成爲東北亞最重要的多邊安全對話機制。至於由美國傳統基金會、日本岡崎研究所及臺灣智庫等自2002年起共同策劃的「美日臺三邊戰略對話」則是另一個小型的二軌機制。

七、東南亞多邊反恐合作

首先是菲律賓在2002年邀集印尼與馬來西亞簽署了一份《三邊反恐協定》（Anti-Terrorism Pact），以便聯合執行反恐行動、分享各國乘機名單與建立政府間電話熱線，柬埔寨、泰國與汶萊隨即也加簽了此份協議。儘管如此，各國也怕過於壓縮恐怖活動的空間，將進一步促使恐怖主義者變得更加地激進化，同時配合美國推動反恐措施也可能引發反美浪潮。

八、多邊反恐軍事演習

如同雙邊反恐合作一般，在東南亞地區的多邊途徑主要也是由美國透過聯合軍事演習而串連起來。例如在2003年6月，美國分別與泰國、新加坡及馬來西亞等舉行「克拉特」（CARAT）雙邊軍事演習（自1995年起每年舉辦），這是美國在此地區演練科目最多且持續時間最長的一個演習活動，值得一提的是，此活動乃首度以「反恐」作爲目標。更引人注意的是2005年5月，由美國、泰國、新加坡與日本展開代號爲「金色眼鏡蛇」的聯合演習（中國、南韓、法國、以色列、巴基斯坦、紐西蘭等派出觀察員觀摩）。[110] 與先前舉行過的例行性演習相比，2005年特色在於：首先

---

[109] See "Northeast Asia Cooperation Dialogue," in www.igcc.ucsd.edu/regions/northeast-asia/neacd/.
[110] 該演習始於1982年的美泰雙邊演習，新加坡在2000年加入後成爲三邊軍事聯合演習，自2001年起日本便一直以觀察員身分出席演習；菲律賓與蒙古曾加入2004年度的演習。

是日本自衛隊首度參演並介入最高層次，[111] 其次則是自2003年以「反恐維和」作爲演習目標後，「搶險救災」則成爲此次演習的新重點。

九、其他倡議

1997年，日本外相池田行彥提出建立中、美、日、俄、南韓「五國安全體系」的建議，其後，首相小淵惠三日本再度於1998年提出建立由中、美、日、俄及南北韓6國共同組成的「東北亞地區論壇」（NEAF），以及在中、美、日、俄間成立「安全保障對話框架」的建議。[112]

第五節　多邊性國際安全建制的發展

壹 美日韓同盟機制

1995年，美國通過一份《東亞及太平洋安全報告》，提出構築三國軍事同盟體制的方案，主要是以美日同盟爲主幹將南韓納入體制。同年，三國首先共同成立了「朝鮮半島能源開發組織」（KEDO）。1999年，在日韓兩國舉辦二次大戰以來首度聯合軍演後，三國又進一步組成「三邊協調與監督小組」（TCOG），就半島問題進行合作；[113] 並於2002年共同就北韓爭議發表部長級聯合聲明。2005年7月，日本與南韓商議建立軍事合作體制問題，同年8月兩國進一步討論簽訂軍事交流協定等合作方案，還

---

[111] 從戰略上來看，日本首度參加演習表明美日加強與東南亞國家的戰略關係，而美國則乘機擴大演習規模以提高與東協的防務合作，最終籌組以美國爲核心的東南亞多邊安全體制，進一步增強干預東南亞地區事務的能力。

[112] 楊仁火，〈日本的東北亞安全戰略剖析〉，《和平與發展》，第3期（2001），頁37。

[113] 陳寒溪，〈多邊主義與亞太安全合作〉，《世界經濟與政治》，第2期（2003），頁35。

決定將定期召開國防政策工作會議，實現軍用飛機和艦艇互訪、軍事院校互換留學生等30多項交流活動。2006年，美太平洋司令部司令在參議院軍事委員會作證時建議，美國應突破現行與日本、南韓分別建立雙邊同盟關係，推動三邊軍事合作。[114] 繼日本2010年公布「新防衛計畫大綱」與美國在2012年提出「新國防戰略」分別挑明針對中國之後，象徵美日同盟核心的「美日防衛合作指針」也以反制中國「反介入」戰略為重點，在2015年通過最新版本，於此同時，美國不僅推動美韓雙邊安保諮商，並於2016年成功拉攏日韓簽署《軍事情報保護協定》（GSOMIA），甚至進一步推動美日韓「２＋２＋２協商」。儘管，從南韓總統盧武鉉自2005年以來不斷強調該國作為東北亞「平衡者」角色看來，這個三邊同盟的未來依舊充滿不確定性，在2013年上臺的朴槿惠一度呈現「親中」姿態下，美國雖利用北韓核武危機，一度以2016-2017年推動在南韓布署薩德（THAAD）飛彈系統，重新將其拉回美國一方，但2019年日韓衝突的升高，仍相當程度動搖了此一結構。

貳　東協區域論壇

　　儘管東亞各國在政治制度、經濟發展、種族、宗教和文化等方面之廣泛且深層的異質性，無疑使區域內成員更難找到合作的起點，由於 Nixon 在1969年宣布「關島主義」（Guam Doctrine），致使美國勢力逐漸由東亞撤離，還是讓 ASEAN 國家在1971年通過以推動「和平、自由和中立區」（ZOPFAN）為目標的《吉隆坡宣言》，宣示以「不干涉原則」為主的東協模式。[115] 由於1980年代東亞各國在發展上的成就，於是讓此區域得以透過經濟性「亞太經濟合作」來建立一套新的多邊主義形態。值得一

---

[114] http://big5.huaxia.com/js/jsgc/2006/00431344.html.
[115] 蕭全政，〈亞太地區多邊合作典則的最近發展及其限制〉，收於田弘茂主編，《後冷戰時期亞太集體安全》（臺北：業強出版社，1996年），頁416-417。

提的是，Higgot 雖認為：「……亞太各國近年來的合作嘗試，並不代表該區域已進入了複合性的層次；對多數國家而言，APEC 的發展僅是各國在面對新情勢下，對經濟合作所作的戰術學習而已」[116]，後冷戰時期的來臨還是為原有東協模式提供一個改變的契機。

　　首先是1990年，ASEAN 所屬的戰略與國際研究中心（ISIS）提出透過東協的「後部長會議」，讓各國外長得以廣泛討論區域安全問題的構想，該項建議隨即由次年東協部長級會議所接受。接著在1992年，由於中國針對南海問題的主權宣示刺激 ASEAN 發表所謂《南海宣言》，新加坡也跟著在同年東協高峰會中重申區域對話的重要性；[117]最後在1993年東協部長級會議當中，各國代表決定邀請亞太地區18國代表出席，正式在1994年成立「東協區域論壇」（ARF）作為區域內最重要的安全對話機制。[118]更重要的是，該論壇已修正東協模式，使原先以不干涉為主的「包容性區域主義」（inclusive regionalism）朝向「干預性區域主義」（intrusive regionalism）邁進，[119]從而讓東協成為建構安全社群中成功的溢出典範，[120]同時將「合作性安全」（cooperative security）概念引進區域衝突的解決途徑中。[121]

---

[116] Richard Higgot, "APEC: A Skeptical View," in Andrew Mack and John Ravenhill, eds., *Pacific Cooperation: Building Economic and Security Regimes in the Asia Pacific Region* (St. Leonard: Allen and Unwin, 1994), p. 75.

[117] Michael Leifer, *The ASEAN Regional Forum* (New York: Oxford University Press, 1996), p. 21.

[118] 論壇成員包括：汶萊、印尼、馬來西亞、菲律賓、新加坡、泰國、寮國、越南、柬埔寨、緬甸等10個東協成員，歐盟、日本、加拿大、中國、印度、紐西蘭、澳大利亞、俄羅斯、南韓、美國等10個東協對話夥伴，巴布亞紐幾內亞與東帝汶2個東協觀察員，以及蒙古、北韓、巴基斯坦、孟加拉、斯里蘭卡等5個國家，共27個成員，在東亞地區只有臺灣尚未加入。

[119] Amitav Acharya, "Realism, Institutionalism, and the Asia Economic Crisis," *Contemporary Southeast Asia*, 21:1 (1999), p. 19.

[120] John Garofano, "Power, Institutions, and the ASEAN Regional Forum," *Asian Survey*, 13:3 (2002), pp. 502-521.

[121] 合作性安全具有三個概念：1.涵蓋甚至不具共識的參與者（包括 NGO）；2.建立對話習慣；3.提供合作模式。David Dewitt and Amitav Acharya, "Cooperative Security and Development Assistance: The Relationship between Security and Development with Reference to Eastern Asia," Eastern Asia Policy Papers No. 16, University of Toronto-York University Joint

　　缺乏區域強權固然使東亞少了一股整合的凝聚動力，並不表示此區域便可以排除大國影響。Acharya 便認為，東協區域論壇乃是「……大國（美國）願意對小國（東協）謙讓其領袖權與議題主導權，以共同促進安全制度之極稀有的範例」，[122] 反過來說，從論壇參與者範圍遠超過東協成員數量看來，拉住美國以致於使其成為與中國、日本間的權力平衡力量，或也是論壇設計者的考量；[123] 更何況制衡中國原本亦即促使東協朝安全對話邁進的原因之一。[124]

　　在論壇本身發展方面，儘管1994年召開首度 ARF 會議，關鍵發展卻是1995年的第二次會議。根據會中通過的《概念文件》，除揭櫫「綜合性安全」指導方針，強調應將安全概念從軍事層面擴及政治與經濟層面外，同時提出了「信心建立—預防外交—爭端解決」的「三階段論」，突顯論壇希望透過漸進途徑來解決問題的意圖，[125] 也成為主導論壇運作的中心概念。接著，1997年第四屆會議則提供了第二個轉捩點：為因應會前由於泰國匯率崩盤引發的區域金融風暴，從此屆論壇會議以迄今日，強調「與大國維持穩定關係的重要性」始終是不可或缺的結論之一，甚至 ARF 還進一步鼓勵大國間建立「建設性的戰略關係」以促進雙邊與多邊交流。在2002年第九屆會議中，為因應911事件，會中特別提出建立集體反恐措施的建議，一般認為這或許象徵 ARF 正朝向「預防外交」的第二階段發展目標邁進。

　　再者，ARF 除也透過會期間工作小組（ISG）、會期間溝通會議

Center for Asia Pacific Studies, 1994, pp. 9-10.

[122] Amitav Acharya, "Making Multilateralism Work: the ASEAN Regional Forum and Security in the Asia Pacific," paper presented in Pacific Symposium, National Defence University and U.S. Pacific Command, February 22-23, 1995.

[123] Ralf Emmers, "The Influence of the Balance of Power Factor within the ASEAN Regional Forum," *Contemporary Southeast Asia*, 23:2 (2001), p. 278-279.

[124] Seldom Simon, "Security Prospect in Southeast Asia: Collaborative Efforts and the ASEAN Regional Forun," *The Pacific Review*, 11:2 (1998), p. 204.

[125] ARF, "Chairman's Statement of the Second ASEAN Regional Forum," Brunei, August 1, 1995.

（ISM）與資深官員會議（SOM）來建立官方直接對話管道外，「二軌」機制的運作更可說是其努力重點之一；[126] 例如 ASEAN-ISIS 每年舉行的「亞太圓桌論壇」便固定邀請區域內24個國家代表出席討論。更重要的是由太平洋論壇（夏威夷）、漢城國際事務論壇與日本國際事務研究中心（東京）共同在1992年倡議，最後在1993年於印尼正式成立的亞太安全合作理事會，下設綜合性與合作性安全、海事合作、透明化與安全建立、北太平洋安全合作等工作小組，以便集思廣益地討論各種安全議題。事實上，ARF 也希望透過二軌協商完成1995年《概念文件》中揭櫫「信心建立」第一階段目標，至於方向包括推動區域內武器登記制度、透過區域內研究中心進行安全學術研究、建立海洋資料庫、透過情報交換與訓練合作建立暢通的海上交通線、建立自然災害救援機制、針對區域內軍事布署建立事前通報機制等，希望由此累積共識，以便將論壇成果升高至第二階段，亦即「信心建立措施」（CBMs）的出現。

　　在2001年911事件發生後，根據同年9月聯合國安理會通過的1373號決議案，聯合國會員有義務阻止資金流向恐怖活動，凍結所有與恐怖組織有關的資產與設備，禁止國民與恐怖組織展開聯繫，並盡可能推動各種反恐措施。[127] 相對於反恐議題成為2001年 APEC 高峰會焦點，同年召開的第七屆 ASEAN 高峰會也相應通過《東協聯合反恐行動宣言》與《東協打擊跨國犯罪行動計畫》，強調將透過各種層次的合作來對抗恐怖主義，並在2002年組織了一個「特別專家小組」。事實上，在東協安全機制當中，「跨國犯罪部長級會議」（AMMTC）乃是最重要的對話平臺；[128] 911事件後，AMMTC 立即召開一個特別會議以提升反恐內容與層

[126] 陳欣之，《東南亞安全》（臺北：生智出版社，1999年），頁141。

[127] See Dilip Hiro, *War without End: The Rise of Islamist Terrorism and Global Response* (New York: Routledge, 2002), pp. 481-485.

[128] Daljit Singh, "ASEAN Counter-Terror Strategies and Cooperation: How Effective?" in Kumar Ramakrishna and See Seng Tan, eds., *After Bali: the Threat of Terrorism in Southeast Asia* (Singapore: Institute of Defense and Strategic Studies, 2003), pp. 214.

級。2002年，東協也與美國簽署了《打擊國際恐怖主義合作宣言》，但東協的能力顯然有限。[129] 從某個角度來看，約制東協反恐的主要因素是傳統的國家主權與國家利益概念，對此，泰國曾提出所謂「彈性參與」原則，希望能強化 ASEAN 解決區域安全的能力，[130] 但依舊未能獲得共識。

　　無論如何，參與者超過27個國家的「東協區域論壇」（ARF）仍可說是個重要的多邊反恐舞臺。各國在2002年提出一個有關防止恐怖分子獲得財務補助的措施宣言，至於有關信心建立措施的跨部門小組（ISG）也提出若干建言，後來在2011年 ARF 外長會議中通過一份《預防性外交工作計畫》。至於近年來，不僅南海議題愈發成為各方關注焦點，中美角力也為 ARF 未來發展埋下陰影；例如2012年度會議不但未達成被寄與厚望的「南海各方行為準則」共識，甚至出現 ARF 成立19年來首度未發表共同聲明的情形，由此既突顯東南亞區域政治內部矛盾，也顯示南海議題俱備之潛在衝突性。

參　上海合作組織

　　上海合作組織（Shanghai Cooperation Organization, SCO）的前身乃是「上海五國」機制，1996年和1997年，中國、俄羅斯、哈薩克、吉爾吉斯與塔吉克5國元首分別在上海和莫斯科舉行會晤，簽署《關於在邊境地區加強軍事領域信任的協定》和《關於在邊境地區相互裁減軍事力量的協定》，由此啟動了上海5國進程；此後在1998-2000年間，上海5國會晤內容也由加強邊境地區信任逐步擴大到在政治、安全、外交、經貿、人文等各個領域開展全面互利合作。在此一基礎上，上海5國成員領袖加上烏茲別克總統在2001年共同簽署了《上海合作組織成立宣言》與《打擊恐

[129] Amitav Acharya, *Constructing a Security Community I Southeast Asia: ASEAN and the Problem of Regional Order* (London: Routledge, 2001), p. 6.
[130] Jason F. Issacson and Colin Rubenstein, eds., *Islam in Asia: Changing Political Realities* (London: Transaction Publishers, 2002), p. 228.

怖主義、分裂主義和極端主義上海公約》，決定深化彼此合作層次。在次年的聖彼得堡高峰會中，各國元首進一步簽署《上海合作組織憲章》與《關於地區反恐怖機構協定》，並發表《上海合作組織成員國元首宣言》。值得注意的是，除進行國際安全合作外，該組織在2003年還締結了多邊經貿合作綱要，目標是在20年內實現貨物、資本、服務和技術的自由流動的遠景規劃，從而也將其合作範圍擴及經濟層次。除此之外，該組織自2004年起啓動觀察員機制，並給予蒙古此一地位；次年，巴基斯坦、伊朗與印度受邀擔任觀察員，阿富汗則於2012年成為觀察員。除此之外，繼2009年白俄羅斯與斯里蘭卡後，土耳其也在2012年成為該組織對話夥伴。接著，繼2004年底獲得聯合國大會觀察員地位之後，上海合作組織祕書處也在2005年分別與獨立國協執委會和東協祕書處簽署諒解備忘錄，逐步擴展其對外部環境之影響力。

　　值得注意的是，儘管目前合作程度有限，無論是參與者國土總面積或人口總規模，上海合作組織都超過歐盟、北美自由貿易區或東盟等區域機制（尤其在印度與巴基斯坦加入後）。當然，有人並不看好此一組織發展，並將該組織憲章稱為「失敗的憲章」。但至少對中國來說，此組織可協助其保障內陸邊疆安全，促使其擴大西部經濟發展腹地，發揮對中亞的地緣政治影響力，藉此拉進與俄羅斯間的合作關係，同時幫其實踐西部大開發戰略，這也讓中國成為潛在獲利最多的國家；與此同時，其他國家當然也可藉此分霑中國崛起的經濟影響，而這也是該組織運作自2003年起從安全外溢至經貿層面的緣故。

表 7.4　上海合作組織歷屆高峰會發展

時間	地點	重要成果
2001.06.15	上海	通過《上海合作組織成立宣言》和《打擊恐怖主義、分裂主義和極端主義上海公約》
2002.06.07	聖彼得堡	簽署《上海合作組織憲章》和《成員國關於地區反恐怖機構協定》
2003.05.29	莫斯科	簽署《上海合作組織預算編制和執行協定》 批准《成員國常駐上海合作組織祕書處代表條例》、《地區反恐怖機構執行委員會細則》、各機構條例、組織徽標和祕書長人選
2004.06.17	塔什干	簽署《上海合作組織特權和豁免公約》、《成員國關於合作打擊非法販運麻醉藥品、精神藥物及其前體的協議》，批准《上海合作組織觀察員條例》，設立「上海合作組織日」 六國外長簽署《上海合作組織成員國外交部協作議定書》 中國外長與上合組織祕書長簽署《祕書處東道國協定》，烏茲別克斯坦外長與地區反恐怖機構主任簽署《地區反恐怖機構東道國協定》 給予蒙古觀察員地位
2005.07.15	阿斯塔納	批准《成員國合作打擊恐怖主義、分裂主義和極端主義構想》、《常駐上海合作組織地區反恐怖機構代表條例》 給予巴基斯坦、伊朗、印度觀察員地位
2006.06.15	上海	簽署《成員國打擊恐怖主義、分裂主義和極端主義2007-2009年合作綱要》、《關於在成員國境內組織和舉行聯合反恐行動的程式協定》、《關於查明和切斷在成員國境內參與恐怖主義、分裂主義和極端主義活動人員滲透管道的協定》、《成員國政府間教育合作協定》 批准《成員國元首關於國際資訊安全的聲明》、《成員國元首理事會關於上海合作組織祕書長的決議》、《成員國元首理事會關於祕書處條例的決議》、《實業家委員會決議》、《銀行聯合體成員行關於支援區域經濟合作的行動綱要》
2007.08.16	比什凱克	土庫曼、伊朗、阿富汗、蒙古、巴基斯坦、印度等首度以觀察員身分與會，創下組織成立以來規模最大的一次 簽署《成員國長期睦鄰友好合作條約》（規範成員國相互關係準則的重要政治、法律文件）、《成員國保障國際資訊安全行動計畫》
2008.08.28	杜尚別	簽署《上海合作組織對話條例》 就中亞地區形勢、合作打擊三股勢力、阿富汗局勢、全球能源、金融和糧食安全等重大問題交換意見

表 7.4　上海合作組織歷屆高峰會發展（續）

時間	地點	重要成果
2009.06.16	葉卡捷琳堡	針對全球金融海嘯後續影響進行討論 給予白俄羅斯、斯里蘭卡對話夥伴國身分
2010.06.11	塔什干	簽署《上海合作組織接收新成員條例》、《上海合作組織程序規則》
2011.06.15	阿斯塔納	簽署《2011-2016年反毒戰略》
2012.06.06	北京	簽署《關於構建持久和平、共同繁榮地區宣言》、《關於應對威脅本地區和平、安全與穩定事態的政治外交措施及機制條例》、《中期發展戰略規劃》、《打擊三股勢力2013-2015年合作綱要》 中國宣布向另外5個成員國提供援助，包括100億美元貸款、3年內協助訓練1,500名專家、10年內提供3萬個獎學金名額等 接受阿富汗為觀察員，土耳其為對話夥伴國
2013.9.13	比什凱克	批准《長期睦鄰友好合作條約實施綱要》，簽署《成員國政府間科技合作協定》
2014.09.12	杜尚別	簽署《政府間國際道路運輸便利化協定》，批准《給予成員國地位程式》和《關於申請國加入義務備忘錄範本》修正案
2015.07.10	烏法	通過《上海合作組織至2025年發展戰略》、《關於世界反法西斯戰爭暨第二次世界大戰勝利70周年的聲明》 給予白俄羅斯觀察員地位、給予亞塞拜然、亞美尼亞、柬埔寨、尼泊爾對話夥伴國身分
2016.06.24	塔什干	批准《上海合作組織至2025年發展戰略：2016-2020落實行動計畫》並簽署《上海合作組織十五周年塔什干宣言》
2017.06.09	阿斯塔納	簽署《關於共同打擊恐怖主義宣言》、《反極端主義公約》 批准接納印度、巴基斯坦為新成員
2018.06.10	青島	通過《成員國長期睦鄰友好合作條約2018-2022年實施綱要》，批准《打擊三股勢力未來3年合作綱要》、《成員國環保合作構想》，並制定《糧食安全合作綱要草案》
2019.06.14	比什凱克	關注國際經濟發展，反對國際貿易碎片化與貿易保護主義，反對個別國家強化反飛彈系統以危及國際安全

肆 亞洲相互協作與信任措施會議

首先是哈薩克總統在1992年聯合國大會上提出，希望在亞洲大陸上建立一個有效的綜合性安全保障機制，以加強各國間的合作與信任後，該國接著便於1993-1994年間召開一連串研究會議，並成立一個專門工作小組在1995-2000年間負責起草相關文件。在此努力背景下，亞洲相互協作與信任措施會議（Conference on Interaction and Confidence-Building Measures in Asia, CICA）首次的副外長級會議乃正式在1996年召開，而1999年的首次外長級會議，則可說是亞信會議發展過程中的里程碑，來自16個成員國的外長或副外長以及部分國家的觀察員和聯合國、歐安組織等國際組織的代表都出席了會議，會中並通過「亞信會議成員國相互關係原則宣言」，重點包括尊重成員國家主權，保障成員國領土完整，不干涉成員國內政，和平解決爭端，進行裁軍和軍備管制，以及開展在社會、經貿和人文領域的合作等。2002年，亞信會議更舉行首度成員國高峰會（此後每4年召開一次，除2019年之外）並發表了旨在增進亞洲和平、安全與穩定的「阿拉木圖文件」和「關於消除恐怖主義和促進文明對話宣言」。總而言之，此組織的最大特點是成員並不限於東亞地區，[131] 同時也使亞洲各區域之間藉此獲得更多的溝通互動機會。

伍 亞洲合作對話

在2001年由泰國總理 Taksin 首次提出建立亞洲合作對話（Asia Co-operation Dialogue, ACD）概念，並向區域內主要國家正式提出倡議後，

---

[131] 截至2019年為止，亞信會議共計有27成員國，包括中國、阿富汗、亞塞拜然、埃及、印度、伊朗、以色列、哈薩克、蒙古、俄羅斯、吉爾吉斯、巴基斯坦、巴勒斯坦、塔吉克、土耳其、泰國、烏茲別克、南韓、約旦、阿拉伯聯合大公國、伊拉克、越南、卡達、孟加拉，以及美國、日本、白俄羅斯、印尼、馬來西亞、烏克蘭和菲律賓等6個觀察員，與聯合國等5個觀察員組織。

便於2002年舉行了首次的合作對話外長會議。截至目前為止,亞洲合作對話成員國包括東協10國、中國、日本、南韓、印度、巴基斯坦、孟加拉、巴林、卡達、哈薩克、斯里蘭卡、阿曼、科威特、伊朗、蒙古、俄羅斯、沙烏地阿拉伯、阿拉伯聯合大公國、不丹、吉爾吉斯、烏茲別克、塔吉克、巴林等34個國家。基本上,該合作對話是一個非正式且非機構化的論壇,主要目的是整合亞洲現有的次區域合作機制,並透過「主要行動國」(prime mover)形式,開展具體領域合作,目前已陸續有24個國家自願擔任20個領域合作的主要行動國(牽頭國)。自2002-2019年間,亞洲合作對話分別舉辦過15次外長會議,接著,該組織還在2012年於科威特召開首次高峰會,泰國與伊朗則於2015與2018年接手舉辦,2016年並於科威特建立常設祕書處。

第六節　東亞區域安全的未來

從地緣戰略角度來看,東北亞長期是大國利益的重要交接區域,自冷戰後期以來,更成為全球經濟發展最快速的地區之一。基本上,美國主要採取「合作性交往」(cooperation engagement)政策,[132] 強化與東亞主要盟國之間的軍事與情報互動關係,目標在保障其於該地區的發言權;在日本方面,則以鞏固與美國關係作為外交策略核心,[133] 在維護既有國家利益之餘,設法進一步推進其實質國際地位;相較起來,由於中國經濟改革尚未到達真正穩定程度,俄羅斯則受限於具偏限性的地緣關係,除中國在六方會談中扮演較積極角色之外,兩國在此區域外交行為都顯得稍微

---

[132] Admiral Charles Larson, "Cooperation Engagement and Economic Security in the Asia-Pacific Region," National Defense University, March 3, 1993.

[133] 小島朋之,〈亞太地區的中美日俄關係及日本在東北亞的外交〉,收於張蘊嶺主編,《21世紀:世界格局與大國關係》(北京:社會科學文獻出版社,2001年),頁181-182。

被動。由此，在「現狀」大體維持的情況下，強調「耐心、非正式、實用性、一致性與漸進性」目標，不啻是後冷戰初期，東亞地區在安全合作方面所逐漸展現出來的發展特徵，[134] 至於範圍包括「正規與非正規的致力於防止、解決國家間不確定因素之單邊、雙邊或多邊的軍事與政治措施」的信心建立概念發展，則爲觀察此次區域未來安全機制發展主要的焦點所在。[135]

　　至於在東南亞地區，恐怖活動蔓延一度在新世紀初爲此區帶來安全威脅，因此如何管理或甚至加以解決也就成爲當急要務。首先在個別國家方面，例如泰國與新加坡便加強破獲恐怖組織與防範恐怖攻擊的措施。自2001年以來，馬來西亞也根據「國內安全法」向印尼提供相關情資以協助起訴行動，於此同時，馬國亦迅速回應安理會有關防止恐怖主義籌資和凍結有關組織資產的要求；在菲律賓方面，該國組建了一支反恐特遣部隊，並於2003年批准了聯合國12個反恐怖主義公約中其餘6個公約，包括至關重要的《制止向恐怖主義提供資助的國際公約》。[136] 整體來說，東協在2003年高峰會上宣布，將在2020年前全面建成「東協安全共同體、經濟共同體和社會文化共同體」，其中，建立安全共同體的建議暗示各國朝向更高層次合作的意願。根據建構主義者的看法，所謂安全共同體指的是「一種由主權國家所組成的跨國性區域，其中各國人民對和平變遷存在著可依賴的預期」；[137] 至於「對和平變遷的預期」是指國家間既不預期也不準備透過有組織的暴力來解決爭端的意思。爲實現此目標，首先必須

---

[134] Desmond Ball, "Strategic Culture in the Asia-Pacific Region," *Security Studies*, 3:1 (1993), p. 18.

[135] Ralph A. Cossa, "Asia-Pacific Confidence and Security Building Measure," in Cossa, ed., *Asia Pacific Confidence and Security Building Measure* (Washington, D.C.: Center for Strategic and International Studies, 1995), pp. 1-18.

[136] Andrew Tan, "Terrorism in the Asia-Pacific: Treat and Response, The Singapore Experience," in Rohan Gunaratna, ed., *Terrorism in the Asia-Pacific: Threat and Response* (Singapore: Eastern Universities Press, 2003), pp. 226-228.

[137] Emanuel Adler and Michael Barnett, *Security Community* (Cambridge: Cambridge University Press, 1998), pp. 30-31.

增加互動以促進國家間的對話與合作，其次，經由發展國家彼此互信和集體認同，設法創造出區域合作組織；最後，集體認同的最終創造則提供共同體產生的必要條件。不過，根據 Amitav Acharya 的研究顯示，目前該機制仍不過是個「準安全共同體」。

值得注意的是，儘管恐怖主義確實爲東南亞地區帶來威脅，但各國在新世紀初的一連串反恐活動與措施，仍與美國的政策推動息息相關。例如新加坡和倫敦國際戰略研究所在2004年主辦的「亞洲安全大會」當中，美國國防部長 Donald Rumsfeld 便提出了美國的亞太戰略思想，包括：強化與盟國關係、加強具機動性的軍事布署、以更靈活的方式處理意外事件，從而應付跨國界（尤其是恐怖主義）的威脅等。這些既顯示美國介入東南亞「反恐」網路建構的積極性，也由於同時帶來的霸權政策傾向引發疑慮，從而使美國「重返」東南亞地區的過程充滿不確定的變數，結果之一便是東協走向隱性「聯中制美」路線與2005年首屆東亞高峰會的「排美」傾向。

正如前面段落所述，無論如何，尤其在新世紀初的第一個10年中，東亞區域戰略環境確實跟著國際結構內涵轉變而隨之出現重組態勢，相較於1990年代略顯詭譎多變且充滿不確定性的多邊互動格局，2000年後則轉而呈現出以中美競合爲主軸的發展趨勢；甚至在某種「鐘擺式」特徵的歷程中，多數國家更關切的毋寧是中國崛起的後續影響，中美之間出現「權力轉移」（power transition）的可能性，[138] 以及中國似乎逐漸轉變其原先傾向「維持現狀」政策路徑之發展。[139] 可以這麼說，無論中國的外交政策是否正趨於更積極主動，在2008年全球金融海嘯影響下，中國不僅在2009-2010年間的 G-20 高峰會中成爲最受關注的對象，胡錦濤更在2010年底富比世（Forbes）雜誌所公布「全球最具影響力人物排行榜」

---

[138] 丁樹範，〈美中競合下的亞太穩定發展〉，收於江啓臣主編，《強權關係與亞太區域發展》（臺北：中華臺北 APEC 研究中心，2007年），頁12。

[139] Alastair Johnston, "Is China a Status Quo Power?" *International Security*, 27:4 (2003), pp. 5-56.

中，一度擠下 Obama 高居首位，至於 IMF 在2011年初指出「中國經濟將於2016年超越美國」的說法，[140] 亦不過再度爲此種普遍性樂觀下一註腳。於此同時，中國經濟規模非但於2010年超越日本，成爲全球第二大經濟體，根據高盛公司在2009年的估計，日本的經濟規模在2030年左右將僅爲中國的四分之一，由此或將終結中日自1990年代以來的區域領導權之爭，[141] 更甚者，這也爲2012年兩國幾乎瀕臨衝突邊緣的危機態勢作了最佳註腳。

　　當然，中國並非不存在發展障礙或挑戰，國際環境結構也非一面倒地配合其發展，1990年代與2000年代分別以中日與中美競合互動爲主的區域態勢，正是一個明顯例證。不過，競爭軸心從中日關係向中美互動的挪移，同時象徵著問題本質及其潛在影響從「區域」到「全球」層面擴散的趨勢；可以這麼說，中國崛起的結果不但將直接影響美國霸權地位的存續，甚至前述具「鐘擺式」特徵的歷程也暗示著這或許是霸權衰落或過渡過程之某種前兆，至於東亞區域安全，也必須在此種逐步升級至全球層次的視野下進行觀察。

[140] 參見〈IMF：2016中國經濟超越美國〉，《中時電子報》：http://news.chinatimes.com/focus/110501/112011042700206.html.

[141] Claude Meyer 著，潘革平譯，《誰是亞洲領袖：中國還是日本？》（北京：社會科學文獻出版社，2011年）。

第 ⑧ 章　結論

　　對東亞地區而言，所謂「成也經濟、敗也經濟」乃最值得注意的現象；一方面，正是1980年代以來，包括四小龍在內部分國家所締造的發展奇蹟景象，導致掀起一股東亞區域研究與討論熱潮，不過，其後於1997年由泰國引爆的金融風暴危機，卻又立即引發一陣深沉的反省與檢討，並使此區域的未來被打上一大堆的問號。儘管如此，自1999年起，東亞隨即出現經濟發展反彈訊號，不僅逐步帶來平均所得上升與失業率下降等實際結果，促使此區域再度成為全世界成長最快速的發展中地區，世界銀行馬上在2000年公布《東亞的復甦與超越》研究報告，肯定東亞已從危機陰霾中走了出來；進言之，相較非洲與大洋洲一直無法步上發展正軌，拉丁美洲自1982年爆發普遍性債務危機以來，發展歷程不斷跌跌撞撞且旋起旋落，始終無法真正邁向平穩的道路，東亞卻在危機後的兩到三年間便已然脫胎換骨，重新開啓另一個發展階段，這或許不能不說是另一項東亞奇蹟。根據世界銀行在2003年公布的報告顯示，由於全球化的影響，東亞國家傳統生產模式的效果正快速遞減中，但部分經濟體已逐漸脫離模仿階段（imitative phase），相對地，一個升級版的「創新東亞」（innovative East Asia）正在奠基成型並快速向上騰飛。

　　更甚者，在2008年金融海嘯透過債務危機形態，不斷衝擊舊核心地區（北美與西歐）之餘，東亞地區相對穩定的經濟表現既再度吸引各方關注，某種「軸心翻轉」的可能性也不斷被討論當中。包括低收入階層與中產階級雖然並未完全從危機中復甦過來，根據世界銀行在2018年發布的研究報告，主要受惠於中國經濟崛起，東亞與太平洋地區貧窮率已從1990年的62%，大幅下降至2015年的3%以下，這也促使全球貧窮率從

35.9%降至10%。進言之，東亞在2000年代維持平均超過5%的經濟成長率，其中，無論考慮人民幣升值因素與否，中國的生產總值事實上僅次於美國，高居全球第二位，更甚者，中國在穩定東亞經濟情勢方面所發揮的帶頭作用，也愈來愈明顯且引發兩極化（甚至反彈式）效應。值得一提的是，正如表8.1所示，經濟問題亦不過是東亞所面臨諸多問題的一個環節

表 8.1　當前東亞區域議題焦點

議題層面	後續觀察方向
全球化後續影響	• 全球化與區域化這兩股浪潮未來將如何彼此調適共處？ • 當前南北問題將對全球化現象產生何種衝擊？ • 東亞是否將調整其在全球化浪潮中的傳統被動角色？ • 在科技革命與區域化衝擊下，全球化內涵是否將出現變化？
權力結構演變	• 重返亞洲與川普主義將如何影響美國之全球與東亞戰略布局？ • 即將邁向後安倍時期的日本將如何調整其區域定位？ • 中國與日本下一階段的區域領導權衝突內涵為何？ • 印度與俄羅斯將在東亞權力結構變遷中扮演何種角色？ • 中美是否將形成潛在同盟競賽或進入權力轉移過程？
經濟發展前景	• 是否真有東亞發展模式？抑或只是發展特例？ • 東亞面對全球金融海嘯之經驗如何影響其他地區？ • 東亞各國該如何面對中國的吸金效應？ • 雁行結構是否已真的趨於瓦解？未來又將如何演變？ • 中國將如何處理其內部日益擴大的發展差異問題？ • 日本將如何面對其泡沫危機並進行自我調整？
政治演進問題	• 東亞的非自由性民主政權未來發展如何？ • 中國是否可能因經濟改革而導致民主化運動出現？ • 在第三波中先後出現的新民主政體前景如何？ • 是否真的可能會有亞洲式民主？它又將是何種面貌？
區域整合發展	• 東亞將如何形塑更明確且具共識的區域界定？ • 在多層次整合框架下，東亞的整合進程將如何發展？ • 東亞高峰會與東亞共同體的前景如何？ • 東亞整合過程中該如何克服彼此懸殊的差異性？ • 東協未來是否將繼續扮演整合橋梁角色？ • 亞太主義、東亞主義與東協主義的認同競賽結果可能如何？
潛在性安全危機	• 六方會談能否復談？又是否真能解決朝鮮半島問題？ • 兩岸在政黨輪替變數下，是否可能存在穩定前景？ • 各國境內的分離主義運動將如何發展？ • 西太平洋與南海島嶼紛爭的下一步為何？ • 目前存在的對話機制將可能解決問題或只是激發對立？

而已，與此同時，還有許多議題等待東亞各國去共同解決。

　　本書各個章節的討論內容，基本上雖已經為前述種種問題（上面僅列舉出議題方向而已，它們均可再細分為更多的實際問題）提供了一定的背景陳述，並整理列舉出迄今主要的發展方向，但想逐一提供最終的發展預測，絕對並非本書篇幅所能完成，仍有待更多學術力量的繼續投入。不過，在經歷了第二次大戰結束半個多世紀的發展之後，東亞確實既逐漸提升其對應全球化浪潮的能力，慢慢形成一個更具地區本土意涵的權力分配與運作結構，在經濟上獲致了奇蹟式的增長結果，同時亦呼應第三波民主化浪潮，無論程度如何，各國畢竟都在內部治理制度方面進行了一連串的調整活動；至於在區域國際關係發展方面，儘管還是有各種傳統與非傳統安全議題困擾著此區域的多數國家，且最終前途未卜，各國依舊努力地投入對話與整合機制的創造過程當中。

　　總之，東亞所面對的議題內涵一方面既極其複雜且多元紛呈，再加上此區域除了在戰前便已累積出一定工業化成果的日本外，其餘多數國家都是在1950-1960年代，甚至是1980年代後才篳路藍縷地開始其最初的經濟獨立發展歷程，這也代表著此區域還不可能擁有足夠的自主性與能力去解決所有的問題。以目前來說，東亞不僅得解決前面所列舉的眾多「實際」問題，或許，對東亞來說，除擁有中國文化圈、歐洲殖民遺產與第三世界發展困境等共同基礎外，如何去形成一個具意義且有共識的「區域意識」也是相當重要的。畢竟東亞是個異質性相當高的地區，擁有極其多元的文化與價值內涵，既包括東亞文化和東南亞文化，也涵蓋大陸文化、海島文化和半島文化，同時也有儒家文化、伊斯蘭文化、印度大陸文化、天主教文化和複雜多端的原住民文化等差異，除此之外，在推動經濟發展的過程中，這些東方文化傳統元素又受到資本主義及西方文化的影響，從而帶動東西方價值觀的交流激盪。

　　進言之，在快速的現代化與全球化進程中，由此衍生的都市化、民主化、環境汙染與新興（國內與跨國）犯罪問題既在所難免，同時也不斷

呈現出跨國境擴散現象。在此情況下，或許唯有設法凝聚出某種區域意識來，才能在釐清區域地理界定與提供對話出發點後，讓東亞各國捨棄過去各自爲政的習慣，眞正去共同面對挑戰，而這也是我們未來可持續觀察的方向。

壹 東亞發展成就與文化因素之探索

　　可以這麼說，直到1960年代左右，多數東亞國家（甚至包括日本）的發展程度依舊相對落後於世界主要地區，例如當時臺灣的國民所得其實便與非洲的薩伊差不多，但在半個世紀後，它們已顯示出相當懸殊的發展結果。[1]事實上，世界銀行（World Bank）早在1993年便注意到，並正面肯定了東亞傑出的發展表現；[2]根據該組織的統計估算，此地區在過去四分之一世紀中，平均所得大約成長了4倍有餘，不啻是全球成長最快速的一個角落。為分析所以出現前述區域間發展顯著落差的原因，或至少企圖說明東亞締造成功的緣故，學者們也嘗試透過經濟、政治與社會等各種不同角度來加以解釋；其中，直到1980年代為止，文化因素雖然經常是最後受到關注的對象，有時它卻較主流的新古典學派（強調建構市場體制與推動自由化政策），[3]或冷戰國際政治理論（強調美國援助的外部有利因素）等更具有說服力。[4]

---

[1]　Jim Rohwer, *Asia Rising* (New York: Simon & Schuster, 1995), p. 28；據統計，臺灣與薩伊（現在的剛果民主共和國）的平均國民所得在1960年都在150美元左右，但據 IMF 在2009年的數據顯示，臺灣平均所得已增至16,392美元，薩伊卻仍停留在171美元左右，相距95倍。

[2]　Danny M. Leipziger and Vinod Thomas, *The Lessons of East Asia: An Overview of Country Experience* (New York: World Bank, 1993), p. 1.

[3]　Yasusuke Murakami, *Anticlassical Political-economic Analysis* (Tokyo: Chuokoron-shinsha, 1992).

[4]　此派學者主張，二次戰後的東亞長期處於美國直接影響之下；為遂行冷戰圍堵政策目標，

　　儘管文化因素相當曖昧且不容易進行學術界定，[5]例如 Ian Jamieson 便列舉了超過160種相關定義，[6]但它依舊受到許多研究者的注意。簡單來說，所謂文化一般被認定為「人類作為社會成員所承繼而來的總體社會遺產」；[7]就其社會功能面向而言，例如新制度主義學者 Douglass North 便將文化視為制度變遷的重要因素，一方面認為所有社會都重視人群在結構中的互動關聯，至於文化則更是某種具跨世代特徵的價值傳輸工具。[8]

　　進言之，特別是針對經濟發展來說，相較於被自由主義與社會主義者所強調的資本（capital）與勞動（labor）要素，非物質性（non-material）的文化要素則被文化理論者認定才是發展關鍵所在。至於有關文化結構與發展成果之間存在的可能確切關係，相較於多數學者重視外部因素的影響（例如殖民歷史遺產與貿易體系全球化），Max Weber 乃最早重視內部價值因素的開創性學者，他認為源自近代宗教改革的「新教倫理」乃西歐地區所以領先發生現代資本主義的關鍵要素之一，[9]相對地，正所謂「水能載舟，亦能覆舟」，另一些文化（例如東亞）所蘊含的要素則不啻形成現代化（modernization）的障礙，尤其主流宗教思想（儒教、道教

美國給予東亞盟友（日本、南韓與臺灣）提供了大量軍事和經濟援助。例如在1951-1965年間向臺灣挹注15億美元經援，軍援價值亦高達數十億美元，甚至1950年代臺灣的對外貿易赤字也有95%由美援來彌補；其次，對南韓經援規模更龐大，在1945-1978年間共達60億美元；至於美國對南韓與臺灣的保護性關稅壁壘及侵犯知識產權政策，也長期加以容忍。除此之外，越戰預算也是一大關鍵，參見 Park Keunho, "The Vietnam War and the 'Miracle of East Asia," *Inter-Asia Cultural Studies*, 4:3 (2003), pp. 372-399；當然，此種說法無法解釋新加坡與香港的發展經驗。

[5] Bennett M. Berger, *An Essay on Culture: Symbolic Structure and Social Structure* (Berkeley: University of California Press, 1995), p. 14; see also Edward T. Hall and Mildred Reed Hall, *Understanding Cultural Differences* (New York: Intercultural Press, Inc., 1990).

[6] Ian Jamieson, *Capitalism and Culture: A Comparative Analysis of British and American Manufacturing Organizations* (London: Ashgate Publishing, 1980), p. 9.

[7] K. C. Alexander and P. P. Kumaran, *Culture and Development: Cultural Patterns in Areas of Uneven Development* (New York: Sage Publications, 1992), pp. 11-12.

[8] Douglass North, *Institutions, Institutional Change and Economic Performance* (Cambridge, Mass.: Cambridge University Press, 1990), pp. 36-37.

[9] See Max Weber, trans. by Talcott Parsons, *The Protestant Ethic and the Spirit of Capitalism* (New York: Charles Scribner's Sons, 1958).

與佛教）對現狀（status quo）的強調，或許是影響東亞地區生產創造力最終落後於西方（歐洲）的關鍵所在；[10]對此，Gunnar Myrdal 與 W. Arthur Lewis 等人也有類似看法。[11]至於同屬「儒家文化圈」的日本在十九世紀末提倡「脫亞入歐」，[12]相較於中國陷入發展困境，成爲東亞第一個成功現代化的國家，更被認爲是傳統儒家思想不利於發展現代資本主義的實際例證。

　　無論如何，到1960年代初左右，根據當時最具影響力的現代化理論，亞洲與非洲（除了日本與南非之外）一度被西方學者視爲幾乎沒有發展希望的兩個第三世界區域，[13]至於此地區的傳統文化更被棄若敝屣。直到日本在1970年代率先走出戰敗陰影，並締造顯著的發展成績後，才開始有部分學者小心翼翼地從工作倫理等文化角度，試圖來進行了解以及詮釋，[14]但範圍僅限於針對日本，並未將其擴及其他區域內國家。值得注意的是，相較於儒家思想（Confucianism）在過去所受到的否定，由於「四小龍」（臺灣、香港、南韓、新加坡）國家在1980年代的相繼成功崛起，近年來它卻被認爲對環太平洋地區（Pacific Rim）的成長有著正面影響；例如所謂「新儒家」（Neo-Confucianism），一般被認爲不僅深深主導著東亞的政治過程，成爲東亞威權資本主義（authoritarian capitalism）主要的「軟基礎」（soft base）所在，此地區菁英使用新儒家概

[10] See Max Weber, *Religion of India: The Sociology of Hinduism and Buddhism* (New Delhi: Munshirm Manoharlal Pub Pvt Ltd., 1996); *The Religion of China: Confucianism and Taoism* (New York: Free Press, 1951).

[11] See Gunnar Myrdal, *Asian Drama*: *An Inquiry into the Poverty of Nations* (New York: The Twentieth Century Fund, 1968); W. A. Lewis, *The Theory of Economic Growth* (New York: Richard D. Irwin, Inc., 1955).

[12] 明治18年（1885）3月16日，日本學者福澤諭吉在《時事新報》發表〈脫亞論〉並倡導「全面西化」，主張「……爲今日計，我國不應猶豫等待鄰國之開明而共同振興亞細亞，不如脫離其行列與西方文明之國共進退」。

[13] Yoo-Shik Gong and Won-Ho Jang, "Culture and Development: Reassessing Cultural Explanations on Asia Economic Development," *Development and Society*, 27:1 (1998), p. 78.

[14] See Ronald Dore, *British Factory- Japanese Factory* (Berkeley: University of California Press, 1973); Ezra F. Vogel, *Japan as Number One: Lessons for America* (Cambridge: Harvard University Press, 1979).

念作爲社會與政治意識形態，用以對現狀提供正當性辯證，亦在提供相對穩定的政治秩序之餘，創造出刺激經濟發展的有利環境。

　　由此，儒家文化逐漸成爲在理解東亞發展經驗時新的關注與研究焦點。例如白魯恂（Lucian W. Pye）便指出，儘管東亞各國之間表面上似乎存在著某種文化異質性，但在政治文化方面，儒家文化卻無疑是其共同遺產與特徵。[15]至於在經濟發展相關議題方面，Herman Kahn 乃是首先肯定儒家倫理與經濟奇蹟關聯的美國學者，[16]他將日本與四小龍列爲「後期儒家命題」（post-Confucian thesis）範疇，一方面強調了儒家社會特別在教育上的成就與表現，以及對於工作倫理的重視，[17]也重視它們在此範疇所帶來的經濟推進效應；尤有甚者，從近百餘年來西方海外華人移民的表現中，當可正面地回應此種論點。[18]

　　在東亞地區的淵遠流長的華人移民群體更是如此。例如在印度尼西亞，華人雖僅占總人口的4%，卻在該國1990年代之前25大企業中占了17個；在華裔人口占10%的泰國，有超過九成的主要企業主是華人；甚至在華裔占人口比例不到1%的菲律賓，華裔企業家也貢獻了三分之二以上的商業量；至於在東南亞地區華裔比例最高的馬來西亞（25%），當然更不用說。難怪 Jim Rohwer 會有感而發地說：「所謂東亞奇蹟，其實有一大部分是華裔企業家所創造的。」[19]不過，值得注意的是，正如由於東亞地

---

[15] Lucian W. Pye, "The New Asian Capitalism: A Political Portrait," in Peter L.Berger and Hsin-Huang Michael Hsiao, eds., *In Search of an East Asian Development Model* (New Brunswick, N.J.: Transaction Books, 1988), p. 82; see also Harry Irwin, *Communicating with Asia: Understanding Peoples and Culture* (New York: Allen & Unwin,1996), p. 45.

[16] Herman Kahn, *World Economic Development: 1919 and Beyond* (Boulder: Westview Press, 1979), p. 121; see also World Bank, *The East Asian Miracle: Economic Growth and Public Policy* (New York: Oxford University Press, 1993), pp. 198-199.

[17] Francis Fukuyama, *Trust: The Social Virtues and the Creation of Prosperity* (New York: The Free Press, 1995), p. 45; Ian Nish, Gordeon Redding and Ng Sekhong, eds., *Work and Society: Labour and Human Resources in East Asia* (Hong Kong: Hong Kong University Press, 1996), p. 136.

[18] John Naisbitt, *Megatrends Asia: Eight Asian Megatrends That Are Reshaping Our World* (New York: Simon & Schuster, 1996), p. 30.

[19] Jim Rohwer, *Asia Rising* (New York: Simon & Schuster, 1995), pp. 228-229.

區創造出驚人的經濟成長奇蹟，以致包括儒家在內的文化因素轉而被視為是其成功背後的泉源一般，在1997年金融風暴危機席捲這個地區後，同樣引發另一批懷疑論者重新質疑此種文化要素的正面價值；[20]當然，或許文化因素並非是影響經濟表現的唯一來源，但依舊絕對是研究發展經驗時不可或缺的觀察環節。

貳　有關儒家文化對東亞發展影響之爭辯

　　從前述整理可知，針對儒家文化與東亞地區現代化運動之間的互動性，在過去曾有過截然不同的兩種對立看法，可以這麼說，此一爭辯迄今還在繼續進行當中：一方面1997年的金融危機固然帶來某種重新省思的契機，從另一個角度看起來，即便肯定儒家文化的貢獻，但文化究竟在累積經濟成就過程中扮演著何種功能角色，其實也沒有定論。歸結來說，以下幾種不同的學術論點正反映出前述爭辯的主要歧見所在。

　　首先，相較於早期韋伯學派（Weberian）的論點，新儒家（Neo-Confucianism）學者普遍認為，[21]作為多數東亞國家的共通文化基礎，儒家倫理顯然對此地區近期經濟表現有著相當正面的助益。例如 Roderick MacFaquhar 認為，儘管個人主義精神對於資本主義最初階段發展確有其必要，但儒家式集體主義似乎更加有利於後期的大規模生產經濟，同時也是當前東亞經濟成功的背景；[22]Levy 更進一步說明，相對於個人主義發展對工業革命先驅者的重要性，對更多的後進者（late comer）而言，透過菁英制度（meritocracy）特性來集中資源以進行追趕可能更為必要。[23]

---

[20] Alvin Y. So and Stephen W. K. Chiu, *East Asia and the World Economy* (New York: Sage Publications, 1995), p. 8.

[21] 新儒家指相對於主張「全盤西化」的新文化運動，由一批堅信傳統文化價值的中國學者在1921年成立「學衡社」並於翌年創辦《學衡雜誌》後，所引發的一波哲學思辨浪潮。其共通點是一方面致力重新詮釋儒、釋、道三家學說，另方面也設法將西方哲學融匯在中國傳統之內，以完成中西哲學會通的工作。

[22] Roderick MacFaquhar, "The Post Confucian Challenge," *The Economist*, 9 (1980), pp. 67-71.

[23] J. Levy and J. Marison, "Confucianism and Modernization," *Society*, 29:4 (1992), pp. 15-18.

不過，儘管此派學者多半肯定部分儒家文化特徵對於東亞發展是有幫助的，對其內涵方面卻顯得意見相當分歧；尤有甚者，有關儒家影響的最主要問題或許在於，即便多數東亞國家都受到此一文化內涵的波及，但其接受時間、內容與影響的層面與深度等，都存在著不同且明顯的差異，[24]更何況對何謂儒家的根本問題也存在著諸多批判與爭辯。例如中國經濟學者何清漣便認為：「所謂儒家資本主義（Confucian Capitalism）只不過是一個經過精心製作的學術偽問題而已」，其主要原因首先是由於「缺乏平等觀念正是儒家文化最大特點」，因此新儒家學說不可能實現社會公平；其次，產業結構選擇與文化價值觀根本沒有直接聯繫；第三，所謂儒家的「勤勞節儉觀」在此地區其實並不存在。[25]

其次，對主張威權國家理論（Authoritarian State Theory）者而言，其焦點主要集中在經濟發展背後的政治支撐上，由此將文化視為某種條件變數（condition variable）與強化威權統治的環境背景來源；進言之，相較於把焦點集中在儒家文化身上，他們更關切的是國家在東亞區域經濟發展中所扮演的角色，重點在於希望由此實例研究來證明「強國家」（strong state）對促進第三世界國家經濟成長的重要性，[26]至於儒家所扮演的僅僅是提供正當性而已。[27]此一途徑既符合1980年代中期以來，政治學界對於「國家」在發展過程中角色的再度重視，[28]部分研究者也認為，

---

[24] Chalmers Johnson, *MITI and the Japanese Miracle* (Stanford: Stanford University Press, 1982), p. 8; see also Michio Marishima, *Why has Japan Succeeded? Western Technology and the Japanese Ethos* (Cambridge: Cambridge University Press, 1982).

[25] 何清漣，《經濟學與人類關懷》（廣州：廣東教育出版社，1998年），頁228。

[26] Manuel Castells, *End of Millennium* (Oxford: Blackwell Publishers, 2000), p. 284; see also Alice H. Amsden, *Asia's Next Giant: South Korea and Late Industrialization* (Oxford: Oxford University Press, 1989), and Robert Wade, *Governing the Market: Economic Theory and the Role of Government in East Asian Industrialization* (Princeton: Princeton University Press, 1990).

[27] C. Ellison and G. Gereffi, "Explaining Strategies and Patterns of Industrial Development," in Gary Gereffi and Donald Wyman, eds., *Manufacturing Miracles: Paths of Industrialization in Latin America and East Asia* (Princeton: Princeton University Press, 1990), pp. 368-403.

[28] See Peter B. Evans, Rueschemeyer Dietrich, and Skocpol Theda, eds., *Bring the State Back in* (Cambridge: Cambridge University Press, 1985).

所謂東亞發展經驗乃是在出口導向模式中，將世俗化儒家特性（例如自制、勤奮、服從與儲蓄……等）與發展型國家（developmental state）戰略結合起來的結果。[29]與重視唯心論的新儒家相比起來，此派論點主要是將觀察焦點轉移並延伸到國家機器的政策表現上；基本上，此種說法（尤其是儒家對於威權體制的支撐）雖未必被其他學者所接受，[30]因為後者認為包括儒家在內的各種「亞洲價值」（Asian Values），其實也包含了若干自由主義的因子，[31]但從某個角度看來，國家理論卻似乎是在詮釋東亞區域發展時，迄今最被普遍接受並重視的研究與觀察途徑。

至於對制度發展理論（Institutional Theory of Development）來說，[32]其關切者在於特定制度環境下的文化影響力，至於主要論點則包括：東亞國家其實並未分享著同樣的儒家形式；從歷史現實看來，儒家與經濟發展並不總是呈現正面互動關係；所謂儒家文化與強國家之間的正面聯繫，僅能存在於特定的制度與社會條件之下。[33]換言之，即便存在類似的文化內涵與特質，也會在不同的制度環境下產生相異的社會經濟發展結

---

[29] Edward K.Y. Chen, "The Economics and Non-Economics of Asia's Four Little Dragons," *University of Hong Kong Suppliment to the Gazette*, 35:1 (1988), pp. 23-30. 所謂「發展型國家」乃是 Chalmers Johnson 從日本經驗中所延伸出來的一套發展概念，重點在於政治菁英根據既定經濟計畫指導國家發展的過程，因此也經常暗示某種威權主義制度傾向，但 Johnson 同時強調政府對於專家與民間企業菁英的尊重，因此與國家資本主義（state-capitalism）或社會主義計畫經濟有所差異與區隔；See Chalmers Johnson, *MITI and The Japanese Miracle: The Growth of Industrial Policy, 1925-1975* (California: Stanford University Press, 1982); Meredith Woo-Cumings, *Developmental State* (Ithaca: Cornell University Press, 1999); J. Megan Greene, *The Origins of the Developmental State in Taiwan: Science Policy and the Quest for Modernization* (Cambridge, Mass.: Harvard University Press, 2008); Iain Pirie, *The Korean Developmental State: From Dirigisme to Neo-Liberalism* (New York: Routledge, 2009).

[30] 參見劉軍寧，《共和‧民主‧憲政—自由主義思想研究》（上海：三聯書店，1998年），有關儒教自由主義（Confucian Liberalism）的討論。

[31] Wm Theodore De Bary, *The Trouble with Confucianism* (Cambridge, MA.: Harvard University Press, 1991), p. 267; Amartya Sen, "Human Rights and Asian Values: What Lee Kuang Yew and Le Peng Don't Understand about Asia," *The New Republics*, 217:2-3 (1997), pp. 33-40.

[32] 此派有時也被稱為新韋伯學派（Neo-Weberian）。

[33] Steward Clegg, Winton Higgins, and Tony Spybey, "Post-Confucianism, Social Democracy, and Economic Culture," in Clegg and S.D. Redding, eds., *Capitalism in Contrasting Cultures* (New York: Walter de Gruyter, 1990), pp. 12-15.

果（儒家文化圈國家不同或參差不齊的表現便是一例）；當然，類似的文化背景依舊對於彼此學習模仿有著正面助益，例如南韓與臺灣對近代日本發展經驗的學習與模仿。[34]進一步來說，相較於新儒家與國家理論各自專注於文化與政治要素，制度學派的詮釋雖似乎更具彈性，但問題或許也在於它引入了過多的變數，以致有時陷入個案研究而無法尋找通則的窘境；於此同時，將文化視爲制度決定下依賴變數的論點，由於未必符合歷史現實，亦無法讓其他研究者信服。[35]

　　由上可知，無論直接將文化特質與發展結果劃上等號，還是透過國家機器或特定制度安排來發揮其影響力，儒家價值觀對東亞地區至少冷戰時期以來的發展具有正面意義，幾乎已是某種學術共識。事實上，東亞地區不僅擁有數千年的發展經驗，同時由此形成一套迴異於西方的社會結構、哲學基礎與行爲模式，相對於當代西方體系中所強調的市場體系、私有財產、競爭與民主價值等，東亞確實至少在文化傳統面向上顯現出相當不同的面貌。正如許多學者（參考前述）所指出的，東亞的發展型國家（以日本與四小龍爲主，其後還加上部分東南亞國家與中國大陸）自1960年代以來，非但以經濟快速成長著稱，由儒家文化主導或滲入的社會內涵亦爲其顯而易見的共通特點；[36]因此，做出特定文化內涵與發展結果正相關的推論，也是理所當然的。

　　無論如何，從學術角度看來，前述觀點不無爭議，[37]因爲儒家文化確實不足以充分解釋當前東亞發展的各方面成就；尤其當代東亞政治、經

---

[34] Bruce Cummings, "The Origins and Development of Northeast Asian Political Economy: Industrial Sector, Product Cycle, *International Organization*, 38:1 (1984), pp. 1-40.

[35] Yoo-Shik Gong and Won-Ho Jang, "Culture and Development: Reassessing Cultural Explanations on Asia Economic Development," *Development and Society*, 27:1 (1998), pp. 87-88.

[36] See Ezra Vogel, *The Four Little Dragons* (Cambridge, Mass.: Harvard University Press, 1993); Wei-Ming Tu, ed., *Confucian Traditions in East Asian Modernity: Moral Education and Economic Culture in Japan and Four Mini-Dragons* (Cambridge: Harvard University Press, 1996).

[37] 例如日本的傳統神道教，占南韓40%人口的基督教與臺灣的道教與民間信仰等；參見 Masaki Abe, "The Developmental State and Educational Advance in East Asia," *Educate*, 6:1 (2006), p. 7.

濟、法律和教育等制度大體上顯然都是自西方社會逐步移植而來，並非本土文化衍生的結果，至於脫離了傳統制度與政策支撐的儒家倫理，如何對西方目標下經濟成長發揮作用自不無疑問。[38]其次，即便李光耀也認爲：「……我不認爲有一種亞洲模式，但亞洲社會與西方社會確實不同。……我所謂的東亞是指韓國、日本、中國和越南，與混合了中國文化與印度文化的東南亞有所區別，不過，印度文化也強調類似的價值觀」，[39]從地理概念上的東亞範疇看來，前述說法更突顯出儒家文化影響力的一定侷限性。更重要的是，儘管所謂儒家文化價值被討論地震天價響，但極其弔詭的是，究竟什麼是儒家的主要意涵，卻意外地消失在討論範疇中，成爲某種似乎具有共識，卻未必有人能說清楚的模糊狀態；個人認爲，這不能不說是相關討論當中，一個「失落的環節」（a missing link）所在。

參　歷史變遷、異化與中國儒家文化發展

當然，本文並不奢望能解決前述「失落的環節」，但願意提供兩個角度來重新審視儒家文化的本質變遷（transformation of nature）現象。但在此之前，我們必須先釐清「思想」（thought）與「文化」（culture）概念的差異；個人認爲，前者指的是一套希望用以解決環境問題的主觀想法，至於後者則是社會經驗藉由一定時間實踐與沉澱所得到的累積成果，倘若某一種思想長期被套用至特定社會運作當中，自然也將成爲文化不可磨滅的組成部分。進言之，正如我們現在清楚看到的，任何社會的內涵都不可能一成不變，因此主流思想與文化特質必然會跟著有所改變；歷經兩千餘年發展歷程的儒家也是如此。[40]

---

38 包遵信，〈儒家倫理與亞洲四龍：儒學復興說駁議〉，《中國論壇》，第301期（1988），頁70-80。
39 Fareed Zakaria: "Culture Is Destiny: A Conversation with Lee Kuan Yew", *Foreign Affairs*, 73:2 (1994), p. 113.
40 儒家一般認爲由春秋時期魯國人孔丘（西元前551-479年）所創始，迄今超過2500年。

　　在過去漫長的歷史中，儒家穿越了「封建社會—帝國社會—開放社會」的不同發展階段。[41]在其創始萌芽的前300年當中，由於中國正面對著一個古典封建結構趨於解體的秩序動盪狀態，因此由孔子創始的「儒家」一開始便具有相當濃厚經世致用的實用主義（pragmatism）精神，希望解決由於兼併戰爭所帶來的社會不穩定問題；例如要求當政者「節用而愛人，使民以時」（《論語・學而》）和「時使薄斂」（《中庸・第九章》），並直接聲稱「政之急者，莫大乎使民富且壽也」（《孔子家語・賢君》，卷三）。到了戰國時期，由於情況不僅沒有好轉，甚至社會生活還因戰爭規模擴張而變得愈發不安，因此作為此時期儒家代表者的孟子更將矛頭針對當時普遍追求富國強兵的功利主義概念，一方面高亢訴諸人道主義，要求各國的統治者必須讓治下百姓「不違農時」，「仰足以事父母，俯足以畜妻子，樂歲終身飽，凶年免於死亡」（《孟子・梁惠王上》），甚至提出絕大的誘因，亦即若能如此則「然而不王者未之有也」（《孟子・公孫丑上》）。

　　值得注意的是，所謂封建社會乃是種極端重視階級與既定規範的結構，正如孟子所言，「天下有道，小德役大德，小賢役大賢」（《孟子・離婁上》），這便說明了在一個理想的（封建）社會中，勞力者應該侍候和服務勞心者，從而形成一個按照賢德（社會分工內容）而區分階層，並藉此分配待遇的社會原則。從某個角度看來，前述封建原則便是儒家（而非道家）所謂的「道」；正如孔子所言，「士不可不弘毅，任重而道遠」（《論語・泰伯》），對於「道」（恢復封建結構下穩定的社會秩序）的追求與實踐，始終都是「士」、「儒」或「君子」必須堅持到底的政治目

---

[41] 此處純為本文初步意見，個人暫不擬介入「社會史論戰」的複雜範疇。中國曾在二十世紀初出現一波所謂「中國社會史論戰」，大體上可劃分為3個階段：在第一階段（1927-1931）中，論戰在很大程度上附屬於社會性質論戰，但基本上是各說各話；第二階段（1931-1933）轉而以《讀書雜誌》為主要陣地展開爭辯，同時是論戰最為熱烈的時期；第三階段（1933-1937）始於前述雜誌停刊，各方轉而從事資料收集和深入研究，最終因1937年抗日戰爭爆發而暫時告終。

標，而這些政治行動家（孔子本身便終生身體力行）既自認爲位居社會階級上層，「入世」（參與並影響政治決策過程）更爲其追求的唯一標的，例如孟子便直截了當地指出，「……士窮不失義，達不離道；得志，澤加於民；不得志，修身見於世；窮則獨善其身，達則兼善天下」（《孟子·盡心上》）。

　　無論如何，隨著古典封建結構最終崩解，秦朝也自西元前221年創建出新的政治規範準則後，一方面將中國逐步推入另一個長達2000年的社會階段中，新的社會特徵（帝國結構保障了大體秩序穩定，但封建時期低流動性的社會階層安排已然不完全存在）既帶來新的思想需求，儒家的論點與內涵也勢必做出某種調整。更甚者，由於主要的儒家代表人物已經從政治「局外者」（outsider），多半轉而有機會參與決策，甚至成爲既存政權利益的捍衛者，這也讓儒家學說面臨了無可避免的「異化」（alienation）結果。[42]

　　經過「異化」後的儒家，其內涵主要是從作爲「政治主張」，轉而成爲「正當性」（legitimacy）的提供來源，最終成爲某種「意識形態」（ideology）；至於漢武帝時期（西元前156-87年）則不啻是此轉化發展最初的關鍵時刻。是否漢武帝眞的曾「罷黜百家，獨尊儒術」並不重要，重點是中國若想維持帝國架構下的「虛擬治理」（virtual governance）現狀，[43]則透過簡化思想空間所獲致的「唯心層面統一」將是在秦朝完成「唯物層面統一」後，所不能不去面對的後續政治挑戰。從另一個角度來看，正因儒家成爲「局內人」（insider），此種新的政治角色也讓它在與法家及陰陽家結合後，早在漢朝初年便出現第一波「新儒家」的發展趨勢。例如部分學者論及東亞發展模式的儒家哲學基礎時，便認爲必須從

---

[42] 此處主要藉用 Karl Marx 在《1844年經濟學哲學手稿》（臺北：時報文化公司，1992年）裡的思想概念；Marx 主要是從國民經濟學角度來分析所謂的「異化」（alienation）現象，亦即在勞動作爲發揮人類本質重要成分的前提下，作爲勞動者（labor）的人類如何與其生存本質分離，從而被迫在資本主義活動中被「工具化」並遭受剝削。

[43] 一般認爲，中國在帝國時期並不具備眞正的治理能力，僅能進行相當「粗放」的管理。

《易經》著手；[44]其中，首先是「陰陽觀念」所顯示既對立又融合與既競爭又合作的特性，其次是「五行觀念」所暗示創造與毀滅並行，以及某種秩序性變遷（自然興衰）的軌跡，至於「八卦內容」更反映出人們雖難以掌握變化多端的環境，實則環境變遷仍有跡可循的概念。這些其實都與陰陽家相關，至於董仲舒的「天人感應」論更為此種結合的開端之一。

　　值得注意的是，由於意識形態宣傳的有效性與普遍教育提供的理性基礎息息相關，但這種環境在古代中國顯然並不存在，於是也迫使儒家進行另一層面的異化過程，亦即透過「尊孔」而發展成某種宗教信仰（religion）形式，以有效提高其社會化功能。至於在具體措施方面，首先是褒揚孔子後人，[45]其次則是普遍建立「孔廟」，成為在地方上兼具政令宣導功能的「文化中心」單位；尤其唐太宗於貞觀四年（630）下詔：「天下學皆各立周、孔廟」後，自此孔廟建置乃迅速遍及各地，一方面成為重要的教化媒介，同時也讓最初聚焦在政治主張上的儒學，逐漸成為具社會化意義的倫理準則（moral principles）。例如前述 Max Weber 便把儒家視為某種倫理體系，而非關於客觀世界知識的邏輯體系，同時又由於其彰顯的社會功能和天道觀內容，還將其等同於廣義的宗教；進言之，儒學雖含有一定程度的理性主義成分，但這種「不澈底的理性主義」並不能使它打破傳統咒術的制約，相較於禁欲清教徒的理性主義，這是 Weber 認為中國無法如同歐洲一般產生理性資本主義的原因。[46]至於儒學與宗教和巫術的關係，正如部分學者所言，中國文化的特徵之一便在於儒家思想支配倫

---

[44] Ho-Chul Lee and Mary P. McNulty, "East Asia's Dynamic Development Model and the Republic of Korea's Experiences," World Bank Policy Research Working Paper 2987, March 2003, pp. 16-21.

[45] 自秦朝以來，歷代均不斷提高對孔子後裔的褒獎，例如秦始皇時便封九世孫孔鮒為魯國文通君，拜少傅，漢成帝時升十四世嫡長孫孔吉為殷紹嘉侯，但自漢平帝後，兩漢封號仍以褒成侯為主。自曹魏至唐朝初年，孔子後裔封號陸續有宗聖侯、奉聖亭侯、崇聖侯，恭聖侯、紹聖侯、襃聖侯等不同封號，由於唐玄宗將孔子諡為文宣王，乃改襃聖侯為公爵，改稱文宣公。最後在宋仁宗時改孔子四十六世孫孔宗願為衍聖公，之後歷代相沿不改。

[46] Max Weber, *The Religion of China: Confucianism and Taoism* (New York: Free Press, 1951), pp. 104-144；金子榮一著，李永熾譯，《韋伯的比較社會學》（臺北：水牛出版社，1980年），頁110-114。

理價值，而宗教則對儒家道德給予超自然支持，這使儒家與宗教形成互相配合的運作關係。[47]

　　總而言之，在2000年的「帝國社會」階段中，所謂儒家也慢慢轉化為「政治思想＋意識形態＋宗教信仰＋社會倫理」的「四合一」複雜思維結構，其結果既讓儒學逐漸脫離其古典純粹形態（主要著眼於政治議論），也讓相關討論陷入各說各話的狀態，無論是政治學者、社會學家、哲學家、倫理學家、文化人類學者，甚至宗教家等，都可找到自我進行詮釋的角度；至於所謂儒家也在此種無法聚焦的窘境下，成為表面上雖具有共識，但其實又無法真正被釐清的一個學術議題與思想複合體（complex of thought）。

　　無論如何，自晚清以來的100餘年間，由於帝國結構崩解，再加上全球化浪潮與西方思想的衝擊，一方面讓包括中國在內的傳統儒家文化社群逐漸朝「開放社會」結構邁進，[48]並讓所謂儒家內涵面臨著新一波的調整必要與挑戰，這或許也是前述「新儒家」產生的時代與結構背景。可以這麼說，儒家在面對從封建社會進入帝國社會時，便曾產生若干變化；例如孔子與孟子等雖然力主維持社會秩序穩定，但從未反對富國強兵或追求個人財富的作為，但在帝國「重農抑商」的政策前提下，則轉為提倡「寧儉勿奢」與節儉自律，甚至宋明理學還提倡「存理滅欲」的禁欲主義，一般認為，這形成了後來被認為東亞崇尚節約、低消費與高儲蓄的「傳統美德」與生活習慣來源。時至今日，顯而易見的是，不僅現代消費文化正席捲整個區域，西方主流奢侈品旗艦店紛紛進駐，各國政府在解決經濟發展困境時，亦往往以「刺激消費」而非「撙節開支」為主要政策方向；對此，我們既可從「傳統價值文化淪喪」角度切入，其實也不妨可藉此思考

---

47 段昌國等，《中國思想與制度論集》（臺北：聯經出版公司，1981年），頁334-355。
48 開放社會（Open Society）概念最初由 Henri Bergson 提出，其特徵是政府行為透明，容許並接受民間的批評；其後，Karl Popper 在 *The Open Society and Its Enemies* (London: Routledge, 1945)書中，進一步將其定義為政治多元（Pluralistic）和文化多元（Multicultural）的社會。

儒家的未來可能發展趨勢。[49]

肆 儒家文化與東亞發展互動的未來前景

　　值得注意的是，尤其自1997年以來，多數東南亞國家對中國的觀點開始出現轉變，後者一方面被視為崛起中的區域強權候選人，至於其不同於美國的「軟實力」（soft power，亦即說服而非壓制）特徵，也成為被關注的焦點之一。[50]事實上，甚至首倡「軟實力」概念的美國學者 Joseph Nye, Jr. 也特別強調在當前中國政策中所存在的此種要素，以及伴隨著中國崛起，此種文化影響力逐漸擴散至全球各地的現實。[51]進一步來說，儒家既源自中國傳統文化，伴隨著中國的「再度崛起」（re-rising），儒家自然也將成為即將到來之「文藝復興」浪潮中，無可忽視的一部分；當然，正如前述，面對新社會結構的儒家勢將展現出不同於以往的面貌，但也絕不可能跟過去截然不同。

　　就儒家思想的「傳統」操作性核心概念而言，大致有以下幾端：首先是對於所謂「仁」與「中庸」的強調，儘管孔子自己曾經說：「克己復禮為仁；一日克己復禮，天下歸仁焉。」（論語‧顏淵）但究竟什麼是「仁」呢？許慎在《說文解字》的解釋是：「親也，從人二」；換句話說，所謂「仁」既暗示著某種集體主義（collectivism）的運作概念，更

---

[49] 例如臺灣儲蓄率在1987年達到38.5%的高峰後，2006年降至只有17.9%；日本儲蓄率在1981年達到18%的高峰後，2008年降至2.2%的歷史低點；南韓儲蓄率則從1988年25.7%的高峰，至2009降至5.1%左右。

[50] Joshua Kurlantzick, "China's Charm: Implications of Chinese Soft Power," *Policy Brief*, 47 (June 2006), http://www.carnegieendowment.org/files/PB_47_FINAL.pdf; see also Ong Keng Yong (Secretary General of ASEAN), "ASEAN-China Relations: Harmony and Development," presented at a Commemorative Symposium to Mark the 15th Anniversary of China's Dialogue with ASEAN, December 8, 2006.

[51] Joseph S. Nye, Jr., "The Rise of China's Soft Power," *Wall Street Journal Asia*, December 29, 2005; http://belfercenter.ksg.harvard.edu/publication/1499/rise_of_chinas_soft_power.html; see also Richard W. Hu, "China and East Asian Community-Building: Implications & Challenges Ahead," The Brookings Institution, presentation on October 2, 2007.

重視合作（cooperation）的重要性。至於中庸思想更是淵遠流長，不僅早就有所謂「允執其中」的說法，例如《周易》一書更充分表現出「尚中」傾向，例如在六十四卦中，被《易傳》及後來易學稱爲「中爻」者（二、五兩爻）吉辭最多，合計便占了總數一半左右；進言之，其關鍵在於妥協（compromise）與平衡（balance）。其次，「內聖外王」（儘管最早見於《莊子》一書）則是儒家傳統上對於社會政治運行的主要思維，同時也是中國政治文化的主要結構核心。正如公孟子所言：「昔者聖王之列也，上聖應爲天子，其次列爲大夫」（《墨子‧公孟》）；在此一前提下，人治（rule of man）路線也成爲政治領導者的正當性來源。事實上，雖然當前西方的政治思想主流是法治（rule of law），但早在希臘時期的學者 Plato 便有過「哲學家皇帝」（philosopher king）的類似主張，跟儒家主張的「內聖外王」其實相距不遠。

　　限於篇幅，在此雖不可能對傳統儒家論點進行深入剖析，但可想見的是：首先，部分傳統觀點不僅不會因時代環境變遷而消失，甚至可能由於中國崛起而重新發揮其文化影響力；其次，正如前述，例如「仁」或「中庸」等觀點既與當前強調衝突與絕對利益的西方主流政治思想顯然不同，對於依舊陷於「安全兩難困境」的國際秩序現狀而言，亦不啻將帶來另一層面的刺激性暗示；第三，面對由於進行經濟改革而幾乎不能不面對的政治改革壓力，相較於轉而朝向西方式法治路線邁進，或許人治概念仍將是未來中國進行下一階段制度變革時的關鍵指導原則所在；最後，伴隨著中國對全球經濟發展影響明顯上升，所謂儒商（Confucian Entrepreneurs）也成爲某些人的觀察對象，[52]目的在於重新發掘儒家文化對市場經濟發展的正面概念。個人認爲，在可見的未來，前述幾個議題或許將成爲研究儒家文化時的研究新焦點。

　　更甚者，隨著中國崛起而來的新一波儒家文化影響，或許也不僅僅是

---

52 參見馬濤，《儒家傳統與現代市場經濟》（上海：復旦大學出版社，2000年）。

逐步漸進與潛移默化的；正如中共宣傳部門所指出的，「……當今世界文
化與經濟、政治的聯繫日益緊密，文化的地位和作用愈來愈突出，同時已
成爲綜合國力的重要組成部分」，因此中國必須大力推進相關建設，以提
升中國的「文化軟實力」。[53]其中，在全球各地成立所謂「孔子學院」，
乃是最重要且最受注目者，甚至其設置的速度也遠超出中國原先的計畫
之外；[54]例如在全球第一所孔子學院於2004年11月正式在韓國首爾掛牌成
立後，截至2009年11月爲止，中國教育部所屬國家漢語教育辦公室（簡
稱國家漢辦）與孔子學院總部，總共在88個國家批准成立了282所孔子學
院與272所孔子課堂。[55]儘管國家漢辦主任兼孔子學院總部總幹事許琳表
示，孔子學院「無意輸出中國價值觀」，[56]但此種積極且全面性的作爲仍
具有某種政策性暗示，[57]一方面將帶來無可忽略的影響，同時也是我們後
續值得進行長期觀察的議題與焦點所在。

---

[53] 錢海紅，〈國家軟實力建構和中國公共關係發展高層論壇綜述〉，《現代傳播》，第145期
　　（2007），頁138；肖勇明、張天傑，〈中國文化軟實力研究與回顧與前瞻〉，《湖南大學
　　學報》，第1期（2010），http://www.chinaelections.org/newsinfo.asp?newsid=175656。
[54] 呂郁女、鄧中堅，〈中國大陸軟權力的發展與影響〉，《全球政治評論》，第21期
　　（2008），頁7。
[55] 參見中國國家漢辦資料說明，http://www.hanban.org/kzxy.php。
[56] 參見〈中國漢辦：孔子學院不輸出價值觀〉，《中國評論新聞網》（2010/5/14瀏覽），
　　http://www.chinareviewnews.com/doc/1009/4/5/4/100945438.html?coluid=7&kindid=0&doc
　　id=100945438。
[57] 例如美國學者 George Crane 便在2010年3月24日於北京社科院一場以「作爲軟實力的儒家主
　　義」爲題的報告中，認爲近年來中國政府確實使用儒家主義作爲全球化軟實力戰略的要素，
　　http://www.chinawriter.com.cn/bk/2010-05-04/43726.html。

國家圖書館出版品預行編目資料

東亞區域發展的政治經濟學／蔡東杰著. ——
三版. ——臺北市：五南，2019.09
　　面；　公分
ISBN 978-957-763-566-2（平裝）

1.區域研究　2.政治經濟學　3.東南亞

578.193　　　　　　　　　108012544

1PU2

東亞區域發展的政治經濟學

作　　　者 — 蔡東杰（367.2）

發 行 人 — 楊榮川

總 經 理 — 楊士清

總 編 輯 — 楊秀麗

副總編輯 — 劉靜芬

責任編輯 — 林佳瑩、陳采婕、蔡琇雀

封面設計 — 王麗娟

出 版 者 — 五南圖書出版股份有限公司

地　　　址：106台北市大安區和平東路二段339號4樓

電　　　話：(02)2705-5066　　傳　　真：(02)2706-6100

網　　　址：http://www.wunan.com.tw

電子郵件：wunan@wunan.com.tw

劃撥帳號：01068953

戶　　　名：五南圖書出版股份有限公司

法律顧問　林勝安律師事務所　林勝安律師

出版日期　2019 年 9 月三版一刷

定　　　價　新臺幣420元